DISINTEGRATION

Indicators of the Coming American Collapse

일러두기

저자의 주는 미주로 처리하였으며, 각주는 옮긴이가 작성한 것입니다.

모든 제국은 몰락한다

미국의 붕괴

안드레이 마르티아노프 지음
서경주 옮김

DISINTEGRATION

Indicators of the Coming American Collapse

차례

머리말

2020년 6월《허핑턴 포스트》를 비롯한 미국의 친민주당계 매체들은 믿을 수 없는 기사를 게재했다. 어떤 러시아 정보 '기관'이 현상금을 걸고 탈레반에게 아프가니스탄에서 미군을 사살하도록 했다는 것이다. 결국 이 기사는 사실이 아닌 것으로 판명됨으로써 미국 언론의 형편없는 수준을 여실히 드러냈다.[1] 그런 기사가《뉴욕 타임스》라는 거짓말 제조기의 어두운 한 구석에 처음 등장하고 막강한 민주당 전국위원회의 선전망을 통해 퍼져 나갈 때도 미국 언론 매체와 이러한 기사의 출처로 이용된 정보기관이 짬짜미한 '공동체'가 너무 뻔한 거짓말을 하고 있다는 게 분명했다. 군사 및 정보 분야 관계자들을 위시하여 트럼프 행정부가 이러한 주장을 단호하게 부인했고 골수 반트럼프 진영 매체들의 논평도 기사 전반에 대해 의문을 제기했다.

다른 사람도 아닌 탈레반 대표부*의 대변인 수하일 샤힌Suhail Shaheen은 러시아 RIA 통신과 가진 인터뷰에서 미국이 지원하는 카불 정권의 국가안보부가 미국 뉴스매체에 정보를 '누설한' 출처라고 대놓고 지적했다.[2] 그것은 영락없는 러시아 게이트**와 스크리팔 사건***의 복사판이다. 사실상 일단의 친민주당 관리들로 이루어진 '딥스테이트'****가 더없이 황당하고 미숙한 백일몽 같은 작업을 비롯해 무슨 수를 써서라도 도널드 트럼프를 자리에서 물러나게 하려다 내지른 헛발질이다. '탈레반 포상금' 기사는 그것이 아주 어처구니없는 행동이라는 것과 군사 작전 혹은 비밀공작에 대한 개념이 없다는 점을 분명히 보여 주었다. 사실 제정신을 가진 러시아 정보기관원이라면 그런 어처구니없는 방법으로 아프가니스탄에서 미군을 '사살'하라고 부추길 리가 없었을 것이다. 러시아가 아프가니스탄에서 미

* Political Office of Taleban: 2012년 카타르 도하에 설치한 탈레반의 비공식 공관.

** Russiagate: 2016년 미국 대통령 선거 당시 러시아 정부가 푸틴 대통령의 지시로 민주당 후보인 힐러리 클린턴을 떨어뜨리고 도널드 트럼프를 당선시켜 미국의 정치 사회적인 불안을 조성하려 했다는 음모론으로 2019년 FBI 국장을 지낸 로버트 뮐러(Robert Mueller)를 특별 검사로 임명해 조사했다. 트럼프 선거보좌진들과 러시아 관리들의 접촉 사실은 밝혀냈으나 선거 개입 관련해서는 직접 증거 불충분으로 기소하진 못했다.

*** Skripal Affair: 2018년 3월 4일 모스크바에서 영국으로 온 러시아 정보기관원으로 활동해 온 세르게이 스크리팔과 그의 딸 율리아 스크리팔이 영국 솔즈베리(Salisbury)의 한 벤치에서 입에 거품을 물고 의식을 잃은 채 발견된 사건. 이후 두 사람은 회복되었다. 영국과 미국을 비롯한 서방 국가들은 이 사건의 배후에 러시아 정보기관이 있다고 주장한 반면, 러시아는 영국 정보기관이 관련돼 있다고 주장했다. 두 사람은 영국 정부의 도움으로 신분을 바꿔 뉴질랜드에 살고 있다.

**** Deep State: 한 국가의 민주주의적 지배구조에 내재하면서 자신들만의 노선과 목적을 추구하는 비밀 권력 카르텔. 트럼프 지지자들은 민주당을 지지하는 연방 관료, 정보기관을 딥스테이트로 지칭했다.

군 병력에 심각한 손상을 가하기로 했다면 러시아는 미군 사상자를 엄청나게 늘리기 위해 러시아에서 테러 조직으로 지정된 탈레반에게 적절한 군사적 지원을 제공하고 미국이 러시아의 개입을 주장해도 그럴듯하게 부인할 수 있었을 것이다.

그러나 러시아는 그렇게 하려고 하지 않았다. 분명한 지정학적 이유도 있지만 미군이 아프가니스탄에서 발을 빼지 못하도록 묶어 둠으로써 탈레반과 다른 이슬람 군벌들이 과거 소련에 속했던 북쪽의 중앙아시아 공화국들을 넘보는 대신 아프가니스탄 내부의 분쟁에 몰두하도록 하는 것이 러시아의 국익에 부합하기 때문이다. 지금은 독립한 중앙아시아 공화국들은 무슬림이 주민의 다수를 차지하며 러시아로서는 아시아의 취약한 하복부에 해당한다. 러시아인이 아프가니스탄을 대해 온 태도는 빠짐없이 기록으로 남아 있다.

> 만약 아프간 정부가 혼자 탈레반과 맞서 싸우도록 내버려 둔다면 얼마나 버틸 것인가? 나토가 목표를 달성했다는 명분으로 철군한다면 아프가니스탄과 인접 군가들은 급속히 혼란으로 빠져들 것이다. 철군은 이슬람 과격분자들에게 엄청난 호재가 될 것이며 중앙아시아 국가들을 불안정하게 만들고 난민 유출을 촉발해 난민 가운데 수천 명이 유럽과 러시아로 몰려들 것이다. 그렇게 되면 불법 마약 거래가 급증할 것이다. 2008년 아프가니스탄의 아편 생산량은 국제안보지원군이 진주하던 2001년의 40배인 7,700톤에 달했다. 국제지원군의 주둔이 탈레반의 마약 거래가 폭발적으로 증가하는 것을 막을 수는 없겠지만 나토군이 철

수하면 어떤 상황이 전개될지 예측하기 어렵지 않다. 서방 국가에서 아프가니스탄에서 운구된 군인들의 관을 셀 때 탈레반이 생산한 헤로인으로 자국에서(미국과 유럽 국가를 의미합니다) 죽은 미국인과 유럽인의 관도 빼놓지 말아야 한다. 아프가니스탄 작전의 '성공적 종식'은 단순히 오사마 빈 라덴의 죽음으로 이뤄지지 않을 것이다. 나토에 대한 최소한의 요구사항은 아프가니스탄의 안정된 정치 체제를 강화하고 전 지역의 탈레반화를 막아 주는 것이다.[3]

결국 러시아 게이트 내러티브에 등장하는 여러 이야기들의 사례와 마찬가지로 이런 이야기 자체는 슬그머니 사라졌다. 하지만 그와 무관하게 여기서 나름대로 도출된 결론, 즉 미국이 대내외적으로 변화하는 세계에 대해 괴이하고 비정상적으로 대응하는 모습을 보이며 정치제도가 완전한 기능 장애에 빠져들고 있다는 결론은 그렇지 않다. 러시아 게이트 전체나 거기에 들어 있는 탈레반 포상금 이야기의 특정 대목들이 모두 웃어넘길 수 있는 것은 아니다. 하지만 이런 유치한 이야기를 지어내는 것과 소셜미디어에서 볼 수 있는 병적인 히스테리 반응은 이제 어느 정도 진행되었고 여러 관측통들이 예고한 바 있는 전면적인 붕괴를 보여 주는 징후다. 더 심각한 징후는 자기 나라의 역사를 의도적으로 말살하고 경찰 예산을 삭감하고 폭력시위에 대한 관대한 처분 등 민주당 당원과 시장, 주지사에 이르기까지 법과 질서를 파괴하고 있는 것이다. 뿐만 아니라 실제로 이른바 미국 엘리트 집단의 철저하고 사상 유례없는 타락상을 보여 주고 있다. 그들은 상상을 초월하는 수준의 부정, 무능, 비겁 그리고 국민에 대한 배신을 보여 주었다. 한 나라가 외부적 요인에 의해 지정학적 궁지에 몰리지 않고 이토록 빠르고 걷잡을 수 없이 자멸한 역사적 전례를 어디서 찾아볼 수 있겠는가. 심지어 소련의 붕괴도 여기에 비할 수는 없다.

지난 몇 년 동안 미국에서 현실을 직시하려고 애쓴 사람이라면 누구나 이 위험한 추세를 쉽게 눈치챘을 것이다. 3년 남짓 되었을까, 나는 이렇게 쓴 적이 있다.

> 미국이 안정되고 그런대로 제대로 작동하는 공화국으로서의 미래를 생각한다면 미국의 능력, 혹은 능력의 부재에 대해, 그리고 워싱턴 압력단체들과 부패한 정치인들의 악의적 행태에 대해 거국적으로 정말 진지하게 논의해야 한다. 부패한 정치인들 가운데 다수는 그들이 주장하는 대로 국민에게 봉사하기는커녕 미국민이 아니라 자신의 금전적 이익과 권력 장악을 위해 복무하기 때문에 엄중한 징역형을 받아야 마땅하다. 미국의 매스 미디어가 오웰이 예견했던 전체주의적 경향을 보이는 마당에 그런 논의가 거국적으로 지속 가능할까? 트럼프 대통령은 '적폐 청산'* 아젠다를 계속 내세울 것이다. 오늘날 이른바 '적폐 세력'은 자신들의 권력을 유지하기 위해 어떤 일도 서슴지 않을 것이다. 시간

* Drain the Swamp: 특혜를 받는 이익집단과 압력단체들의 정부에 대한 영향력을 제거한다는 의미를 담고 있는 1980년대 이래 빈번히 사용되어 온 정치구호. 2016년 대통령 선거에서 공화당의 도널드 트럼프 후보는 연방정부의 적폐를 청산하겠다는 의미로 이 구호를 사용하였다.

이 걸리긴 하겠지만 미국의 일반 대중이 적폐 세력에 대해 더 많이 알게 될수록 회복 가능성은 더 높아질 것이다.[4]

나중에 알게 되었지만 나는 너무 낙관적이었다. 전혀 회복되지 않았기 때문이다. 앞으로 나타날 나라는 우리가 알고 있던 미국과는 전혀 다른 모습일 것이다. 철저하고 가차없는 구조적 기능 장애가 미국을 망가뜨리는 속도를 생각하면 이마저도 불확실한 일이 되겠지만, 미국이 단일 국가로서 보전된다고 해도 우리가 미국에 관해 알고 있는 모든 게 사라지고 세상에는 핵무기로 무장하고 권력투쟁에 빠진 불안정한 후진국 같은 지정학적 실체가 존재하게 될 것이다. 미국의 국가 제도가 본격적인 내전으로 비화할 수 있는 파국을 막을 수 없을 정도로 이미 타락했기 때문에 이러한 권력투쟁은 극단적 폭력의 형태로 나타날 수도 있다. 내전이 일어나면 미국은 분열되고 우리가 오늘날 일반적으로 미국인이라고 동일시하는 사람들의 명칭과 그 생존 자체를 위협할 것이다.

어쩔 수 없이 이 책의 일부는 미국을 자칭 글로벌 패권국의 지위에서 급속히 끌어내리고 정치, 이념, 경제, 문화 그리고 군사적 쇠퇴를 가시화한 근본적인 추동 세력들을 상술하는 내용으로 이루어질 것이다. 하지만 이 책은 미국의 운명이 앞으로 어떻게 될 것인가를 예측하려는 게 아니다. 이 추동 세력들이 끼친 장기적인 영향이 이 책의 핵심이다. 왜냐하면 미국을 혼돈에 빠뜨린 자들이 바로 그들이기 때문이다. 미국의 엘리트들은 그러한 재앙적 세력들을 인식하고 대응하는 데 실패했을 뿐만 아니라 그런 세력을 구성하는 일부가 되었다.

그렇다면 지금 미국을 위기로 몰아넣고 있는 세력은 어떤 자들인가? 우리는 이미 그런 세력을 확인했다. 미국 언론을 지배하는 지식인 엘리트들이다. 끊임없이 타락해 온 그들의 저열한 능력 때문에 이 엘리트들은 미국의 존망이 걸린 위기를 갈수록 악화시켜 왔다. 그들이 이런 위기를 초래했다. 하지만 분명히 말하거니와 그들이 유일한 요인은 아니다. 이 엘리트들은 다른 세력들의 반영이자 결과이다. 때문에 이들의 역할에 대해 상술할 필요가 있다.

다른 세력들은 경제에서 군사 그리고 윤리적 세력에 이르기까지 다양하다. 그들은 미국이 당면한 위기의 심각성, 그리고 그와 함께 미국이 경제와 과학에서 경쟁력의 우위를 대부분 상실하여 역할이 엄청나게 약화된 신흥 세계의 모습을 규정한다. 또한 이러한 위기 상황에서 예산이 늘어나고 있음에도 미국의 실질적인 군사력은 줄어들고 있다. 이것은 시작에 불과하다. 도덕적, 문화적 쇠퇴는 자기증식적 재앙이다. 이 모든 세력의 상호작용이 미국의 운명을 좌우한다.

다음에는 미국민이 하나의 국민으로 존재하는가의 문제가 있다. 로버트 보크*를 비롯해 많은 사람들이 25년에서 30년 전에 이미 경고했듯이, 미국은 미국을 작은 나라들로 쪼갤 수도 있는 인종적 그리

* Robert Heron Bork: 1927~2012. 예일대 로스쿨 교수를 지냈으며 1973년에서 1974년까지 법무장관을 역임했다. 그의 제자 중에는 빌 클린턴과 힐러리 클린턴이 있다. 레이건 대통령이 연방대법원 판사에 지명하였으나 상원의 인준을 받지 못했다. 영어로 정적을 체계적으로 공격한다는 의미를 가진 bork는 그의 이름에서 유래한다.

고 민족적 충성심에 의해, 그리고 지금은 정치적 진영에 따른 충성심에 의해 분열되어 사실상 하나의 국민이 되어 보지 못했다. 다문화적인 사회에는 그 사회가 추구하는 이념이나 정치적 신조와 무관하게 분리와 해체를 향한 충동이 항상 위협적으로 존재한다.

앞으로 다가올 사태를 제대로 알기 위해서만이 아니다. 그런 사태를 회피하기 위해 최선을 다하거나 최소한 바로 우리 눈앞에서 펼쳐질 비극에 대비할 올바른 교훈을 얻기 위해서도 그런 세력들의 상호작용을 살펴보는 것이 중요하다. 그것은 미국의 비극이자 서구 문명의 비극이다. 서구 문명은 마침내 한계에 이르렀다. 내부적으로도 전지구적으로도 가장 완전한 방식으로 영향을 미친 서구 문명은 자업자득의 현실 앞에서 고전분투하고 있다. 서구 문명은 명백한 인과관계를 의도적으로 무시함으로써 서구 문명을 규정하는 근본 원칙, 즉 이성과 합리적 사고를 거부해 왔다.

01 소비

식량 구하기

문외한들이 볼 때 생산적인 경제는 일단 인간이 행하는 생산과 소비의 양식이나 구조로 규정될 수 있을 것이다. 인류는 오늘날 주로 국가를 통해 스스로를 규정한다. 대부분의 국가는 하나 이상의 민족 혹은 각기 다른 인종, 문화 그리고 종족의 사람들로 구성되며 각기 다른 소비자 행동 양식을 나타낸다. 다민족적 구성일지라도 지배적 다수의 문화가 한 국가의 문화로 간주된다. 한 예로 우리는 독특한 이탈리아, 프랑스, 아랍, 인도 그리고 중국 요리를 말한다. 요리는 한 국민 혹은 심지어 한 문명의 문화적 표상이자 파생물이다. 그것은 또한 각 국민경제의 차이점을 보여 준다. 보통 세계적으로 우유와 빵이 주식으로 이용되지만 쇠고기는 미국의 주요 농산물 식품이다. 그래서 이런 점이 간단한 햄버거와 바비큐에서 스테이크와 같이 더없이 훌륭한 고기 요리에 이르기까지 놀랄 만큼 다양한 쇠고기 요리를 제공하는 미국 요리를 세계적으로 독특하고 눈에 띄는 것으로 만든다. 이것은 또한 미국 소비자의 행동 양식을 나타낸다.

미국인은 온갖 것을 다 먹지만 일본의 스시는 미국 소비자의 행동 양식의 일부로 간주되지 않는다. 반면에 스시가 미국은 물론 세계 도처에서 매우 인기가 있음에도 스시와 일본은 문화적으로뿐만 아니라 경제적 그리고 형이상학적 의미에서도 불가분의 관계에 있다. 미국의 일상 식생활에서 스시를 배제하면 많은 사람들이 속상해할 것이다. 그러나 그들은 스시 없이도 먹고 사는 것을 배울 것이다. 하지만 미국 요리에서 고기를 제외시키면 그 보상으로 온갖 맛있는 음식을 제공한다고 해도 엄청난 정치적 문제가 일어날 것이다. 미국과 고기는 불가분의 관계에 있다. 그러나 한때 유명한 광고 문구에 나왔듯이, 고기는 어디에 있는가?* 고기는 대중이 접근할 수 없는 곳으로 사라지는 중인가? 한 국가가 경제적으로 발전하면 할수록 그 나라는 국민에게 더 다양한 식품을 제공한다. 실제로 경제적으로 발전한 나라들은 때로는 놀랄 만큼 다양한 식품을 더 쉽게 먹을 수 있도록 제공한다. 일반적으로 말해 어떤 나라에 가서 식료품점을 둘러보면 그 나라의 경제 수준을 대번에 느낄 수 있다. 그러나 그런 인상은 사실 첫인상에 불과할 것이다.

* 1984년 미국 패스트푸드 체인점 웬디스는 "Where's the beef?(고기가 어딨어?)"라는 광고 문구를 내세우며, 자사 햄버거는 타사 제품에 비해 넉넉한 고기량을 자랑한다고 선전했다.

지금까지 국가의 경제 발전을 나타내는 가장 중요한 지표는 국민 대다수가 식품을 쉽게 구할 수 있는지 여부다. 하지만 다양한 식품으로 채워진 선반만 보고는 전모를 알 수 없다. 미국에서는 식료품점 선반에 있는 음식은 누구나 쉽게 구입할 수 있다는 게 늘 하나의 상식으로 통해 왔다. 너무 그러다 보니, 먹을 게 넘쳐나는 미국의 이미지는 할리우드 영화에도 나온다. 어떤 서사의 배경으로뿐만이 아니라 특별히 초점을 맞추어 풍요를 묘사하기도 한다. 음식뿐만이 아니다. 1993년에 개봉된 올리버 스톤 감독의 전쟁영화 〈하늘과 땅Heaven & Earth〉에서 주인공의 베트남계 부인은 미국 슈퍼마켓에 난생처음 따라가 넘쳐나는 상품에 정신을 못 차리고 쌀 같은 것들을 마구 사들이려고 하다 미국인 남편(토미 리 존스가 능숙히 연기한 인물)에게 핀잔을 듣는다. "여보 여기는 미국이야. 가게들은 24시간 열려 있어." 이 장면은 미국에 농산물이 넘쳐나고 공급망이 안정돼 있다는 것을 함축적으로 보여 준다.

하지만 이 영화의 시대적 배경인 1970년대는 물론, 영화가 제작된 1990년대 이후 사정이 달라졌다. 그 변화는 엄청났다. 2020년대인 오늘날, 그 문제라면 호치민, 모스크바, 크라스노다르* 혹은 베이징에 있는 어떤 식료품 가게의 선반도 미국 식료품점, 혹은 캐나다, 네덜란드, 일본같이 흔히 선진국으로 불리는 나라의 어떤 상점들과 경쟁하는 데 손색이 없다. 식품은 널려 있다. 다만, 식품이 선반에 잔

* Krasnodar(Краснодар): 흑해와 아조프 사이에 있는 러시아 남부의 도시.

뜩 진열된 이미지 뒤에 숨어 있는 정작 중요한 문제는 그 식품에 접근하는 것이다. 서구 세계로부터 전해지는 이러한 이미지는 그 당시 잘 먹고 사는 것으로 보이던 서방 국가들과 끝 모를 결핍에 허덕이는 소련 사이의 이념 투쟁에서 중요한 선전 역할을 했다. 서구에서는 '몸매를 유지하는' 운동에서부터 대거 등장한 영양학자들에 이르기까지 먹을 게 넘쳐나는 데서 파생된 산업이 발전하는 동안 소련 주민은 게살 통조림, 심지어는 완두콩 통조림과 고급 편육에 이르기까지 수요가 높은 식품들을 구하기 위해 길게 줄을 서거나 기업이나 단체 종업원을 위한 '선물 세트'* 같은 온갖 편법적 유통 시스템을 이용했다.

이러던 것이 오래전에 모두 달라졌다. 소련은 이제 존재하지도 않고 러시아 식료품점들은 식품의 풍족함을 보여 주는 전당처럼 보인다. 그러나 식품을 획득할 수 있는 수단을 마련하기가 점점 어려워지면서 식품의 풍족함을 보여 주는 미국의 이미지도 바뀌었다. 코비드-19 팬데믹은 토미 리 존스가 내뱉은 그 말을 결정적으로 용도 폐기시켰다. 미국 상점들은 더 이상 24시간 문을 열지 않는다. 이런 현상은 미국을 사로잡은 피해망상 탓이라고 비난할 수 있다. 하지만 크게 과장된 팬데믹으로 인해 풍요로움이라는 미국 경제의 이미지가 오랫동안 숨겨 온 진실이 일부 노출되면서 움직일 수 없는 사실이 드러나기 시작했다.

* podarochnye nabory(подарочныенаборы): 소련 시절 국영 기업이나 단체에 배급된 선물 세트를 의미한다.

2020년 5월 브루킹스 연구소가 발표한 코비드-19로 인한 미국의 식량 불안을 다룬 한 연구보고서는 미국에서 벌어지고 있는 기아에 관한 충격적인 사실을 폭로했다. 이 연구보고서는 '식량 불안'을 다음과 같이 정의했다.

사 놓은 식량이 떨어져 가는데 더 살 수 있는 돈이 없다.

충분한 식량을 살 수 있는 여유가 없어서 집안 아이들이 배불리 먹지 못한다.[1]

적어도 외부에서 보기에는 풍요의 뿔* 이후 최고의 풍요를 구가한다고 세계적으로 명성을 떨치는 나라에서 그런 기아의 숫자는 치욕적이다. 미국의 모든 사회 집단에서 식량에 대한 불안감은 그야말로 천정부지로 치솟았다.

〈어린 자녀들을 둔 어머니들에 대한 설문조사The Survey of Mothers with Young Children〉에서는 12세 이하 자녀들을 키우는 어머니의 40.9퍼센트가 코비드-19가 시작된 이후 가족들이 먹고살 양식을 걱정하고 있는 것으로 나타났다. 이것은 코비드가 미친 영향에 대한 조사에서 12세 미만의 자녀들을 둔 전체 응답자들 사이에서 나타난 비율(34.4퍼센트)보다 높았지만 12세 이하 한 자녀를 키우고 있는 18세에서 59세 사이의 여성들에게 나타난 비율(39.2퍼센트)과 맞먹었다. 2018년 FSS, 즉 가계

* horn of plenty: cornucopia, 즉 그리스 신화에 나오는 뿔 모양의 그릇으로 풍요의 상징이다.

> 자급조사* 에서는 12세 이하 자녀들을 둔 응답자의 15.1퍼센트가 식량 불안에 대해 '그렇다'고 응답했다. 이는 전체 조사 대상자의 긍정적인 응답률 14.5퍼센트보다 근소하게 높은 수치였다. 사들인 식량이 오래 가지 못하고 떨어진다고 응답한 12세 이하 자녀들을 둔 어머니의 비율이 그사이** 170퍼센트가 증가한*** 것이다.[2]

이런 뉴스들은 미국의 주류 언론매체에서 주요 기사로 다루어지지 않았다. 주류 언론매체들은 증권시장의 시황, 금융 시장과 헤지펀드같이 현실과 동떨어진 다른 경제 기사를 끊임없이 내보냈다. 미국이 엄청난 숫자의 자국 어린이들을 배불리 먹이지 못하며 식량안보면에서 후진국으로 규정될 수도 있다는 사실은 미국의 언론매체에 등장하는 잘난 사람들이 공개적으로 논의하려는 주제가 아닌 게 확실하다. 이 조사에서 나타난 굶주리는 어린이 대다수가 소수계라고 생각하는 사람이 있을 것이다. 몇 년 전까지만 해도 그런 짐작이 사실일 수도 있었다. 하지만 오늘날 식량 불안은 무차별적이다. 인종과 종족을 가리지 않고 미국의 어린이들이 코비드-19 팬데믹보다 훨씬 더 위험한 식량 불안이라는 팬데믹의 영향을 실제로 겪고 있다. 브루킹스 연구소의 보고서는 추정된 숫자가 매우 '보수적'이라고 지적하면

* Family Self-Sufficiency: 미국의 주택도시개발부가 실시하는 가계경제 실태조사로 여기서 말하는 것은 식량 불안에 대한 조사다.

** 2018년 조사연도에서 코비드-19가 시작된 2020년 사이.

*** 15.1퍼센트이던 것이 170퍼센트 증가(△26%)하여 41퍼센트가 된 것을 말한다.

서 다음과 같이 결론을 내렸다.

> 높은 수준의 식량 불안은 어린이가 있는 가정에서만 문제가 되는 게 아니다. 위기가 닥치기 전인 2018년에는 전체 가구의 11.1퍼센트가 식량 불안을 겪었으며 12.2퍼센트가 전체 문항 가운데 하나에만 긍정적으로 응답했다. 도시연구소Urban Institute가 3월 25일에서 4월 10일까지 여섯 개 문항으로 된 간단한 형식의 설문을 이용해 실시한 보건 개혁 모니터링 실태조사에서는 비노인 성인들로 이루어진 가구의 21.9퍼센트가 식량 불안을 겪고 있는 것으로 나타났다. 2020년 4월 말 코비드 영향 조사에서는 전체 가구의 22.7퍼센트가 기존에 사 놓은 식량이 바닥나면 식량을 더 살 수 있는 충분한 돈을 가지고 있지 않다고 응답했다. 식량 불안을 겪고 있는 전체 가구의 비율이 사실상 두 배가 되었다.[3]

이 단계에 이르면 더 이상 소비자 행태가 아니라 굶주리지 않고 충분히 먹는 것이 관건이다. 식량 공급에서 미국 '최후의 보루'인 방대한 식량 은행 네트워크는 미국 경제의 발목을 잡은 코비드-19 팬데믹에 따른 사태를 감당하기에도 벅찼다. 2020년 8월 〈야후 뉴스〉는 다음과 같이 보도했다.

> 식량 비축을 위한 대규모 지역 시설인 서부 휴스턴 지원처West Houston Assistance Ministries의 마크 브라운이 말했다. "그것을 표현할 때는 휴스턴과 그 일대를 초토화시킨 허리케인 하비와 비교하면 가장 좋을 것 같

은데, 그 허리케인보다 더 나쁘다. 나는 지역 사회 전체가 그런 정도로 절망적 상황에 빠진 걸 본 적이 없다."[4]

굶주림의 심각성을 단계별로 나타내는 것을 고상하게 표현해 놓고 있지만 식량 불안의 실제 규모는 측정하기 어렵다. 과장하길 좋아하는 나라에서조차 상상력을 초월한 어떤 수치들은 수십 년 동안 대외적으로 투사돼 온 풍요로운 미국의 이미지를 산산이 부숴 버린다. 콜로라도같이 잘사는 주에서도 주민의 30퍼센트가 식품을 구하는 데 어려움을 겪는다. 이런 사실은 미국 식량 공급 시스템 전반에 효율성이 결여되었다는 것뿐 아니라 식량 불안이 일상화된 최신판 미국 자본주의에 효율성이 결여된 게 아니냐는 의구심을 불러일으킨다.[5] 식량 은행에서 지원하는 식량에 대한 급격한 수요 증가의 대부분은 새롭게 식량 불안을 느낀 사람들과 가구에서 나온 것이다.[6] 코비드-19 팬데믹이 있기 훨씬 전인 2010년에 이미 그랬다. 《내셔널 지오그래픽》은 미국에서 나타나고 있는 기아 현상의 변모에 주목하고 다음과 같은 결론을 내렸다.

당신이 굶주림의 모습을 연상한다면 백인에다 기혼이며 잘 차려입고, 여기에 약간 살이 찐 크리스티나 드라이어 같은 사람을 생각하지 않을 가능성이 높다. 오늘날 미국에서 굶주림의 이미지는 대공황 시대 도시 거리에서 음식을 찾아 쓰레기통을 뒤지는 수척한 얼굴의 실업자 이미지와는 현격한 차이가 있다. 뉴욕 시립대학의 사회학자인 재닛 포펜디에크Janet Poppendieck는 "이것은 할머니 세대가 겪었던 굶주림이 아니

다. 오늘날에는 임금이 줄었기 때문에 더 많은 노동자와 그들의 가족이 굶주린다"고 말한다.[7]

오늘날 수천만 미국인에게 임금은 단순히 감소하는 것이 아니라 곧 사라질 것이다. 임금을 받을 자격이 있는 사람들을 위한 실업수당이 종료되었기 때문이다. 그러고 나면 많은 사람이 영구적인 실업이나 서비스 부문의 저임금 일자리로 전락할 것이다. 그런 상황에서는 이것저것 맛과 영양을 따져 음식을 골라 먹는 식도락을 즐길 수 없다. 음식은 생존의 문제가 되는 것이다. 미국에서 적어도 대공황 시대의 식량 사정과 유사한 경험을 하는 상당수 주민에게는 먹는 게 우선이 될 것이다. 미국은 1990년대 '자유시장 개혁'과 미국에서 국가의 존립 근거로 떠받드는 것과 같은 자유방임의 원칙에 근거한 자유 경제 정책을 펼쳐 오고 있다. 그 결과로 러시아 국민이 겪었던 고통을 알고 있는 사람들은 먹을 것을 찾기 위해 쓰레기통을 뒤지는 자신들의 모습을 떠올릴 수도 있다. 미국 식량문제의 미래는 최선이라고 해 봐야 불투명하고 최악의 경우는 암울하다.

현재 미국의 식량 불안 위기를—잠재적인 것과 드러난 것 모두—코비드-19 팬데믹의 탓으로 돌릴 수는 없다. 팬데믹이 방아쇠 역할을 했으나 미국 백인 중산층의 삶의 조건을 꾸준히 악화시킨 원인은 아니다. 2015년에 발표된 미국의 비히스패닉계 백인의 사망률에 대한 앵거스 디턴과 앤 케이스*의 연구는 폭탄이 터지는 것과 같은 반향을 불러일으켰다. 백인 중산층 젊은이들이 간질환은 말할 것도 없고 자살과 약물중독의 급증으로 인해 요절하고 있다는 심상찮은 추세를 밝혀낸 것이다. 이런 사망 원인들은 모두 단순한 임금 삭감이나 동결 혹은 우리가 논의하고 있는 식량 불안보다 훨씬 더 심각한 문제를 나타내는 확실한 지표들이다.[8] 2020년에 와서 결국 국가적 재앙이 되지만 2015년에는 식량 불안 문제가 심각한 사안이 아니었다. 비록 대부분이 본질적으로 경제적인 속성을 가지고 있긴 했으나 다른 요인들이 작용하고 있었다. 그런 요인들은 필연적으로 사람들의 도덕적 그리고 형이상학적 전망에 영향을 미쳤다. 사람들은 믿음과 살려는 의지를 상실하기 시작했다.

풍요라는 환상

1980년대 말이나 철의 장막이 철거되고 난 1990년대 초 서유럽이나 미국을 여행한 러시아인이라면 서방의 풍요에 대해 올리버 스톤의 영화 〈하늘과 땅〉에서 남편을 따라 난생처음 미국 슈퍼마켓에 가서 온갖 식료품을 보고 레 리Le Li가 보인 것과 같은 반응을 보였을 것이다. 소련에서 벌어지는 만성적인 소비재와 기호식품 부족, 가끔 나타나는 식량 부족은 크게 잘못 해석된 물질적 '부富'와 관계가 있

* Angus Deaton and Anne Case: 앵거스 디턴은 영국 경제학자로 미국 프린스턴대 석좌교수이며 2015년 노벨경제학상을 수상했다. 앤 케이스는 미국 경제학자로 프린스턴대 명예교수다.

지만, 어쩔 수 없이 풍족한 상태와 비교되고 서구 진영 전반의 번영을 인지하게 되면서 비난의 주요 표적이 되었다. 소련 공산주의 이데올로기는 물질적 '부'를 약속했지만 지킨 적이 없었다. 『고타 강령비판, 독일 노동자당 강령에 대한 난외 주석』*은 마르크스의 저작물 가운데 『공산당 선언』 다음으로 중요하다고 할 수 있다. 이 책의 핵심은 마르크스가 라살레**와 가진 그 인간미 없는 토론이다. 하지만 소련 혹은 세계의 다른 곳에서도 이 복잡한 내용을 완전히 이해하는 것은 고사하고 깊이 있게 파고들거나 읽으려는 사람조차 없을 것이다. 사실 많은 사람이 공산주의로의 전환을 가져오게 될 익히 알려진 생산력의 발전뿐만 아니라 금욕적인 신인류로의 발전을 예견했던 소비에트 이데올로기의 근처로도 돌아가고 싶어 하지 않았다. 흔히 마르크스가 맨 먼저 이야기한 것으로 오해하는 마르크스주의의 주요 선전 구호이자 공산주의 이데올로기의 상징 가운데 하나인 "저마다 능력에 따라 일하고 저마다 필요에 따라 갖는다"***는 것

* the Critique of the Gotha Program, Marginal Notes to the Program of the German Workers' Party.

** Ferdinand Lassalle: 1825~1864. 프러시아 태생의 독일 법학자이자 철학자로 독일 사회민주주의 운동의 창시자로 인정받는다.

*** 마르크스는 1875년에 쓴 『고타강령 비판』에서 이 문구 "Jeder nach seinen Fahigkeiten, jedem nach seinen Bedurfnissen"을 사용하였다. 원래 의미는 "저마다 능력에 따라, 저마다 필요에 따라"다. 마르크스 이전에도 여러 사람이 이 문구를 사용했다. 1844년에는 독일 정치인 아우구스트 베커(August Becker)가 사용했으며 1851년 프랑스의 사회주의자인 루이 블랑(Luis Blanc)도 이 말을 썼다. 이 문구의 원조는 공상적 사회주의자인 에티엔느-가브리엘 모렐리(Etienne-Gabriel Morelly)로 그는 1755년 쓴 『자연의 법칙, 혹은 법의 진정한 정신(Code de La Nature, ou Le Veritable Esprit de Ses Loix)』에서 이 말을 썼다.

에 대해 비록 작은 글자로 한 경고지만 대다수가 무시해 왔다.[9]

이것은 소비지상주의의 딜레마이자 마르크스주의가 그럴듯하게 설정해 놓은 풍요에 대한, 소설 『캐치-22Catch-22』에 나오는 진퇴양난의 상황 같은 것이었다. 일종의 인지적 불협화음이었다. 그렇다. 공산주의 체제하에서는 누구나 필요한 것을 얻게 되어 있다. 하지만 그것은 높은 문화적 수준과 과학적 사고방식을 가진 사람에게만 해당하는 지극히 특정한 필요를 근거로 했다. 남녀를 불문하고 미래의 인류는 이타성과 더 높은 소명 의식으로 구분될 것이다. 이런 신인류가 살아가는 세계에서는 재산과 풍요의 세목들이 제2차 세계대전 이후 서구 선진 산업자본주의의 소비 기반 전통과는 확연히 다를 것이다. 그곳에는 롤스로이스나 자가용 제트비행기, 혹은 수십만 평 대지에 300평 가까이를 금도금한 저택은 없을 것이고 그 점에서는 사창가나 마약도 마찬가지일 것이다. 그 이론대로 하자면 새로운 사회기구가 등장하고 생산성이 극적으로 증가해 육체노동이 사라지고 사람들은 자기 계발과 창조적인 노동에 집중할 수 있게 된다. 몇 가지 예를 들자면 이런 환경에서 신인류는 적당한 자동차, 적당한 집, 적당한 옷을 요구할 것이다. 미래의 소비 양식이 문제로 등장한 것은 바로 이 '적당한'과 '좋은'이라는 말의 정의 때문이다. 물론 마르크스가 제시한 이런 관점은 1917년 이후 세상을 많이 요동치게 했고 여전히 논란이 되고 있다.

> 생산의 물질적 조건이 노동자들 자신의 협동조합 자산이라면 소비 수단의 분배 역시 지금과는 달라지는 결과를 가져온다. 저속한 사회주의

(그리고 거기서 파생된 민주당 분파는)는 부르주아 경제학자들이 분배를 생산양식과는 별개로 인식하고 다루는 것을 그대로 이어받아 사회주의가 주로 분배로 좌우된다고 설명해 왔다. 그 실제적 관계가 오래전에 명확히 밝혀졌는데 왜 다시 퇴보한단 말인가?[10]

그러나 '좋은'이라는 말의 정의가 무엇이냐, 그리고 부의 분배를 어떻게 해야 하느냐에 대한 논의는 오늘날에도 여전히 치열하다. 역사적으로 이런 문제에 관한 가장 최근의 쟁점은 "그렇다면 하나의 체제는 롤스로이스와 자가용 제트비행기를 얻을 가능성 대신에 무엇을 제공해야만 하나?"이다. 서방 세계와 21세기 자본주의를 에둘러 나타내는 자유주의의 구조적 위기는 다시 '좋은 삶'과 그것을 어떻게 정의해야 하는지, 아니 오히려 그것을 정의하는 게 얼마나 어려운지의 문제를 제기하고 있다.[11] 고도화된 소비는 좋은 삶, 그리고 좋은 삶에 대한 정의의 필수적인 요소인가? 다른 사람은 모르겠지만 어빙 크리스톨*은 거기에 대해 의문을 나타낸다.[12]

현실과 유리된 수많은 불필요하고 모호한 서구 자유주의에 대한 설명을 피하기 위해 소비의 수준을 향상하는 것이 좋은 삶의 일부라고 조심스럽게 가정해 볼 수 있을 것이다. 마르크스주의도 노동의 투입에 근거하여 부를 분배하는 것이 가장 공정하다고 선언하기는 했

* Irving Kristol: 1920~2009. '신보수주의의 대부'라고 불리는 미국의 저널리스트. 그는 부르주아 자본주의가 인간의 물질적 조건을 개선하고 개인적 자유를 추구하는 게 맞는다고 주장했다.

지만 어쨌든 소비에 관한 것이었다. 그래서 『성서』에서 직접 따온 유명한 소비에트의 구호는 하나의 격언이 되었다. "일하지 않는 자는 먹지 말라."[13] 이것은 2000여 년 전의 사람들이 소비를 어떻게 생각했는지 보여 준다. 그 당시의 소비 수준은 원시적인 농경과 원시적인 미각에 의해 결정되었다. 인간은 소비한다. 음식에서부터 의복, 기계 그리고 그 밖에 많은 것들을. 그것이 바로 인류가 산업과 경제를 발전시킨 이유이며, 소비가 상식의 테두리 안에서 이루어진다면 아무 문제가 없다. 『성서』 시대 이래로 인류 경제가 드라마틱하게 변하는 동안 소비도 그렇게 변화했다.

기본적인 생존을 위한 소비, 혹은 소비의 절제와 과소비의 차이는 인류 역사를 관통하며 지금까지도 엄연히 존재해 왔다. 제러미 리프킨*은 이렇게 썼다.

> '소비Consumption'라는 말의 어원은 영어와 프랑스어에서 유래한다. 본래 소비한다는 말은 파괴하고, 약탈하고, 정복하고, 고갈시킨다는 것을 의미한다. 이 말에는 폭력이 스며들어 있으며 금세기까지도 부정적 함의를 가진 말이었다. (…) 소비가 악행에서 미덕으로 탈바꿈한 것은 20세기에 나타난 가장 중요하면서도 가장 연구가 덜 된 현상이다.[14]

* Jeremy Rifkin: 1945~. 미국의 경제학자이자 문명비평가. 기계적 세계관에 근거한 현대문명, 에너지 낭비를 경고한 저서 『엔트로피 법칙』, 『노동의 종말』 등이 있다.

이것은 소비를 연구하려는 시도가 이루어지지 않았다는 것을 의미하는 것은 아니다. 연구하려는 시도는 분명히 있었다. 하지만 물질적인 측면에서 좋은 삶을 정의하려고 할 때 어떤 상태를 충분한 혹은 만족스러운 것으로 간주할 것인가? 마르크스주의는 당연한 것으로 여겨지는 인간의 이성, 그리고 삶에 대한 새로운 관점을 가진 인류가 소비에 대한 욕망을 억제하고 도덕과 지식을 함양할 것이라는 이상적 영역으로 소비를 옮겨 놓고 답을 구하려고 했다. 다시 말해 마르크스주의는 남보다 더 가지려는 욕망을 자극하는 사회 계급의 분화를 제거함으로써 소유욕이 없는 인간을 창조하고자 했다. 그 시대에는 솔깃한 생각이었다. 그러나 그런 생각은 먹혀들 수 없었다. 인간의 본성을 바꾸기란 혁명을 일으키거나 선진 생산 경제를 구축하는 것보다 훨씬 더 어려운 것으로 드러났기 때문이다. 아주 간단히 말해 인간은 항상 더 많은 것을 원해 왔다. 마르크스주의는 실패했다. 제아무리 석박사 학위를 받고 폭넓고 계몽된 세계관을 가졌다고 해도 인간의 본성은 달라지지 않았기 때문이다. 인간은 당연히 마르크스주의가 제공할 수 없는 것을 계속 요구했다. 그것은 제2차 세계대전의 여파 속에 미국이 전 세계를 대상으로 거리낌 없이 조장해 온 것과 같은 유형의 소비자가 되는 것이었다.

미국은 대다수 국민에게 편안한 수준 이상의 소비를 제공했다. 미국은 결국 인간 삶의 궁극적 목표라고 규정된 것의 축소판이자 어떤 점에서는 소비자의 행로라고 할 수 있는 것을 제공했다. 바로 1899년 소스타인 베블런*이 과시적 소비라고 규정한 유한계급의 소비 양식이다.

그런데 겉보기에 점잖아 보이는 유한계급 신사는 생존과 체력을 위해 필요한 최소한 이상의 생활필수품만을 소비하는 게 아니다. 그가 소비하는 물건의 품질에서도 그의 소비는 특화되어 있다. 그는 식음료, 마약, 주택, 서비스, 장신구, 의복, 무기와 군장, 유흥, 부적, 우상이나 신까지 자유롭게 그리고 최고급으로 소비한다. 그가 소비하는 물건들이 점점 고급화되는 과정에서 고급화의 동기가 된 원리와 직접적인 목표는 당연히 더 개량되고 더 세련된 상품을 소비함으로써 개인의 안락과 행복을 더 높이는 것이다. 그러나 그들 소비의 목적은 거기에만 국한되지 않는다. 명망가의 명부에 오르는 일이 급선무이니 기준대로 하자면 생존하기 위한 것이었던 그런 신기한 물건들을 이용한다. 이렇게 남보다 좋은 물건들을 소비하는 것이 부의 징표가 되다 보니 그것이 존경의 대상이 되었다. 반대로 적절한 양과 질을 갖춰 소비를 못 하는 것은 열등함과 결함의 징표가 되었다.[15]

소비는 인간의 현실적 필요를 충족시키는 것과는 동떨어지게 광범위한 사회문화적 현상이 되었으며 그것이 오늘날까지 존재해 온 방식이다. 엄청나게 많은 사람이 필요해서가 아니라 "열등과 결함의 낙인이 찍히는 것"을 피하려고 소비하기를 원하고 소비에 내몰린다.

* Thorstein Veblen: 1857~1929. 미국의 사회학자이자 경제학자. 제도경제학의 선구자로 알려진 인물로, 산업정신과 기업정신을 구분하고 상층 계급의 과시적 소비를 지적하였다. 대표적 저서로 『유한계급론』이 있다.

2차 세계대전 이후 소련에서는 추축국 침략의 잔해에서 초기 복구를 완료하자마자 경제가 추진력을 얻기 시작하면서 생활수준이 눈에 띄게 높아졌다. 소비에트 소비자들의 새로운 요구사항이 나오기 시작했다. 그 하나가 자가용 자동차였다. 자가용 자동차가 넘볼 수 없었던 사치품이던 1950년대에 자가용을 원하는 것과 자가용이 흔해진 1970년대에 자가용을 원하는 것은 전혀 다른 문제였다. 자가용을 가지고 있다는 게 잘사는 하나의 징표이긴 했으나 어느 정도 사회적 필요성을 인정받는 한 그 자체로 과시적 소비 사례는 아니었다. 그러나 의복, 담배에서 술에 이르는 다른 일상용품에서 최신 유행 상품을 취득하는 것은 분명 과시적 소비였다.

공산당 이데올로기 담당 부서에서 소련의 소비재 부족을 어떻게 설명하든 대중 소통의 전자적 수단, 특히 텔레비전이 폭발적으로 늘어나던 시대에 서구의 패션 경향을 숨긴다는 것은 불가능했고 1970년대에는 거의 모든 소련 주민이 미국산 청바지, 프랑스제 향수나 일본제 가전제품을 원했다. 그 시절 소련에는 이런 유행어가 있었다. "저들은 우리에게 자본주의는 악취를 풍긴다고 하는데 그 얼마나 기분 좋은 냄새인가." 미국산 청바지에 세이코나 오메가 시계를 차고 자가용을 몰면 사람들이 부러운 시선으로 쳐다보았다. 소비재가 부족한 나라에서 서구 소비자들의 양식을 공유한다는 것은 존경받을 만한 일이었다. 외국 특히 서방 국가에 주재하는 외교관과 언론인, 스포츠 선수나 해외 주재원 들은 매우 선망하는 직업을 가진 것으로 여겨졌다. 잘못 인식된 것이긴 하지만 서구 사회 소비자의 낙원에 접근

할 수 있었기 때문이다.

1982년 현재 예카테린부르크(예전 지명은 스베르들로프스크 Sverdlovsk) 출신의 매우 영향력 있는 록밴드 우르핀 주스Urfin Juice가 내놓은 앨범이 엄청난 인기를 누렸는데, 그 앨범에는 〈월드 온 더 월 World on the Wall〉이라는 제목의 노래가 실려 있었다. 이 노래는 서구의 소비지상주의에 대한 소련 국민의 집착을 완벽히 간파했지만 서구 전반의 이미지를 지극히 이상적인 것으로 잘못 해석했다. 노래는 주로 소련의 소비 현실에 대한 소련 젊은이들의 환멸이 날이 갈수록 높아지고 있음을 보여 주었다. 노랫말은 풍자적이면서도 심오하다.

그대의 벽에 붙은 포스터는 모두 창문 같네
그대는 유리창 너머 하염없이 바라보고 있네
욕망의 세계에서 절정을 표현한 그 포스터를
흘러나오는 노래는 그대를
벽에 있는 세계로 인도해 줄 거야

그대의 눈길은 TV 같아
온갖 프로그램이 나오는
마이애미 비치의 어느 곳
콩코르드 광장에서 맞는 아침
선셋 대로의 밤
그 모든 걸 아주 멀리서

그대는 좋아해 긴자의 불야성
옐로우 크릭 랜치
상트로페의 마티니
카네기홀에서 하이파이로
울려 퍼지는 소리를

이 모든 상념 속에는
마음 어두운 구석에서 자라난 욕망이 있다네
그대는 당장이라도 채울 수 있어
환상의 세계에선 모든 게 쉬우니까
나는 확신해 네가 그것들을 더 잘 안다면
그 정글로 들어가지 않을 것을
너는 그런 노래를 듣지 않을 거야
누군가 네게 그 노래를 번역해 준다면

이는 소련의 종말을 내다본 예언과도 같은 노래였다. 나토군이 소련군보다 강해서 소련이 끝난 게 아니었다. 실제로 나토군이 소련군보다 강했던 것도 아니었다. 그렇다고 서구의 교육이 소련의 교육에 비해 우수했기 때문도 아니었다. 소련 붕괴의 역설은 민족국가주의와 공산당 엘리트들의 부패로 인한 내부적 문제들 이외에도 소련에서 주민 대다수가 러시아와 그 지리적 주변부의 역사에서 그 어떤 시대보다 잘살기 시작했으며 엄청난 숫자의 사람들이 공개적으로 혹은 은밀하게 서구 자본주의의 가장 큰 장점인 물질적 풍요를 원했다는 사실에 있다. 서구의 부자병 현상은 이미 다 죽어 가고 있던 소련판 마르크스주의를 넘어뜨리는 데 결정타를 날렸고 그 당시 세계 사회주의 체제World Socialist System로 알려진 것의 붕괴를 가져왔다.

02 부자병

번영의 정치학

소비자들의 행동 양식은 필요와 욕망 사이에서 복잡 미묘한 균형을 이루고 있다. 소비에트식 공산주의는 주로 필요를 강조했다. 그리고 제2차 세계대전 이후 서구 자본주의는 그 위세가 완전히 압도적이지는 않았지만 아무리 사소하거나 심지어 해로운 것조차도 욕망에 주도되었다. 서구에서 심각한 경제적, 정신적 질병을 일으킨 것은 필요에 대한 욕망의 승리, 혹은 필요를 좀 더 정교하게 정의하자면 합리적인 욕망에 대한 욕망의 승리였다. 그 질병은 어플루엔자Affluenza, 부자병이며, 그것은 "고통스럽고, 감염성이 있으며 과도한 부채 상황을 사회적으로 전파하고 끈질기게 더 많은 것을 가지려고 추구하는 데서 오는 불안과 낭비"[1] 증상으로 특징지어진다. 발전은 불가피하지만 인간 생활의 향상 혹은 일반적으로 풍족한 삶이라는 개념은 주로 물질적 생산력으로 묘사되며, 그것을 중심으로 형성되기 때문에 필연적으로 소비 증가가 따른다. 제2차 세계대전 이후 서구의 물질적 생산력은 미국이 제2차 세계대전이라는 재앙적 사건으로부터 격리된 덕분에 인상적이었다. 자본주의와 장려된 '자유 기업'은 국민 다수가 역사상 전례가 없는 생활수준을 누리게 하는 데 성공했다.

고인이 된 새뮤얼 헌팅턴이 "서구 사회는 이념이나 가치 혹은 종교가 우월했기 때문이 아니라(다른 문명에서는 서방의 이념이나 가치, 종교로 귀의한 사람이 거의 없다) 조직화된 폭력을 사용하는 데 뛰어났기 때문에 득세했다"[2]고 통탄할 만했다. 그러나 이런 이야기는 훨씬 더 복잡한 전모를 제대로 보여 주지 못했다. 예술에서 과학에 이르기까지 세계에 대한 서구의 기여는 엄청났고 군사적인 정복보다 훨씬 더 복잡 미묘했다. 미국은 2차 세계대전 직후 미국의 번영과 미국 시민이 소비할 수 있는 다양한 상품의 이미지를 투사해 왔다. 나치에 대한 소련의 명목상 승리[3]를 상쇄하려고 노력했던 이 시기는 미국의 황금기였다. 마셜 플랜이 미국의 번영을 과시하고 주로 공산주의와 싸우는 수단으로 홍보되었지만 사실 마셜 플랜은 마이클 허드슨*이 설명한 것처럼 완전히 다른 게임이었다.

* Michael Hudson: 1939~. 고전학파 계보를 잇는 미국의 경제학자. 수십 년간 월스트리트에서 일하며 쌓은 실물경제에 대한 경험과 서양 경제사에 대한 폭넓은 연구를 바탕으로 경제이론을 펼친다.

> 미국 정부의 지원 속에서 미국의 투자자와 채권자 들은 외국 경제에 대한 지분을 점점 더 늘려 나가 궁극적으로는 비공산 세계의 경제뿐만 아니라 정치 과정에 대한 지배력을 확보하려고 했다.[4]

그 이후 1959년 6월 미국 부통령 리처드 닉슨과 니키타 흐루쇼프 간의 '부엌 논쟁'은 유명했고 어떤 사람들에게는 악명 높았다. 이 논쟁 중에 일어난 일은 미국 자본주의와 소련 마르크스주의 관점 간의 경제 논쟁 전반 그리고 그에 따른 결과뿐만 아니라 냉전의 구도를 보여 주었다.

> **닉슨:** 당신에게 이 부엌을 보여 주고 싶군요. 캘리포니아에 있는 가정집의 부엌은 이렇게 생겼습니다. [닉슨은 식기세척기를 가리킨다.]
>
> **흐루쇼프:** 우리도 그런 게 있습니다.
>
> **닉슨:** 이것은 최신 모델입니다. 이와 같은 식기세척기 수천 대가 가정에 직접 설치되기 위해 만들어지고 있습니다. 미국에서는 여성의 삶을 더 편안하게 해 주려고 합니다…
>
> **흐루쇼프:** 당신들이 말하는 여성에 대한 자본주의적 사고방식은 공산주의에는 통하지 않습니다.
>
> **닉슨:** 여성에 대한 이런 사고방식은 보편적이라고 생각합니다. 우리가 원하는 것은 가정주부들을 위해 삶을 더 편리하게 만드는 것입니다.[5]

돌이켜 생각하면 이 논쟁은 소련의 주부들이 식기세척기를 쓰고 있다는 흐루쇼프의 새빨간 거짓말과는 별개로 차라리 희화적으로 들린다. 하지만 그럼에도 불구하고 이 논쟁 안에는 유명한 800파운드짜리 안방 고릴라* 같은 역할을 하는 중요한 요소가 들어 있었다. 이 고릴라는 닉슨이 주택 담보 대출을 설명할 때 모습을 보였다.

> 이 집은 1만 4,000달러면 살 수 있습니다. 대부분의 미국인[2차 세계대전 참전 용사들]은 1만에서 1만 5,000달러 사이에 집을 살 수 있습니다. 이해하실 수 있도록 한 가지 예를 들겠습니다. 아시다시피 우리 철강 노동자들이 지금 파업하고 있습니다. 하지만 철강 노동자들은 누구든 이 집을 살 수 있었습니다. 그들은 시간당 3달러를 법니다. 이 집은 25년에서 30년 동안 매달 100달러를 내면 살 수 있습니다.[6]

고릴라는 부채와 거기에 따른 파생 부채다. 이것은 나중에 미국은 물론 세계 경제에 파괴적 영향을 미치게 된다.

미국이 금본위제를 버리고 사실상 금 금수조치를 공식화한 것은 바로 닉슨이 대통령으로 재임 중이던 1971년이었다. 2011년에 랄프 벤코**는 이렇게 썼다.

* 800 pound gorilla: 영어에서 다른 사람들의 권리나 법을 무시하고 제멋대로 행동하는 존재를 의미한다.

** Ralph Benko: 레이건 행정부 시절 백악관의 경제담당 부보좌관으로 통화정책 수립에 참여했으며 공급자 중심의 자유시장주의자들로 이루어진 프로스페러티 코커스(Prosperity Caucus)를 설립했다. 현재는 《The Supply Side》의 편집인이다.

오늘 우리는 리처드 닉슨 대통령이 금방 깨질 많은 약속을 하며 미국을 그리고 세계를 금본위제에서 벗어나게 한 것을 축하, 아니 사실은 애석해한다(예를 들면 닉슨 대통령은 달러가 충분한 가치를 유지할 것이라고 약속했다. 지금 1달러는 1971년 가치로는 약 19센트에 불과하다).[7]

이 사건은 미국이 무역적자를 내는 것만으로 외국의 중앙은행으로부터 자동으로 차입을 할 수 있는 시스템을 구축한 것을 의미했다. 미국의 무역적자가 커지면 커질수록 더 많은 달러가 외국 중앙은행들로부터 유입되었고 외국 중앙은행들은 그 달러를 다시 다양한 유동성과 시장성을 가진 미국 국채에 투자하는 방식으로 미국 정부에 빌려주었다.[8]

뜻하지 않게 경제적인 문제뿐만 아니라 베트남에서의 군사적인 문제까지 안고 있던 미국이,

군사비와 사회복지비용이 서로 균형을 이루는 경제guns-and-butter economy*에서 재정 적자를 늘려 어떻게 해서든 냉전용 군사비나 사회복지에 쓰려고 했기 때문에 사실상 외국에 세금을 매길 수밖에 없게 되었다.[9]

미국은 전체적으로 필요의 경제에서 순수한 욕망과 과시적 소비

* gun은 군비를 의미하고 butter는 사회복지 예산을 의미한다. 양자가 서로 대립적 균형을 이루고 있는, 즉 하나가 증가하면 하나는 자연히 감소하는 경제를 의미한다.

의 경제로 나아갔다. 이 경제체제에서는 미국의 선택에 맞지 않는 것은 아무것도 없었다. 왜냐하면 이 체제는 값싼 원료와 상품이 미국으로 흘러들어오도록 유지하는 한편으로 인플레이션을 수출함으로써 비공산 진영을 통제할 수 있도록 해 주었기 때문이다. 사실상 미국은 하고 싶지 않으면 많이 일하거나 생산할 필요가 없었다. 실제로 그렇게 되었다. FIRE 경제*와 미국의 급속한 탈산업화로 파티가 시작되었다. 이 파티는 소비를 전례 없이 높은 수준으로 밀어 올렸다. 그리고 그것은 소비자들의 빚뿐만 아니라 정부 부채도 까마득하게 올려놓았다.

그것은 시작에 불과했다.

어떤 사람들은 2010년대 중반까지 미국 경제에서 소비재에 대한 지출이 차지하는 비중이 71퍼센트에 이를 것으로 전망했다.[10] 이 모든 게 미국이 원하는 만큼 빚을 '낼' 수 있었고 이 빚이 이런저런 방법으로 결국 국채로 전환되었기 때문이다. 세계가 미국이 벌이는 파티 비용을 대야만 했다. 그리고 비용을 대는 것은 미국의 소비에 더 기름을 붓는 격이었다. 많은 미국인이 이제는 누구나 누릴 수 있을 것 같은 풍요로운 삶으로 가는 과정에서 부러움을 사고 주목을 받았다. 미국에서는 유명한 그리고 완전히 잘못된 이야기가 아직도 나돌고 있다. 그것은 소련 정부가 소련 국민이 대공황 시대를 사는 극빈 상태의 미국인들도 트럭을 소유하고 있고 여행을 할 수 있다는 것을 알

* FIRE economy: Finance, Insurance, Real Estate, 즉 금융, 보험, 부동산 위주의 경제.

게 될까 염려해 할리우드 영화를 개봉하지 못하도록 했다는 것이다. 존 스타인벡의 〈분노의 포도The Grapes of Wrath〉를 각색한 같은 이름의 1940년 작품이다. 하지만 이 영화는 상영 금지된 적이 없으며 일부에서 주장하는 바와 같이 스탈린은 상영 금지를 지시하기는커녕 1948년 〈재앙으로 가는 길The Road of Calamities〉이라는 러시아어 제목이 붙은 이 영화를 제한된 영화관에서 관람했다. 이 영화는 소련에서는 '노획물 영화Trophy Movies'로 알려졌다. 붉은 군대가 독일 제국의 영상자료실에서 할리우드 영화를 비롯하여 독일 영화, 유럽 영화 들을 노획한 것 중에 있었기 때문이다.[11]

그러나 소련 인민들은 〈분노의 포도〉에 묘사된 경제 불황이 미국 대중에게 미친 파괴적인 영향보다 "미국인은 어떻게 트럭을 가지고 있는지"에 더 관심을 가졌고 여기에 관한 소문이 지속된 것은 미국 소비지상주의의 특이한 면모를 드러내 보여 주었다. 그것은 미국이 늘 해 오던 대로 미국의 성공을 물질주의적으로 투사하는 데 미국인과 세계의 초점이 맞춰지고 있음을 보여 주었다. 미국의 성공에는 필요와 욕구 사이의 적절한 균형보다 소비가 훨씬 더 중요했다.

이러한 소비지상주의 역시 자신들은 예외적 존재라는 미국인이 가진 태도의 주요 구성 요소다. 그런 예외주의적 태도는 미국인의 "수다스러운 애국심"[12]을 기록한 알렉시스 드 토크빌*의 시대부터 미국을 제외한 다른 세계에 대한 완전한 우월감으로 나타났다. 다른

* Alexis De Tocqueville: 1805~1859. 프랑스의 정치가, 역사가, 정치사상가이자 사회학자.

세계의 생활수준은 미국의 소비와 비교할 바가 못 되었다. 소련 혹은 나중에 러시아가 무엇을 성취한다 해도 그것을 이길 수 있는 카드, 즉 거대한 항공모함을 건조하고 좋은 차를 만드는 것은 그렇다 치고, 항상 미국의 생활수준을 유지하고 미국인의 '욕구'를 충족시킬 것처럼 보였다. 그리고 그것은 잘 먹혀들었다.

〈분노의 포도〉에 나오는 트럭이 소련에 끼친 문화적 영향과 유사한 이야기들이 오늘날 미국의 문화적 상황 속에도 계속 이어지고 있다. 닉슨이 '부엌 논쟁'에서 흐루쇼프를 이겼다는 데 대해서는 의심의 여지가 없었고 지금도 그렇다. 정확히 말해 미국의 부엌이 소련의 부엌보다 나았고 많은 소련의 소비재와는 달리 식기세척기가 대량생산되었기 때문이다. 소련의 많은 소비재 품목은 소련이 붕괴할 때까지 만성적인 부족 상태에 있었다. 그중에서도 식기세척기는 소련의 부엌에서 극히 보기 힘들었다. 서방 전체, 특히 미국 소비주의의 대부분, 그리고 그 당시 동구권으로 불리던 지역에 대한 소비주의의 투사는 몇몇 중요 범주의 소비재를 중심으로 이루어지고 있었다. 그중에서 자동차, 가전제품, 그리고 물론 식료품, 아니 다양한 식료품이 가장 중요했다. 그러나 그 영향은 더 광범위했다. 1960년대와 1970년대에 이탈리아인이나 프랑스인이 누리던 풍요로운 생활양식을 보여 주는 유럽 영화와 박람회 같은 강력한 수단도 그런 영향을 끼쳤다. 유럽이나 일본 박람회는 말할 것도 없고 많은 미국 박람회가 소련에서 열렸다.

소련에서 열린 대부분의 미국 박람회가 그랬지만, 내 유년기의 개인적인 기억으로는 1969년에서 1970년에 걸쳐 바쿠에서 열린 미국 교육 박람회(이 박람회는 여러 도시를 순회하며 열렸다)는 대성공이었다.[13] 잘 인쇄된 잡지, 플라스틱 가방과 기념 배지가 모든 방문자에게 무료로 제공되었다. 1976년 바쿠에서 〈미국 가정을 위한 기술Technology for the American Home〉이란 타이틀로 열린 전시회도 마찬가지였다. 어른들은 미국 학교의 교실, 고급 전자기기와 여타 교육 보조 자료들을 이용하는 것 그리고 교실의 책걸상에도 놀라움을 감출 수 없었다. 미국의 가정은 초현대적이고 풍요로웠다. 그것은 다른 사람들의 욕망, 즉 널리 유포된 욕구와 환상을 휘저어 놓았다. 수백만 소련 시민이 교육과 취미 활동에서부터 산업과 가재도구 디자인을 망라하는 미국 박람회를 관람했다.[14]

그 당시로서는 미국인이 평균 소련 시민보다 더 잘사는 것처럼 보이는 것을 부인할 수 없었다. 이러한 사실이 소련에서는 조용히 인정되었다. 생활수준에서 소련이 미국에 뒤진다는 것에 대한 합리적이고 어떤 그럴듯한 이유를 갖다 대도 소련의 평범한 시민들을 설득할 수 없었다. 정말 중요한 것은 무상 교육, 무상 의료, 미국만큼 좋지는 않지만 무상 주택이라고 말한다고 해도 그랬다. 키스 수터*는 이렇게 논평했다. "붉은 군대가 동유럽에 쳐들어오는 나토군은 막을 수 있었겠지만 텔레비전에 나오는 〈달라스〉*와 〈다이너스티〉**는 막을 수 없었다."[15] 1970년대 소련에서 〈달라스〉와 〈다이너스티〉가 텔레

* Keith Suter: 1948~. 호주의 전략기획 컨설턴트이자 미래학자.

비전으로 방영되지 않았지만—두 드라마는 1991년 이후에야 볼 수 있었다—미국 그리고 서구 전반의 생활수준에 대한 일치된 의견은 이미 1970년대 초에 나타났다. 이때 와서 러시아인들은 부유하고 유명한 사람들의 궁전 같은 저택과 미국, 독일 혹은 프랑스 직장인들, 혹은 일반적으로 '중산층'으로 알려진 사람들 간의 생활양식 차이를 알게 되었다. 러시아인이 원하는 것은 바로 중산층의 생활양식이었다. 1990년대의 미국인은 말할 것도 없고 1970년대와 1980년대 당시에도 대다수 소련 국민이나 미국민은 쿵쿵거리며 다가오는 경제적 재앙의 소리를 들으려 하지 않았다. 사는 게 즐거웠다. 제임스 쿤스틀러***가 그 당시 상황을 적절히 요약했다. "아마 역사는 미국의 베이비붐 세대가 흥청망청 파티를 열었고 유감스럽게도 엑스 세대는 그것을 청소하는 일을 넘겨받았으며 결국 모든 게 끝났을 때 밀레니엄 세대가 귀신이 나올 것 같은 그 파티장을 접수해 무단 점거했다고 기록할 것이다."[16]

* 〈Dallas〉: 1978년 첫 방영된 미국의 인기 드라마. 석유 재벌과 대목장을 배경으로 한 이야기이다.

** 〈Dynasty〉: 1981년부터 방영된 미국 인기 드라마. 부유한 주인공과 아름다운 여성들의 로맨스를 그렸다.

*** James H. Kunstler: 1948~. 미국의 작가이자 사회비평가. 《롤링스톤 매거진(Rolling Stone Magazine)》의 전속기자를 지냈으며 하버드, 예일, 프린스턴 등 동부의 명문대학에서 강의했다.

부채의 실상

소비에 대한 완곡한 표현인 파티와 아메리칸드림은 2007년에 무너져 내리기 시작했다. 미국에서 야구 다음으로 즐기는 취미활동인 강박적 쇼핑이 좀 따분해졌고 이전과 같은 재미를 주지 못했다. 미국이 제조업을 중국 등지에 넘겨주고 자국 경제를 금융 위주로 만드는 일을 거의 끝내 갈 무렵이다. 미국에서 실질 산업생산은 떨어졌음에도 부채는 점점 더 늘어났다. 간과할 수 있는 일이 아니었다. 이미 1980년대에 미국의 풍요가 주로 빚으로 유지되고 있다는 게 분명해지고 있었다. 미국이 한 국가이자 한 사회로서 분수에 넘치게 살고 있다는 것도 분명해지고 있었다. 1980년대에는 국가 부채를 이야기하는 것이 하나의 유행이었지만 진짜 폭풍은 미국의 꾸준히 증가하는 소비자 부채 속에서 파괴력을 키우고 있었다. 1990년대와 2000년대에는 누구나 쉽게 대출을 받을 수 있었다. '살 수 있다'는 동사는 1960년대 심지어는 1970년대와도 매우 다른 의미를 갖게 되었다. 구매력은 융자받는 능력, 즉 빚을 지는 능력을 의미했다.

지금 그런 말을 해야 무슨 소용이 있겠냐만 미국이 빚쟁이가 된다는 건 오래전에 명백히 나타났다. 외상 구매와 대출은 성조기나 애플파이같이 미국을 상징하는 게 되었다. 2003년 이후 미국의 가계 부채는 시간이 갈수록 더 악화했고 코비드-19 팬데믹 이전에도 부채는 지속 자체가 불가능한 수준이었다. 코비드-19 집단 히스테리가 미국을 괴롭히기 이전인 2020년 3월 현재 미국의 가계 부채는 14조

3,000억 달러로 지난 분기에 비해 1.1퍼센트가 증가한 것으로 나타났다.[17] 이 부채의 상당 부분은 주택 담보 대출인데 그 가운데 대다수 부채 건수는 미국에서 진행 중인 탈제조업화로 인해 지속 불가능하게 되었다. 탈제조업화는 미국에서 보수가 좋고 높은 기능이 요구되는 일자리를 없앴고 그 가운데 많은 수가 외국으로 이전되었다. 그러는 동시에 미국 경제는 FIRE 경제로 재편되었다. FIRE 경제에서는 고부가가치 생산에 종사하는 일자리다운 일자리를 얻기가 점점 더 어려워지고 있다. 리프킨은 폴 새뮤얼슨*의 말을 인용하여 재정지출을 늘리는 것이 '비효율적 수요 ineffective demand'[18]라는 악마를 속이는 유일한 현실적 방법으로 보았다.

비효율적 수요는 이미 1990년대 중반 부자병과 빚에 의존하지 않는 실질 구매력의 상실에 대한 미국 사회의 첫 번째 반응이었다. 이 모든 게 사실상 정부 발표보다 훨씬 더 많은 실제 실업자 수를 의도적으로 은폐한 것과 맞물려 있다.[19] 실업자 수를 실제와 다르게 발표하는 요령은 1990년대와 2000년대 들어 더욱 '세련'되어 현재 미국의 경제 '모델'의 열성적인 지지자들조차 종종 투명성을 요구하고 있다. 2020년 6월 CNBC는 충격적인 실업자 수에 대해 다음과 같이 보도했다.

* Paul Samuelson: 1915~2009. 1970년 노벨 경제학상을 받은 미국의 이론경제학자. '현대 경제학의 아버지'라 불리며, 세계에서 가장 많이 팔린 책 『이코노믹스(Economics)』의 저자이기도 하다.

> 실업률에는 현재 경제 상황에서는 일자리를 구할 가능성에 대해 비관적이라고 생각해 구직을 포기하고 노동인구에서 빠져나간 노동자들이 포함되지 않는다. 2월 이후로 600만 명 이상의 노동자가 노동인구에서 떨어져 나갔다. 사실 다른 측정 방법으로 산출된 실업률은 훨씬 더 높은 21.2퍼센트에 달한다. U-6라고 하는 이 측정 방법은 "간신히 노동인구로 분류되는" 사람도 포함한다. 이들은 전일제 일을 원하고 또 할 수 있지만 시간제로 일할 수밖에 없는 사람들뿐만 아니라 현재 일을 하고 있거나 일자리를 구하고 있진 않지만 일을 할 수 있는 사람들이다.[20]

국가적 그리고 국제적 차원에서 통계 자료를 완전히 조작하는 것은 아니더라도 사실 풍요의 서사에 맞게 경제 통계를 '왜곡하는 것'은 정확히 미국 경제를 탈제조업화와 금융화金融化로 재편하기 시작한 시점까지 소급되는 미국의 관행이다. 국가 경제에서 생산되는 자동차와 냉장고의 숫자, 쇠고기나 닭고기의 무게는 당연히 정확히 셀 수 있다. 이러한 계량은 한 나라의 경제에 대한 정확한 인상을 주고 실질 국내총생산GDP을 구성하게 된다. 그러나 미국의 새로운 경제 패러다임에서는 그렇지 않다. 그것은 모든 걸 뒤집어 놓는다. 왜냐하면 금융화된 미국 경제는 갈수록 덜 생산하면서도 세계에서 가장 큰 경제로 남아 있어야 하기 때문이다. 이것이 모호하고 신뢰성 떨어지는 경제 통계와 허영심보다 더 큰 문제다. 이것은 세계 '최대의' 경제로 남아 있어야만 미국이 '언덕 위의 빛나는 도시'*라는 지위를 여전히 유지하고 있다고 주장할 수 있다는 하나의 형이상학적 문제였고 지금도 문제다.

인베스토피디아**가 정의한 바에 따르면, 실질 GDP는

> 특정 시기에 한 나라의 경제가 생산한 상품과 서비스의 가치를 인플레이션을 반영하여 계량한 거시경제 통계다. 기본적으로 GDP는 한 나라의 가격 변화를 반영한 경제적 총생산을 나타낸다. 정부는 시간 경과에 따른 경제성장과 구매력을 분석하는 데 명목과 실질 GDP 둘 다 모두 측정 기준으로 사용한다.[21]

이러한 정의는 매우 모호하다. 왜냐하면 경제이론이 우리에게 말하는 것처럼 어떤 것의 가치는 경제적 '주체'에 주는 계량화된 이익 혹은 상품이나 서비스를 구매하기 위해 지불하려는 최대한의 금액으로 정해지기 때문이다. 반면에 시장 가치는 경제주체가 지불하려는 최소한의 금액으로 정해진다. 소비자 양식이 문제되는 곳이 바로 이 지점이다. 시장 원리는 분명 가치에 영향을 주지만 비효율적 수요는 미국의 탈제조업화, 임금 동결이나 전체적인 삭감 그리고 소

* 「마태복음」 5장 14절, "너희는 세상의 빛이다. 산 위에 지어진 마을은 숨길 수 없다(Ye are the light of the world. A city that is set on an hill cannot be hid)"에서 차용한 구절이다. 이것은 미국 정치사에서 미국이 세계를 위한 희망의 등대 역할을 한다는 예외주의와 미국 우월주의를 나타내는 상징적 수사로 쓰이고 있다.

** Investopedia: 1999년에 설립되고 미국 뉴욕에 본사를 둔 금융 미디어 웹사이트.

비자 수요 과포화를 새로운 상품으로 극복하려는 노력의 직접적인 결과다. 이렇게 된 것은 사람들이 현실적으로 구매할 수 있는 능력이 없다는 것 외에도 과시적 소비에서 점점 더 가치를 못 느끼기 시작했기 때문이다. 신상품과 쉐보레 콜벳이나 루이비통 같은 초고가 상품을 꿈꾸는 것이 도움이 됐을 수도 있다. 그러나 실물경제가 움츠러드는 상황에서 그러한 상품을 구입하는 것은 8시에 출근해 5시에 퇴근하고 주택담보대출 원리금이나 점점 인상되는 월세를 내며 세이프웨이나 월마트에 가서 먹을 것을 구입하는 '경제적 주체들'에게는 가치가 모호한 것이었다. 겉보기에 미국의 소비는 여전히 높은 수준에 있었다. 하지만 미국에서의 풍요는 생필품을 구입하려고 할 때, 특히 먹을 것을 사고 점점 더 낮아지는 실질임금을 주는 직장에 출근하기 위해 차에 기름을 채우려고 할 때 빚더미에 빠져 허덕이는 것을 에둘러 표현하는 말이 되었다.

코비드-19 팬데믹이라는 사기로 시작된 사건들, 민주당 전국위원회DNC의 협잡* 그리고 전국적인 블랙 라이브스 매터BLM: Black Lives Matter와 안티파Antifa 폭동을 선동한 저질 미디어는 미국의 풍요가 대다수 미국인에게 얼마나 피상적이며 그 가치와 소비자 양식이 얼마나 빨리 바뀔 수 있는지 보여 주었다. 아이폰이나 테슬라를 사기 위해

* 2016년 민주당 대통령 후보 예비선거에서 민주당 전국위원회가 힐러리 클린턴 후보에 유리하도록 편파적인 선거 관리를 했다는 주장을 의미한다. 당시 경선후보였던 버니 샌더스의 지지자들은 민주당 전국위원회를 상대로 집단 소송을 냈지만 플로리다 연방법원 판사는 이를 각하했다.

줄을 서는 것과는 별개로 전체적으로 볼 때 미국은 어떤 상품이 경제적으로 진정한 가치가 있는지 보여 주었다. 전직 CIA 요원인 필립 지랄디Philip Giraldi는 엄청나고 지속적인 총기와 탄약의 수요 증가를 설명하면서 다음과 같이 썼다.

> 살 때 어려움을 겪는 또 다른 상품은 술이다. 사람들은 우울하고 평소보다 훨씬 더 많은 술을 마신다. 그것은 물론 충동적 행위의 결과일 수 있다. 나는 버지니아주에 사는데 이곳의 주류 판매점에는 매번 술이 남아나지 않는다. 한 점원이 나에게 연중 이때가 되면 평소보다 술을 300퍼센트 더 판다고 말했다. 지난주 나는 워싱턴 D.C.에 있는 크고 이름난 주류 판매점에 들어가 남아 있던 가장 좋아하는 더 페이머스 그라우스The Famous Grouse 몇 병을 싹쓸이했다. 주류 판매점에 술이 떨어졌다. 그리고 언제 다시 들어올지 모른다. (…) 마지막으로 가족 중 한 사람이 건설회사를 소유하고 있다. 그가 최근에 사업이 예상외로 잘된다고 말했다. 사람들이 패닉룸, 피난시설 그리고 1960년대 스타일의 낙진대피소를 집 안팎에 짓고 있기 때문이라고 한다. 그러나 1960년대의 핵전쟁 위협과는 달리 현재의 공포는 당국으로부터 자유 재량권을 부여받은 약탈자들이 잘사는 동네에 침투하는 조직적인 가택침입이 그리 멀지 않은 일일 수 있다는 것이다.[22]

많은 미국인이 미국의 분열된 정치 체제, 무너지는 경제 그리고 끊임없는 피해망상과 공포 분위기로 인한 정신적 스트레스를 다스

리기 위해 알코올 소비를 세 배 늘릴 수 있는 돈을 가지고 있을지 모른다. 하지만 알코올 소비는 구매력이나 진정한 번영의 지표라고 하기 어렵다. 수천만 미국인에게 닥친 식량 불안뿐만 아니라 현재 벌어지고 있는 노숙자 위기도 그 규모 면에서 심상치 않다. 샌디에이고의 〈채널 10 ABC 뉴스〉는 다음과 같이 보도했다.

> 주택도시개발부Department of Housing and Urban Development; DHUD에 따르면 350만 명이나 되는 많은 미국인이 집이 없다. DHUD에 따르면 이들 가운데 대부분은 길거리나 수용시설에 산다. 그것은 한 가지 해석에 불과하다. 이 계산에는 높은 주거비용 때문에 다른 사람들과 집을 공유하는 미국인 750만 명은 넣지 않았다. 최신 데이터에는 집 없는 사람 대부분이 중년층 백인 남성으로 나타난다. 그러나 위기는 그보다 훨씬 심각하다. 지금 미국에는 대공황 이전보다 집 없는 사람이 더 많다.[23]

이런 무시무시한 숫자들은 미국의 중심적인 신화가 생활수준과 소비였다는 점에서 더 극적으로 보인다. 브라질 인구는 미국 인구의 3분의 2 수준인 2억 1,000만 명이다. 그런 나라의 노숙자가 미국의 5분의 1밖에 되지 않는다면 미국이 세계 최고의 국가라는 데 의문을 제기하지 않을 수 없다.[24] 물론 입이 떡 벌어지는 그런 숫자 이면의 통계 작성 방법에 대해 의문을 제기할 수 있지만 사람들이 주변에서 생활수준이 급격히 악화한 징표를 감지하게 되면 어느 시점에는 공감대가 형성되기 시작한다.

시애틀의 로컬 방송인 〈코모 뉴스KOMO News〉같이 완전히 거짓말을 하는 것은 아니지만 노골적으로 편향적인 매체들마저도 아름답고 안전하고 깨끗했던 시애틀이 노숙자, 마약중독자 그리고 범죄자의 중심지로 전락한 사실을 외면할 수 없었다. 2019년 3월 〈코모 뉴스〉는 "시애틀이 죽어 가고 있다"는 제목의 다큐멘터리를 제작했다. 이 다큐멘터리의 프로듀서는 다음과 같이 말했다.

> "시애틀이 죽어 가고 있다"고 제목을 붙였습니다. 나는 실제로 그렇다고 생각합니다. 그러나 이 프로그램은 절망에 관한 프로그램이 아닙니다. 이 프로그램에는 변화를 위한 대화를 시작할 수 있는 아이디어와 구상들이 들어 있습니다. 이 프로그램을 통해 이것이 정상이 아니라는 것을 일깨워 주고 싶습니다. 이래서는 안 됩니다. 이것은 옳지 않습니다.[25]

물론, 그것은 옳지 않았고 지금도 옳지 않다. 그러나 그것은 중요하지 않았다. 과거에도 미국에서는 정상성의 결여가 정상적인 것이 되었다. 결국 2020년 봄에 일어난 사건들이 아주 여실히 보여 주었듯이 시애틀의 상황은 일종의 워밍업에 불과했고 결국 뉴욕, 샌프란시스코, 오레곤 포틀랜드에서 벌어진 상황으로 발전했다. 전 세계가 '캐피틀 힐 자치구CHAZ' 혹은 '캐피틀 힐 조직적 시위CHOP'*로 알고 있는 완전히 무법적이고 급진적인 반법질서 그리고 백인 반대 인종차별 단체(거기에는 백인도 다수 참여했다)의 결성에서 나타난 바와 같이 미국에서 이런 도시들은 기이한 사회적 실험과 법질서 와해의 중심지가 되었다. 바로 그곳에서 TV와 인터넷으로 미국의 자멸과 자기 비하를 본 전 세계 많은 사람에게 미국이라는 나라가 안고 있는 물질적, 정치적 문제의 진정한 규모가 분명히 드러났다. 전 세계 다른 나라의 매체들은 시의회의 정치적 광기에 손발이 묶인 시애틀 경찰의 무능력뿐만 아니라 시내 전체가 전쟁 지역처럼 보이는 실제 상황을 즐겁다는 듯 보여 주었다. 게다가 그 상황은 찢어지게 가난하게 보였다.

시카고나 디트로이트 같은 미국 도시들의 끔찍한 상황에 대해서는 세계가 알고 있었다. 하지만 한때 미국의 번영, 혁신 그리고 신경제의 중심지로 세계에 알려진 시애틀, 샌프란시스코 혹은 포틀랜드 같은 도시들이 쓰레기통이나 다름없이 변한 것을 보는 것은 뭔가 새로웠다. 미국은 세계를 향해 끊임없이 자랑할 만큼 부자였지만 미국의 수많은 지역사회가 세계에 보여 준 모습은 어딘가 이런 그림과 맞지 않았다. 그것은 퇴락, 불결, 무법, 마약 복용, 노숙자가 들끓는 후진국의 빈민촌 같았다. 인지부조화가 불가피했다. 캘리포니아에서는 열파heat wave로 인해 정전이 반복되는 동안 주식시장은 계속 상승 국면에 있었다.[26] 긍정적인 거시경제 지표들이 늘어나는 동안 푸드 뱅크의 행렬도 길어졌다. 애플 같은 회사들의 투자수익이 지속적으로

* 두 가지 명칭은 각각 Capitol Hill Autonomous Zone과 Capitol Hill Organized Protest의 축약어로 2020년 6월 8일 시애틀의 캐피틀 힐에서 벌어진 점거 시위를 지칭하는 명칭이다. 이 시위는 경찰 폭력에 의한 조지 플로이드 사망에 항의하기 위해 벌어졌지만 미국 사회의 인종차별, 빈부격차, 공권력에 대한 다양한 사회경제적인 요소들이 작용했다.

성장하는 한편에서 미국 제조업 전체는 죽어 가고 있었고 회생한다는 보장도 없었다. 코비드-19로 인한 무책임한 경제 폐쇄 이전에도 그랬다. 경제 폐쇄로 특히 관광, 숙박, 금융 같은 서비스 산업에서 항공업에 이르기까지 수백만 명의 실업자가 발생했다. 항공업은 비행기 여행 수요가 줄어 심각한 타격을 입었다.

항공업계는 언젠가는 다시 반등할 수 있겠지만 많은 서비스 업종은 회복하지 못할 것이다. 거기서 발생한 수천만 명의 실업자는 어떻게든 살아가야 할 것이고 부자병이나 과시적 소비의 여지는 남아 있지 않다. 그것은 전혀 아닌데 심지어 번영이라고 정의되기도 하는 어떤 것들을 위한 여지도 남기지 않는다. 그 번영이라는 게 좋은 평판을 얻기 위한 과시적 소비라는 생활 방식을 계속 유지하고 있는 배타적 상위 1퍼센트는 그만두고 상위 10퍼센트에도 들어가 본 적 없는 대다수 미국인을 위한 것이었다면 그런 것은 아예 존재하지 않는다.

미국의 번영이라는 이미지는 그야말로 시뮬라크르*에 불과한 것으로 밝혀졌다. 시뮬라크르는 이미지만 있고 그야말로 실체는 없는 것을 지칭하는 말이다. 1950년대부터 1990년대까지 많은 사람들이, 미국의 중산층을 형성한 잘 알려진 괜찮은 생활수준이 중상층과 함께 퇴조하고 있다고 경고하려고 했으나 그들의 말을 무시하거나 비웃었다.

* simulacre: 영어로는 simulacrum으로 표기한다. 멀리는 플라톤의 이데아에까지 소급되는 개념이지만 현대에 와서 프랑스의 철학자 장 보드리야르(Jean Baudrillard)가 모사된 이미지가 현실을 대체한다는 시뮬라시옹의 개념을 확립해 여기서는 프랑스어식으로 음역했다.

따지고 보면 제2차 세계대전 이후 미국 경제가 우위를 정한 것은 전쟁의 참화를 하나도 겪지 않고 세계 제조업의 중심이 되고 세계 기축통화 국가의 지위를 얻은 덕분이다.

그러나 역사적 맥락에서 보면 이러한 이점도 오래 지속되지 못했다. 팻 뷰캐넌*은 허드슨 연구소Hudson Institute의 아서 허만Arthur Hermann을 인용해 신랄하게 말했다.

> 1960년대 제조업은 미국 GDP의 25퍼센트를 차지했다. 지금은 겨우 11퍼센트에 불과하다. 2000년 이후 제조업 일자리 500만 개 이상이 사라졌다.[27]

제조업 일자리 하나가 비제조업 분야에서 평균 3.4개의 일자리를 창출한다는 사실을 알기 전까지는 이러한 재앙의 규모를 이해하지 못한다.[28] 물론 주식중개인들, 금융 애널리스트들은 정치학자들과 함께 보편적으로 인정받고 있는 이런 주장에 대해 이의를 제기하고 싶을지도 모른다. 그러나 1950년대와 1960년대, 그리고 1990년대까지도 세계의 부러움을 샀던 미국의 번영이, 약품에서부터 자동차, 복잡한 기계에 이르기까지 사실상 모든 종류의 소비재로 내수 시장을 채울 수 있었던 제조 능력의 직접적인 결과라는 단순한 사실은 어떤 것으로도 가릴 수 없다. 그런 번영이 오래전에 자취를 감췄다. 보수가

* Pat Buchanan: 1938~. 미국의 보수주의 정치평론가이자 정치인, 방송인.

괜찮은 방대한 규모의 미국 생산직 노동자 집단을 고용한 것이 바로 이런 제조업이다. 이들이 창출한 고용과 부로 인해 미국은, 닉슨이 금본위제를 포기하고 급격한 부채 증가가 전례 없는 충격을 줄 때까지 급성 부자병을 앓았다. 그 충격은 결국 미국 제조업의 기반과 이러한 제조 능력의 직접적인 결과로 형성된 중산층을 궤멸시켰다.

2020년에 뱅크 오브 아메리카는 "1985년에는 중위 임금 노동자가 주거비, 보건비, 자동차비, 그리고 교통비 같은 큰 항목의 고정비를 버는 데 일 년에 30주가 걸렸다. 현재 시점으로 돌아와 보면 그런 비용을 벌기 위해서 53주가 걸린다. 일 년이 52주다 보니 불가능하다"[29]고 추정했다. 미국은 빈국으로 가는 운명을 재촉하고 있다. 단기적으로는 말할 것도 없고 돈을 더 찍어 내는 것 말고는 그 과정에서 할 수 있는 일이 하나도 없다. 그러나 통화 증발은 문제를 조금이라도 개선하기보다는 악화시킬 게 뻔하다. 오늘날 월마트에서 진열대를 따라 걷거나 혹은 코스탈Coastal에서 판매하는 농기구를 보아도 세계 각지의 제품 표시 꼬리표가 붙어 있다. 거기에는 한결같이 "이 제품은 미국에서 생산되지 않았다NOT made in USA"고 씌어 있다.

오래전 뉴욕시는 휘황찬란한 고급 상점의 유리창과 미국 소비자와 생활수준의 예외주의를 상징하는 상품 진열로 미국의 위엄과 번영을 보여 주는 쇼케이스 역할을 한 적이 있었다. 지금은 화려한 진열뿐만 아니라 이 모든 게 사라졌다. 미국 최고의 도시가 빛이 바랜 채 암울한 미국의 새로운 현실이 되고 있다. 자존심 강한 뉴욕 시민이자 베스트셀러 작가에다 헤지펀드 매니저를 지내기도 한 어떤 사람은 뉴욕이 보이는 징후를 최근 섬뜩할 정도로 냉정하게 인정했다.

> 나는 뉴욕을 사랑한다. 내가 처음 뉴욕으로 이사했을 때 그것은 꿈을 이룬 것이었다. 거리 모퉁이마다 내 앞에서 연극이 벌어지고 있는 것 같았다. 수많은 인물이 등장하고 수많은 이야기가 펼쳐지는. 뉴욕에는 내가 좋아하는 조각들이 어딜 가나 있다. 나는 밤낮없이 체스를 할 수 있었다. 코미디 클럽에도 갈 수 있었다. 나는 어떤 사업이든 할 수 있었다. 사람들을 만날 수 있었다. 나에게는 가족, 친구 그리고 기회가 있었다. 나에게 어떤 일이 닥치든 뉴욕은 내가 뒤로 넘어졌다 다시 일어날 수 있는 그물 같은 것이었다. 이제 뉴욕은 완전히 죽었다.
>
> "하지만 뉴욕은 항상, 항상 원상회복을 합니다." 아니다. 이번에는 아니다.
>
> "하지만 뉴욕은 금융계의 중심입니다. 다시 기회가 넘쳐날 겁니다." 이번에는 아니다.
>
> "뉴욕은 이보다 더한 일도 겪었습니다." 아니다. 이런 적은 없었다.[30]

이런 암울한 진술의 저자인 제임스 알투처*는 광대역 인터넷에서 뉴욕의 몰락을 질책한다. 광대역 인터넷을 이용하면 이동하거나 만

* James Altucher: 1968~. 사업가이자 투자자, 작가, 체스 마스터. 20개가 넘는 기업을 설립했고, 30개가 넘는 기업의 투자자 및 고문이다. 『거절의 힘』을 포함해 18권의 책을 썼고, 《월스트리트저널》, 《파이낸셜타임스》, 《허핑턴포스트》 등의 인기 칼럼니스트다.

나지 않아도 상관이 없다. 금융계에 종사하는 사람으로부터는 아니라는 대답을 기대했을지도 모르지만 그는 더 이상 틀린 말을 할 수 없었다. 그가 사랑한 도시에 대한 조사弔詞에 나오는 뉴욕이라는 이름은 이제 어렵잖게 미국으로 대체될 수 있으며 그래도 진단은 마찬가지일 것이다. 미국은 가난한 나라가 되고 있다. 지각변동 같은 역사 변화의 한가운데 내던져진 미국은 시작하면서부터 부풀려졌던 국력이 쇠잔해 가는 것을 목도하고 있다. 미국이 이런 일들을 겪으며 온전히 회복될 수 있을 것인지는 두고 볼 일이다. 진즉에 끝난 번영은 잊어라. 그리고 부자병과 소비지상주의도 빠르게 아득한 기억이 되고 있다.

03 지리 경제학

크리스탈 팰리스는 세계 엑스포 행사의 전신인 1851년 대영박람회 때 런던 하이드 파크에 세워진 주철과 유리로 된 건물이다. 이 건물은 참가국들의 성취를 전시하는 장소로 쓰였다. 빅토리아 여왕은 박람회가 참가국 사이의 우호적 경쟁을 촉진하기 위한 "평화의 축제"[1]라고 강조하며 전시회를 열었다. 그러나 앨런 파머*는 다음과 같이 썼다.

> 그러나 빅토리아 여왕과 앨버트 공은 대중의 정서를 알지 못했다. 왜냐하면 크리스탈 팰리스에 운집한 수천 명의 사람은 특별히 영국의 성취에 대해서 기쁨을 나타냈고 해외에서 온 물산들에 대해서는 그저 선심 쓰듯 호기심 어린 시선을 던지는 데 만족했기 때문이다.[2]

* Alan Warwick Palmer: 1926~2022. 영국의 대중 역사서 및 전기 작가.

이 박람회에서는 또 러시아 혐오가 두드러지게 나타났다. 러시아 혐오는, 러시아 무역상들이 영국이 전통적인 시장으로 간주했던 지역, 그중에서도 특히 극동과 지중해 동부 지역에 진출하는 것을 개탄하는 토리당과 휘그당*의 사업가들에 의해 조장되었다. 결국 러시아에 대한 영국의 불신과 불만 그리고 두 나라 제국주의 정책의 상승작용은 크림전쟁으로 귀결되었다. 크림전쟁은 불가분하게 러시아 혁명의 원인이 되었고 20세기는 물론 21세기 초 상당 부분을 결정하는 사건인 제2차 세계대전의 결과에 영향을 준 일련의 사건을 일으켰다.

처음에 마르크스주의자들이, 나중에는 마르크스주의자는 아니지만 교육받은 더 많은 숫자의 대중이 이러한 현상, 즉 착취할 식민지와 생산한 상품을 판매할 시장을 획득하기 위한 자본주의 강대국 간의 끊임없는 경쟁을 제국주의라고 불렀다. 나중에 제국주의는 계속 발전하여 지리경제학(지경학)이라는 멋진 이름을 얻고 지정학geopolitics, 地政學의 한 부분을 차지하게 된다. 지정학은 완전히 진화한 학문 분야로 초기에 매킨더**가 구상한 대로 지리학 이외에 훨씬 더 많은 것들, 즉 세계의 경제, 정치 그리고 군사 문제 전반을 포괄하게 된다. 영국인의 뿌리 깊은 러시아 혐오가 크림전

* Tories and Whig: 근대적인 정당의 시작으로 평가되는 영국의 두 정당. 휘그당은 영국 최초의 자유주의 정당, 토리당은 영국 보수당의 전신인 잉글랜드 정당을 말한다.

** Halford John Mackinder: 1861~1947. 영국의 지리학자로 지정학과 전략지정학의 창시자로 인정받는다.

쟁을 일으킨 정치적 요인이 된 경우나 독일 지정학의 창시자들 가운데 한 사람인 칼 하우스호퍼*의 경우에서 보듯이, 지정학은 또 그러한 사태가 촉발할 수 있거나 촉발할 열망을 설명해 주었다.

하우스호퍼는 흔히 제3제국 지정학의 막후 입안자로 알려져 있다. 그는 지정학에서 윤리적이고 정서적인 요인이 매우 중요하다는 관점과 이론을 형성하는 데 결정적인 역할을 했다. 호퍼의 경우에 이것은 영국과의 애증 관계와 관련이 있다. 하우스호퍼는 1909년 증기선 괴벤Goben호에 승선해 지구 반 바퀴를 도는 항행을 하던 중 영국의 식민지 자산을 돌아볼 기회가 있었다. 그 절정을 이룬 것은 콜카타 윌리엄스 요새에서 키체너 자작 호레이쇼 허버트Viscount Kitchener Horatio Herbert를 예방했을 때였다. 이 군사기지는 영국 식민지의 위용과 영향력을 보여 주었다. 나중에 하우스호퍼는 그가 쓴 〈인도의 영국〉이라는 시에서 인도에서는 영국인을 "파렴치한 강도"라고 부르고 영국을 "신의 없는" 나라로 본다며 인도 복속을 혐오하게 된다.[3]

하우스호퍼의 영국에 대한 분노와 애증은 나치가 지정학을 보는 관점에 일정 부분 영향을 준 것으로 보인다. 왜냐하면 하우스호퍼 지정학의 기본 원리들 가운데 하나가 제2차 세계대전, 그중에서도 특히 바르바로사*, 즉 러시아 침공을 가져온 제3제국 전략의

* Karl Haushofer: 1869~1946. 독일의 군인이자 지정학자로 아돌프 히틀러와 루돌프 헤스의 멘토 역할을 했다.

핵심 용어인 '레벤스라움'**이기 때문이다. 나치 독일이 레벤스라움을 확보하려고 했기 때문에 슬라브계 사람들은 수천만 명이 죽고, 불구가 되고, 노예가 되고, 여생을 트라우마 속에서 사는 대가를 치렀다. 슬라브계 국가들, 특히 소련의 물리적 파괴는 말할 것도 없다. 그러나 동유럽에서 대량 학살과 파괴를 가져온 지정학적 논리의 이면에 군사뿐만 아니라 경제적 동기가 있다는 것은 드러나지 않을 수 없었다.

주로 동구에 사는 슬라브족 '운터멘쉬Untermensch', 즉 열등 민족에 대한 인종적, 민족적 증오로 촉발되긴 했지만 어쨌든 제3제국의 주요 목표는 경제적인 것이었다. 레벤스라움은 지리적 개념 이상의 지정학적 개념이었다. 또한 그것은 경제적 개념이었다. 클라우제비츠***가 말한 유명한 금언을 달리 표현하면 바르바로사는 다른 폭력적 수단에 의한 경제학의 연장이었다. 그것은 지리경제학적 행위였지만 그 당시에는 원자폭탄같이 저지하고 억제할 수단이 없었기 때문에 180도 잘못된 방향으로 나가 실패했다. 나중에 원자폭탄이 등장해 강대국들의 경제적 정복이 직접적인 군사적 대결로 발

* Barbarossa: 나치 독일이 소련을 침공할 때 쓴 작전명이다. 바르바로사는 이탈리아어로 '붉은 수염'을 뜻하는데, 신성로마제국 황제 프리드리히 1세의 별명에서 차용했다.

** Lebensrum: 칼 하우스호퍼가 주장한 지정학적 개념들 가운데 하나로 직역하면 '삶의 공간'이다. 한 인구집단, 혹은 민족이 자족적으로 생존하기 위해 필요한 지리적 공간을 의미한다.

*** Karl von Klausewitz: 1780~1831. 프러시아의 장군이자 군사 이론가로 "영리기업이 경제적 이익을 추구하는 논리는 전쟁에도 똑같이 적용된다"고 말했다.

전하지 않도록 억제했다. 소련은 독일 국가사회주의의 팽창을 제국주의의 가장 발전된 형태로 보았다. 이론상으로 제국주의는 자본주의의 가장 고도화된 형태였다.[4] 두말할 필요 없이 일단 경제적 이점이 있다는 소련의 견해는 일리가 있다. 흔히 극심한 폭력이 수반되기는 하지만 경제적 팽창과 새로운 시장의 확보는 결국 경제적 이익을 주로 추구하는 정복이다. 그것은 넓은 의미에서 지정학의 한 부분이며 오늘날에도 여전히 분쟁과 직결된 외교 전략이다. 그러나 그것은 시작부터가 전쟁이었으며 사촌 격인 군사적 전쟁과 다를 바 없어서 침략당한 나라에 경제적 파괴와 혼란뿐 아니라 대규모 사상자를 낳게 된다. 실제로 사람을 죽이는 것이다.

2016년에 나온 『다른 수단에 의한 전쟁: 지리경제학과 외교 전략War by Other Means: Geoeconomics and Statecraft』이라는 그럴듯한 제목이 달린 책은 미국에서 깨달음을 얻었다. 2016년이라는 점을 감안하면 제목이 더 이상 안성맞춤일 수 없을 것이다. 외교협회의 회원인 인도 주재 미국 대사 로버트 블랙윌Robert D. Blackwill과 제니퍼 해리스Jennifer M. Harris가 공동 저술한 이 책이 나오기 전에는 지리경제학을 전쟁, 혹은 더 광의적으로, 경제적 갈등을 연구하는 학문이 아닌 다른 것으로 이해했다는 것은 아니다. 과거에도 그랬다. 지리경제학을 지정학에서 분리해 별도의 학문으로 만든 것은 에드워드 루트왁*이다. 그는 1990년 다음과 같이 썼다.

화력 대신에 가용한 자본, 군사기술의 진보 대신에 민간의 혁신, 주둔군이나 군사기지 대신에 시장침투로, 이처럼 교역이라는 수단이 군사적 수단을 밀어내고 있다고 모두가 동의하는 것 같다. 그러나 이런 것들은 모두 수단이지 목적이 아니다.[5]

그것은 차이가 없는 구분이다. 역사상 많은 경제활동은 지리경제적 활동으로 해석될 수 있고 해석되어야 할 것이다. 여러 가지 면에서 갈등, 전쟁 그리고 지정학과 분리된 분야로서의 지리경제학은 그 문제를 모호하게 하려는 정치적 '과학자들'의 활동으로 다양하게 분화된 또 다른 사례였다. 마찬가지로 루트왁은 그런 증상을 보여 주듯 「다른 수단에 의한 전쟁: 지리경제학Warfare by Other Means: Geoeconomics」이라고 제목을 붙인 장에서 "고대부터 내려오던 국가 간 경쟁의 이 새로운 형태를 나는 '지리경제학'이라고 명명했다"고 쓰고 있다.[6]

루트왁이나 그 이후에 나온 블랙윌과 해리스가 지리경제학과 그 수단을 어떻게 규정했든 그것은 여전히 정치학의 천박한 지성주의라는 얇은 허울로 포장된 과거의 논쟁이었으며 주로 미국에 있는 두뇌집단이 후미진 곳에서 만들어 낸 이론들 중에서도 '역사의 종언The End of History', '문명의 충돌The Clash of Civilizations', '거대한 체스판The Grand Chessboard' 같은 허상을 만들어 낸 오류와 다르

* Edward Luttwak: 1942~. 미국 군사전략가, 지리경제학자. 주요 저서로는 『전쟁과 평화의 논리(The Logic of War and Peace)』가 있다.

지 않았다. 이런 이론 가운데 어떤 것도 그대로 이루어지지 않았다. 그러나 루트왁이 상정한 대로 지리경제학이 다른 수단에 의한 전쟁이자 더 넓은 의미의 분쟁이라면 지리경제학은 군사적, 문화적 혹은 경제적으로 일단 분쟁의 원리 체계를 따라야 한다. 전쟁으로서의 지리경제학이 한 국가의 경제가 여타 모든 나라의 경제를 이기거나 혹은 클라우제비츠의 말을 바꿔서, 우리의 의지를 관철하도록 적들에게 강요하는 것을 최종적인 성과로 여긴다면 여느 분쟁과 마찬가지로 분쟁 당사국들의 능력을 정확하게 평가하는 게 순서다. 그러나 이것은 서구의 지리경제학 옹호론자 대부분, 특히 미국의 옹호론자들이 광적인 종교적 신념의 경향이 점점 더 강화되는 이념적 경직성을 보이면서도 '현장에서' 사실을 종합적으로 다루는 데는 무능한 탓에 처참하게 실패하는 정밀한 분야다.

블랙윌과 해리스가 쓴 지리경제학에 대한 논문의 첫 문장은 오늘날 미국 엘리트들이 사로잡혀 있는 착각이라는 의미에서 중요하다. 그들은 현학적 수사 뒤에 숨어 미국의 경제, 군사 그리고 문화가 파국적으로 기울어지고 있는 것을 인식하지 못했다. 그러한 파국적 몰락의 뿌리는 자유주의의 체제적 위기다. 블랙윌과 해리스는 다음과 같이 쓰고 있다.

> 미국은 지구상에서 가장 강력한 경제력을 가지고 있음에도 불구하고 대외정책을 펼칠 때 지갑 대신 너무 자주 총을 꺼낸다. 미국은 군사력의 필요성에 관심을 두지 않은 적이 거의 없다. 군사력은 여전

히 미국 대외정책의 핵심적 구성 요소다. 그러나 워싱턴은 지난 수십 년 동안 건국 당시부터 이어지던 전통, 즉 우리가 이 책에서 지리경제학이라고 명명한 지정학적 목표를 달성하기 위해 경제적 수단을 종합적으로 이용하는 것을 점차 망각해 왔다. 이러한 전략에 대한 집단 기억을 대부분 망각한다는 것은 미국 정부가 대외정책 목표를 성취하기 위한 강력한 수단을 상실하는 것을 의미한다.[7]

저자들의 일차적 전제들은 2016년에 이미 명백히 진실이 아니라는 사실이 분명했다. 그럼에도 이 책은 그해《포린어페어스》* 의 베스트 북에 선정되었다. 뿐만 아니라 헨리 키신저에서 로렌스 서머스에 이르기까지 미국의 대외정책과 경제 전문가들로부터 많은 찬사를 받았다. 2020년에 와서는 이러한 전제들이 위험하지 않으면 웃기는 것으로 인식될 수밖에 없었다. 한마디로 미국은 세계에서 가장 강력한 경제력을 가진 나라가 아니었기 때문이다. 2020년에는 미국이 현대사에서 가장 심각한 경제적, 정치적 위기에 봉착해 있었지만 2016년에도 미국은 최강의 경제력을 가지고 있지 못했다. 일단 월스트리트의 사이비 경제와 금융지표라는 완충적 포장재가 벗겨져 미국 경제의 실상이 드러나면서 미국이 가파르게 몰락하고 있으며, 인정하는 사람도 별로 없이 참칭한 패권

* Foreign Affairs: 1922년 창간된 국제관계 평론 잡지. 국제정치 · 경제 문제에 대해 광범위하고 날카로운 분석을 가하는 수준 높은 잡지로 평가받으며 큰 영향력을 가진다.

국의 지위를 상실하고 있다는 것을 누구나 쉽게 알 수 있다.

미국은 군비경쟁과 21세기에 벌인 모든 일대일 전쟁에서 패배하고 있다. 이 상황에서 지리경제학은 미국이 자신과 경쟁할 능력을 지닌 나라에 끊임없이 제재를 가하고 훼방을 놓은 것을 완곡하게 표현한 말로서 선택할 수 있는 유일한 수단이다. 뿐만 아니라 미국의 명백한 쇠퇴를 막기 위해 대외적으로 사용하는 유일한 수단이 되어 가고 있다. 경제적인 측면에서 미국을 실제에 부합하게 평가하는 것이야말로 전체로서의 미국, 허상으로서의 미국, 그리고 특히 국민국가라는 환상으로서의 미국에 대한 최종적 결론에 관한 결정적인 예측을 제공한다. 미국은 바로 자신들이 만들어 낸 용어인 지리경제학에서 분명한 비전을 보여 줄 역량을 현저히 결여하고 있다는 것을 드러냈다. 그 결과 그들은 경제적으로 세계의 다른 나라들과 경쟁할 능력을 상실했다.

***

현실에 기반을 둔 집단과 이런저런 관계를 맺고 있는 많은 현대 지정학과 경제학 분야의 학자들은 미국의 경제통계 자체가 사실은 경제통계가 아니라고 누차 말했다. 경제통계에는 금융통계가 분명 들어 있다. 그러나 금융은 경제가 제대로 작동하도록 돈의 흐름을 제공하는 금융시스템과 함께 대단히 중요하지만 결코 경제를 결정하는 유일한 요인이 아니다. 사실 금융은 생산력의 상호

작용으로 가능하게 된 교환 과정을 단순히 반영하는 하나의 파생물에 불과하다. 다시 말해 식품, 가구, 자동차, 컴퓨터, 비행기 등 실질 가치가 있는 물질적 유형재의 생산만이 금융, 그리고 당연히 서비스의 존재 이유를 제공한다.이것은 진정한 지리경제학 이면에 있는 동력원이다. 진정한 지경학은 특정 시장에서 경쟁자의 상품을 몰아낼 수 있는 경쟁력을 기반으로 한다.

분명히 말하지만 심각한 탈제조업화를 합리화하고 있는 미국에서는 이런 식으로 경제학을 가르치지 않는다. 이러한 탈제조업화와 미국의 경제적 쇠퇴의 뒤에는 독일을 위해 레벤스라움을 추구한 하우스호퍼의 그것과 비슷한 열망이 있다. 하우스호퍼의 아이디어가 원천이랄 수 있는 미국판 지리경제학은 금융, 부채 그리고 미국 우월주의에 대한 광적인 믿음에 근거를 두고 있다. 미국 예외주의에서는 금융화金融化와 부채 남발로 인한 경제적 자살행위도 그것이 미국이라는 예외적인 나라가 하는 한 문제가 아니었다. 지금도 그런 사고가 지배하고 있다. 실물경제와 국력의 무자비한 법칙에서 미국은 예외주의라는 환영에 사로잡혀 있는 것이다. 물론 그런 생각은 재앙적 결과를 맞으면서 틀렸다는 것이 입증되었다. 마이클 허드슨은 예나 지금이나 돈이 경제의 척도라고 생각하는 미국 엘리트들의 지배적인 견해에 대해 기술했다. "내가 말하려는 요점은 언론과 대학 강의에서 경제를 설명하는 방식이 어떻게 경제가 실제로 작동하는가와는 거의 관련이 없다는 사실이다. 언론 매체와 보도 기사는 경제가 어떻게 작동하는지에 대한 이해를 혼란스럽게 하기 위해서 완곡하게 손을 본 전문용어를 사용한다."[8]

현대 경제학 이론, 아니 역겨운 통화주의자들이 입에 달고 다니는 말이 현실과 유리되었다는 것을 가장 분명히 보여 주는 사례가 바로 주식 시장의 '건전한' 기능이라고 하는 것이다. 주식 시장은 끊임없이 전해지는 충격적인 미국발 경제 뉴스에도 불구하고 성장했다. 미국은 현재 제조업, 광업, 임업 그리고 상품 생산이 크게 회복될 조짐을 보이지 않는 가운데 고용이 정체되어 전례 없이 높은 실업률을 기록하고 있다. 전체적으로 볼 때 미국에서 경기회복을 기대할 수 있는 것은 주로 서비스 부문이다.[9]

그러나 미국 생산력의 몰락은 어제오늘 일이 아니다. 사실 현재 미국에는 기생적 금융자본주의 전통이 완전히 자리 잡아 허드슨의 말을 인용하면 계속해서 "숙주를 죽이고 있다." 혹은 그가 간략하게 설명했듯이, "보험회사, 증권중개인 그리고 보증업자 들이 한 경제단위가 부에서 금융이 차지하는 몫, 예를 들면 자본환원률의 사기 같은 것을 실질적인 부의 창출과 분별할 수 없게 능력의 약화를 노리고 은행업에 합류했다. 한 가지 예를 들면 실질적인 유형 가치를 생산하는 회사들보다 페이스북의 자본환원률이 더 높다."[10] 오늘날 미국에서는 미국 경제의 기생충인 이런 존재들이 경제 상황에 대해 발표하고 있으며 그 결과 실제로 우리 눈앞에서 번연히 후진국으로 전락하고 있음에도 서류에 나타난 지표상으로는 경제가 괜찮아 보인다. 그러나 이런 이미지를 외부로 투사하는 것도 점점 더 어려워지고 있다. 제프리 바넷*이 서구의 우월성을 규정하는 기준 목록을 제시한 지 4반세기가 지났다.[11] 바넷이 제시한 14개 기준 항목 가운데 15퍼센트에 못 미치는 두 개만이 통화 및 글로벌 금융을 통제하는 것과 관련이 있었고, 나머지 12개 기준, 심지어 그중 한 기준은 다른 11개에서 파생된 것으로 도덕적 리더십을 포함하고 있다. 그것들[나머지 12개 기준] 모두 생산 능력 및 실질적인 부의 창출과 관련된 것이었다. 바넷이 미 육군대학원이 발행하는 계간지《파라미터스Parameters》에 논문을 발표한 1995년과 현 상황을 비교할 때 크게 차이 나는 점은 미국이 최종 소비재에서 최첨단 무기, 항공우주산업에 이르기까지 이 목록에 들어 있는 모든 기준 항목에서 선두 자리를 상실하고 있다는 놀라운 사실이다. 미국은 더 이상 실질적인 부를 창출하지 못하고 있을 뿐만 아니라 이런 심각한 문제를 해결할 수도 없다.

2018년 9월 수십 년 동안 지속된 탈제조업화와 미국의 방위산업 기반을 조사하기 위해 대통령 행정명령 13806호에 따라 부처 합동 태스크포스가 작성해 도널드 트럼프 대통령에게 제출한 보고서가 출판되었다.《미국의 제조업과 방위산업의 기반 및 공급망 회복력에 대한 평가 및 보강Assessing and Strengthening the Manufacturing and Defense Industrial Base and Supply Chain Resiliency》이라

* Jeffrey R. Barnett: 1950~. ROTC 출신 미공군 예비역 대령, 미공군대학원(USAF Air War College)에서 정치경제와 국가 전략을 전공했으며 국방부 장관의 전략기획 보좌관으로 근무하는 동안『미래 전쟁(Future War)』를 집필했다. 그는 공군에 복무하는 동안 한국에서도 근무했다.

는 보고서다.[12] 이 보고서에 나타난 사실들은 국내외 관계자들에게 충격적이었으며 미국의 지리경제학 옹호론자들의 주장과 모순될 수밖에 없는 내용들이었다. 이러한 주장들은 결국 미국을 단순한 경쟁자가 아니라 적으로 볼 만한 이유를 가진 나라들을 상대로 경제적 경쟁을 할 수 있으려면 — 다른 수단에 의한 전쟁을 할 수 있어야 한다 — 금융만 가지고는 안 된다는 것이었다. 미국은 중국이나 러시아에 대해 제재를 가할 수 있을 것이다. 그러나 더 큰 틀에서 보면 이러한 제재는 승산 없는 싸움에 불과하다. 왜냐하면 미국은 2020년 이전의 상업용 우주항공기, 마이크로칩, 자동차 그리고 쪼그라드는 미국 실물경제, 특히 기계-공업 단지에서 나오는 몇 안 되는 품목을 제외하곤 유형의 상품을 교환하거나 거래하는 국제사회에서 경제적 경쟁력을 점점 더 상실하고 있기 때문이다.

할리우드는 여전히 해외에서 팔리는 오락물을 생산하고 마이크로소프트는 소프트웨어를 생산할 수 있을 것이다. 하지만 미국은 더 이상 믿을 만하고 가격이 적당한 자동차를 생산할 수도 없고 홈데포Home Depot나 로우스Lowe's에서 팔리는 가전제품에 '당당히 미국에서 조립된proudly assembled in the USA'이라는 스티커가 주는 호감을 유지할 수 없다. '당당히 미국에서 조립된'이라는 스티커가 붙어 있는 경우에도 그 가전제품이 어디서 생산된 부품으로 당당히 조립되었는지 물어봐야 한다. 왜냐하면 농장 및 목장 용품 판매점인 코스탈의 농기계 판매장에서 경험한 바와 같이 그 부품들은 여전히 중국에서 생산되고 있다. 2018

년 트럼프 대통령에게 제출된 관계 부처 합동 보고서Interagency Report는 일상적인 경제 뉴스에서 좀처럼 주요 뉴스로 취급하지 않는 놀라운 미국 경제의 실상을 폭로했다. 결론적으로 말해 이 보고서의 핵심 메시지는 원칙적으로 옳았다.

> 국가 안보를 위해 미국의 제조업과 방위산업의 기반은 안전하고, 튼튼하고, 회복탄력성이 있고 준비 태세를 갖추고 있어야 한다. 납세자들이 낸 돈이 낭비되지 않고 효율적으로 쓰일 수 있도록 방위산업 기반은 비용 대비 효과적이고 효율적이며 생산성이 높아야 한다. 그리고 과도하게 보조금에 의존하지 않아야 한다. 만일의 사태에 대비하여 방위산업 기반은 수요 급증에 대비한 생산능력surge capability을 확보해 두어야만 한다. 무엇보다도 미국의 제조업과 방위산업 기반은 경제 발전을 뒷받침하고 글로벌 경쟁력을 갖추고 신속히 혁신할 수 있고 어떤 분쟁에서도 승리하는 데 필요한 치명적이고 우월한 무기이고 군대를 무장시킬 수 있는 능력과 역량을 갖추어야 한다.[13]

이 보고서는 그러한 국가적 목표들을 성취하는 데 있어 '경쟁국들'로부터 미국에 가해지는 현실적 위협에 대한 적절한 경고였으며 그 문제를 지리경제학적 관점에서 설명했다.

> 이전에 강대국들끼리 경쟁을 벌였던 때에 비해 생산 역량이 감퇴하고 제조업 고용 인구가 줄어든 것은 미국 제조업 능력을 위협하는

핵심적인 약점으로 남게 되었다. 경쟁국들의 산업 정책은 미국 제조업의 글로벌 경쟁력을 약화시켰다. 세계화의 부작용 때문인 경우도 있고 중국 같은 강대국의 주요 표적이 된 탓이기도 하다. 핵심 기능(예를 들면 용접, 컴퓨터 수치제어 연산 같은)뿐만 아니라 과학, 기술, 공학, 수학STEM 부문에서도 숙련된 노동인구에서 전에 없이 격차가 벌어져 산업의 기반 능력을 점점 더 위태롭게 했다.[14]

미국은 주요 수출품인 T-빌T-bills, 즉 재무부 단기증권으로 알려진 국채를 팔 수 있을 것이다. 이 채권은 소비지상주의와 돈벌이에 여념이 없는 미국의 중요한 자금줄이다. 하지만 다른 한편으로 이 단기 국채는 서비스 경제와 마찬가지로 미국의 탈제조업화 배후의 주요 요인으로 실질적인 부를 창출하지 못하고 있으며 수십 년 동안 그래왔다. 국채는 여전히 해외에서 팔릴 수 있을 것이다. 그러나 미국산 차는 해외 시장에서 경쟁하는 데 문제가 생겼다. 트럼프 대통령이 세계 시장에서 벌인 미국 상품에 대한 공격적 판촉 활동은 결국 심각한 저항에 부딪혔다. 한 언론매체와 가진 인터뷰에서 도널드 트럼프는 독일 자동차들이 멕시코에서 조립되면 35퍼센트의 관세를 부과하겠다고 으름장을 놓았다. 트럼프는 미국산 차가 유럽에서 잘 팔리지 않는 사실을 안타까워했다. 독일 부총리 지그마르 가브리엘Sigmar Gabriel의 반응은 미국으로서는 굴욕적이었다. “미국은 좀 더 좋은 차를 만들어야 한다.”[15]

미국은 점잖게 말해 미국 차가 매우 제한적으로 팔리는 독일이나 일본의 불공정한 무역 관행에 대해 분명한 불만을 나타냈다. 그러나 러시아에서도 미국 자동차 회사들은 어려움에 부닥쳤다. 포드는 설욕을 노리고 2000년 미국 자동차 회사로는 처음 러시아 시장에 진출했고 2세대 포드 포커스Ford Focus는 러시아의 베스트셀러 자동차가 되었다. 러시아 현지에 생산공장을 둔 자동차 회사들 가운데 포드는 폭스바겐에 이어 2위였고 몇 년 동안은 러시아인들로부터 아주 오래 사랑을 받을 것이라는 희망을 품고 있었다. 그러나 그렇게 보였을 뿐이다. 2019년 3월 27일 포드는 러시아에서 생산을 중단한다고 발표했다. 대중적인 러시아 자동차 월간지《자 룰렘Za Rulem(핸들을 잡고)》은 생산을 중단하게 된 요인이 여러 가지이지만 가장 큰 것은 한국, 일본, 유럽 그리고 러시아산 자동차에 대한 경쟁력 상실이라고 보도했다. 일단 포드는 2016년부터 시작된 급격한 판매 감소로 러시아 사업을 지속할 수 없게 되었다.[16] 포드 자동차 모델들은 여전히 꽤 비싸서 훨씬 값이 싼 러시아제 자동차에 밀렸고 실내 크기 같은 측정치를 포함한 기술적 사양에서도 다른 경쟁자들에게 뒤지기 시작했다.

미국 자동차가 경쟁력을 잃고 있는 독일과 일본에서만 그런 게 아니어서 그런 양상은 분명했다. 그러나 포드가 러시아에서 초기에 성공을 맛보았다면 쉐보레는 아예 시작도 하지 못했다.[17] 세계가 호기심과 부러움 어린 시선으로 미국 제품을 바라보던 시절은 오래전에 끝났다. 일단 제2차 세계대전으로 파괴된 세계가 영원히 폐허로 남아 있지 않고 산업 생산력과 기능을 회복할 것이라는 사실을 생각해 보면 미국이 경쟁력 우위를 지속적으로 잃게 될 이유는 분명하다. 미국은 1980년대까지만 해도 2010년대와는 달리 미국 경제가 세계 최고라고 자랑할 수 있었을 것이다. 그 당시 경제는 대규모 생산능력을 갖춘 실물경제였다. 1970년대와 1980년대 미국산 자동차는 세계 최고 자동차는 아니라고 해도 대규모 공급 및 물류 체인을 유지하며 미국에서 생산되었다. 이런 공급 및 물류 체인은 수백만 명에게 일자리를 제공했다. 결국 그것이 중요한 것이었다. 폴 버호벤Paul Verhoeven이 자신이 감독한 블록버스터 영화 〈로보캅Robocop〉에서 기름 1리터에 3.4킬로미터 밖에 못 가는 가공의 자동차 6000 SUX를 풍자할 때 미국 자동차에 대해 빈정댔는지 모르지만 영화에 등장하는 경찰이 잘빠진 신형 미국산 토러스를 운전하는 것을 누구나 알 수 있었다. 이 차는 대단히 경쟁력이 있는 것처럼 보였고 실제로 그랬다. 이 차는 일본에서 고급 대형 승용차로 판매되었다.

오늘날 도요타 캠리나 혼다 어코드와 비교할 수 있을 정도로 진정한 세계적 명성을 얻은 미국산 세단을 기억할 수 있는 사람은 거의 없다. 미국이 여전히 경쟁력을 가지고 있는 스포츠카, 고급 대형 승용차, 그리고 트럭같이 차종을 매우 좁혀서 논의하지 않는 한 미국 자동차 회사들은 해외 시장에서 치열하게 경쟁하기는 커녕 이미 수입 승용차와 경쟁할 수 있는 위치에 있지 않다. 그나마 미국 자동차 산업의 운명은 자동차 시장이 갖는 의미가 크기 때문에 대중에게 알려져 주목받고 있다. 하지만 미국 내 일부 산업은 거의 소리소문없이 조용히 사라지고 있으며 대중은 전략적으로 중요한 그런 현실을 거의 눈치채지도 못하고 있다. 전 해군 참모총장 엘모 줌월트Elmo Zumwalt 제독은 미국의 해양 국가적 특성을 직접 지칭해 '세계도world island'라고 규정했지만[18] 해양 국가라는 미국의 상업용 조선업의 실태는 형편없다.

트럼프 대통령에게 제출된 미국 산업기반에 대한 보고서는 다음과 같이 결론을 내렸다.

> 조선업의 경쟁력이 떨어지는 주요 원인은 해군 고유의 군사적 수요가 많다 보니 외국의 조선업에 비해 상대적으로 상업용 조선업의 규모가 작다는 것이다. 상품과 용역에서 경쟁이 없으면 단일 혹은 유일 공급자로부터 구매할 위험성이 높아진다. 경쟁이 이루어지지 않는 사례는 고전압 케이블, 추진기 원료, 밸브 그리고 의장품艤裝品* 등 조선업에서 중요한 많은 품목에서 찾아볼 수 있다.[19]

기술과 기능의 상실 같은 요소도 언급한 이 냉정한 평가는 미국의 조선 산업을 세계 다른 나라들과 실제 비교해 보면 그나마 절제된 것이다. 지리경제학적 관점에서 선박 건조 능력은 필수적이다. 왜냐하면 지리경제학과 상품을 시장에 배송하는 것은 동전의

* fittings: 선박의 작업 절차와 조함을 돕거나 승조원의 안전과 편의를 제공하기 위하여 선체에 부착한 여러 형태의 구조물과 기구 등의 총칭.

양면과 같기 때문이다. 상업용 해운업은 항로를 이용한 교역량의 약 90퍼센트를 차지하며 여전히 세계 경제의 근간을 이루고 있다.[20] 현재 미국은 세계 최대 규모의 해군을 보유하고 있지만 상업용 조선업은 중국, 한국, 일본, 러시아의 조선업에 비해 왜소하다.

미 하원의 교통 및 기반 시설 위원회Committee on Transportation and Infrastructure의 해양경비대와 해상 운송에 관한 소위원회 Subcommittee on Coast Guard and Maritime Transportation에서 미국 교통부 해운국의 마크 버즈비Mark H. Buzby 국장은 문제의 심각성을 가감 없이 설명했다.

> 미국은 미국 내 선박 건조의 중요한 부분을 차지하는 해군 함정 건조에서는 여전히 세계 선두 자리를 차지하고 있지만 대형 상업용 조선소들은 살아남기 위해 안간힘을 쓰고 있다. 미국의 대형 상선을 건조하는 조선업은 수요는 감소하고 국내 조선업체와 해외 조선업체 사이의 생산성과 가격 격차가 벌어지면서 하강 국면에 빠져 있다. 대형 자체 추진 원양용 선박의 경우 미국 조선소들은 다른 나라 조선소들과 효과적으로 경쟁하는 데 필요한 규모, 기술 그리고 대량 수주의 실적을 아직 갖추지 못하고 있다. 미국의 5대 상업용 조선소는 2016년에 열 척으로 정점을 찍은 이후 지난 5년에 걸쳐 다섯 척이라는 제한된 숫자의 국내 운송용 화물선을 건조하고 있다. 그러나 이러한 선박 생산량은 2016년 전 세계적으로 1,408척의 선박이 건조된 것에 비하면 작다.[21]

버즈비가 '작다small'는 어휘를 사용한 것은 미국의 당혹스러운 실태를 드러내지 않으려는 조심스러운 태도를 보여 준다. 미국은 지리경제학적 독립체를 자임하며 세계 경제에서 우위를 차지하기 위해 싸울 준비가 되어 있다는 나라에 요구되는 상업용 선박 건조 규모의 근처에도 못 가고 있기 때문이다. 그런 수치들은 미국의 주장을 전혀 뒷받침하지 못한다. 그런 수치들 가운데 하나가 조선업의 기반인 한 국가의 철강 생산량이다. 배는 철로 만들어지고 글로벌 경제에서 실질적으로 경쟁력이 있는 대형 상선을 건조하는 데는 많은 철강이 소요된다. 어떤 근거도 없이 약 23조 달러라고 주장하는 경제의 규모를 고려하면 미국의 철강 생산 수준은 놀랄 만하다. 중국이 미국보다 11배나 많은 철강을 생산하고 인구가 미국의 절반밖에 안 되는 러시아가 미국 철강 생산량의 81퍼센트를 생산한다. 역시 해양 국가인 일본도 미국보다 철강을 많이 생산한다.[22]

물론 미국은 많은 주력함, 특히 항공모함 전단을 포함해 대규모 해군을 유지하고 있다. 그러나 미국이 그런 함선들을 매년 생산하는 것은 아니다. 그러나 전 세계의 상업 조선소들은 매년 대형 선박을 비롯해 온갖 종류의 상선을 생산한다. 이런 선박들 가운데 다수는 크다. 어떤 경우에는 미국의 항공모함보다 더 크다. 선박량의 관점에서 상업용 조선업을 간략히 살펴보기만 해도 어떤 나라가 경제 전쟁에 준비가 되어 있고 준비를 하고 있는지 여실히 알 수 있다. 《전자 통계 핸드북 e-Handbook of Statistics》에 여실히 나와 있듯이 전 세계 선박 건조의 90퍼센트는 중국, 일본, 한국 이 세 나라에서 이루어진다.[23] 2018년에 세계 상선단의 선체 중량이 5,200만 톤 늘었다[24]는 사실을 고려하고 이것을 약 8,800만 톤인 미국의 실제 철강 생산과 대비시켜 보면 미국이 글로벌 철강 생산에서 상대적으로 하찮은 존재이며 상업용 선박 건조에서는 절대적으로 보잘것없는 존재라는 것을 눈치챌 수 있다. 설상가상으로 미국의 '라이벌' 혹은 미국 예외론자들*이 주장하는 실존적 위협인 러시아는 국가역량 종합지수**의 주요 지표인 철강 생산에서 미국과 경쟁할 뿐만 아니라 상업용 조선에서는 미국을 앞지른다.

분명히 미국은 상업용 조선에서 존재감을 알리려고 노력하고 있다. '맷소니아Matsonia'로 명명된 최신식 상업용 선박이자 미국 본토와 하와이 사이의 화물 운송을 담당하게 될 두 척의 콘로형*** '카날로아급Kanaloa-class' 컨테이너선 가운데 한 척은 그런 노력의 일환이다. 배수량 5만 톤 급의 이 대형 선박은 나스코NASSCO**** 조선소에서 건조되었다.[25] 미국은 또 2013년에서 2017년 사이

* American exceptionalists: 미국 예외론은 미국을 역사의 보편적 발전 과정에서 벗어나는 예외적 존재로 보는 관점이다.

** Composite Index of National Capability(CINC): 1964년 미국의 정치학자 데이비드 싱어(J. David Singer)가 전쟁의 상관관계를 밝히는 프로젝트에서 국가의 국력을 나타낸 통계적 지수로 여기에는 인구, 도시인구, 조강 및 철강 생산, 에너지 소비, 군사비, 병력 등이 포함된다.

*** Con-Ro: 컨테이너와 자체적으로 배에 싣고 내릴 수 있는(roll-on, roll-off) 화물차나 승용차 등을 함께 적재하는 형태의 화물선.

**** National Steel and Shipbuilding Company: 미국 제너럴 다이내믹스의 자회사인 조선회사로 샌디에이고, 노포크, 브레머튼, 메이포트 등 조선소를 두고 있으며 주로 군함을 건조해 왔다.

에 시코르SEACOR*의 발주로 세 척의 5만 톤 급 유조선을 그럭저럭 건조했으며 두 척의 LNG 터빈 엔진을 장착한 '말린급Marlin-class' 컨테이너선을 비롯해 같은 적화 중량의 비슷한 배를 몇 척 더 건조했다. 해양 국가이긴 하지만 러시아는 주로 철도에서 파이프라인에 이르는 육상 수송을 이용해 교역을 한다. 그럼에도 불구하고 러시아는 몇 년 안 되는 짧은 시간 안에 조선산업의 혁신을 완료했고 2035년까지 국내 여러 조선소에서 800척을 수주해 건조할 계획이다. 극동지역에 있는 러시아의 최신 대형 조선소인 즈베즈다Zvezda는 아직은 부분적으로만 가동하고 있지만 118척을 수주해 놓고 있다.[26] 러시아의 거대 석유 기업인 로스네프트Rosneft 한 회사만 해도 2019년까지 12척이나 되는 '아크6 및 아크7 아이스 클래스급Arc6 and Arc7 ice-class'** 유조선, 4척의 아이스 클래스급 다목적 지원선 그리고 10척의 '아프라맥스Aframax' 유조선***을 발주했다.[27] 일부는 이미 운항 중이거나 건조 중에 있지만 이런 선박들 대다수는 배수량 11만 5,000톤에서 12만 9,000톤에 길이는 미국의 항공모함에 필적하는 첨단 대형 선박이다.

이 모든 일이 러시아가 글로벌 쇄빙선 시장을 단연 지배하고

* SEACOR Holdings: 미국 플로리다에 있는 해상 석유 채굴 플랫폼을 상대로 운송 서비스를 제공하는 회사.

** ice-class: 쇄빙 능력이 있거나 부빙이 있는 바다를 항해할 수 있는 성능의 선박을 나타내는 등급.

*** 적재량 8만에서 12만 톤 사이의 유조선.

있는 상황에서 이루어지고 있다. 가장 최근의 예는 사상 최대 쇄빙선인 배수량 7만 톤의 리데르급* 핵추진 쇄빙선을 건조하는 것이다. 현재 가장 큰 쇄빙선인 프로젝트22220급이 배수량 3만 3,000톤이라는 사실을 감안하면 대수롭지 않게 봐 넘길 일이 아니다. 세 척의 '리데르급' 쇄빙선 가운데 한 척은 2020년 9월 즈베즈다 조선소에서 건조에 들어갔다. 사실 미국이 나름대로 지경학적 노선을 따르기로 계획을 세웠다고 해도 그것이 공허한 선언이나 상아탑의 정치과학이론을 결코 벗어나지 못한 것으로 보인다. 미국 스스로가 세계 최강 대국이 된 요인이라고 주장하는 미국의 경제적 태도는 경제적으로 경쟁력 있는 진정한 지경학적 태도, 즉 이른바 미국의 실존적 경쟁자인 중국과 러시아의 태도와는 극적으로 상반된다.

중국의 경제적 기적과 수출 주도 경제가 수십 년 동안 많은 미국 전문가들의 관심의 대상이 되었다면 러시아가 지경학적 게임에 뛰어들었다는 사실은 비교적 최근에 와서야 서구 전문가 집단의 주목을 받기 시작했다. 지경학과 유라시아 통합에 대한 이론가들 가운데 한 사람인 글렌 디센**은 이런 문제에 관해 연구한 논문의 많은 부분을 그가 말한 '전략 산업'의 발전에 할애했다.[28] 그러나 루트왁뿐만 아니라 디센, 혹은 지경학을 별개의 학문 분야로 생

* Leader-class: 배수량 7만 톤 쇄빙선을 의미하는 것으로 러시아는 2027년 취항을 목표로 이 시리즈의 쇄빙선 한 척을 건조하고 있다.

** Glen Diesen: 1979~. 노르웨이 남동대학의 정치학자. 러시아 국영 뉴스채널인 RT(Россия Сегодня)의 고정출연자다.

각하는 옹호론자들은 너나 할 것 없이 항상 좋았던 시절의 지정학, 혹은 더 포괄적인 신판 지정학을 논의하는 자리로 돌아가기 마련이다. 현대 지정학에서는 국력은 경제 및 군사적 자원에 달려 있으며 그것은 결국 한 나라의 지경학적 능력을 형성하는 데 알게 모르게 영향을 미친다. 지경학적 능력은 경제의 글로벌 경쟁력 그리고 군사적 수단을 비롯해 모든 필요한 방법을 동원하여 국가를 방위하는 능력을 의미하는 듣기 좋은 말에 불과하다.

미국 상업용 조선업의 한심한 실태는 미국 해군력의 이면이다. 세계 경제와의 관계 그리고 국제 관계의 현 단계에서 해군력은 무엇보다도 미국이 생존하는 데 절대적으로 중요한 해상교통로SLOC*를 지키기 위해 그리고 또 다른 나라들의 교역을 저지하기 위해 존재한다. 루트왁이 지경학을 "다른 수단에 의한 전쟁"이라고 규정했을지 모르지만 그것은 원래 오래전부터 전쟁의 수단이었다. 경제적 목적 외의 주둔지, 군사기지 그리고 무기는 절대 사라지지 않았다. 그리고 미국의 학자들과 정치인들이 전념한다고 하는 경제 전쟁에서 자신들의 규범을 강제하려고 할 때 사용하는 점점 더 중요한 수단이 되어 가고 있다. 그것은 단지 경제 전쟁만이 아니다. 왜냐하면 경제 전쟁에서 미국은 이미 지고 있기 때문

* Sea Lines of Communications: 국가의 생존과 전쟁 수행을 위해 필수적으로 확보해야 할 해상 통신 및 운송로. 저자는 이 책에서 Shipping Lanes Of Communications로 달리 표기했다.

이다. 따라서 '전쟁'은 점점 더 군사, 경제, 문화, 이데올로기 전쟁 등 인간 활동의 모든 부면에서 일어나는 경쟁의 의미를 갖게 되었다. 그런 전쟁은 이미 냉전이라는 형태로 존재했으며 전면적인 열전으로 비화할 조짐을 나타내고 있다. 정확히 말하자면 점점 더 갈피를 못 잡는 미국의 전략 수립 기관들이 만들어 낸 많은 정치과학 이론에서 흔히 볼 수 있었듯이 그런 전략들 대다수는 현장에서 실제로 일어나는 사태의 진행 방향을 바꿔 놓을 수 있는 의견이나 구상을 한 번도 내놓지 못했다.

오늘날 미국은 다음 장에서 다루게 될 지적 붕괴로 어려움을 겪고 있을 뿐만 아니라 경제적으로도 점점 더 내세울 게 없어지고 있다. 특히 디센이 말하는 전략 산업인 에너지 분야의 주요 전선에서 패배하면서 그렇게 됐다. 디센은 미국 경제 상황을 가차 없이 설명한다.

> 미국이 전통적인 제조업 일자리에 덜 의존하는 지속 가능한 포스트모던 경제를 발전시켰다는 확신은 경제성장으로 가장한 부풀려진 자산 가격에 의해 유지되었다. 1990년대 정보 기술 거품tech bubble의 붕괴는 세계 경제에서 미국의 지위가 낮아진 것을 받아들이지 않을 수 없도록 했다.[29]

오늘날 미국은 하나의 경제 괴물이자 완전 자급-자립 상태의 유라시아 시장을 마주하고 있다. 미국이 더 이상 생산하거나 구매하지 못하는 물건에 의미 없는 달러 수치를 덧붙이는 것을 비롯해 어떤 통계적 조작으로도 그런 현실을 바꾸지 못할 것이다. 지난 18개월 동안 탄화수소와 항공우주 시장에서 나타난 극적인 사건들처럼, 그리고 통신과 첨단무기 시장에서 계속해서 나타나고 있는 것처럼 미국은 글로벌 경쟁자의 지위를 상실했거나 상실하는 중이다. 국내 정치와 경제가 돌아가는 것을 보면 향후 몇 년 안에 미국이 덩치만 큰 동네 강대국이나 심지어는 후진국으로 전락한다는 것도 전혀 근거 없는 이야기라고 할 수 없다. 그렇다. 미국 정치인 다수가 아직도 존재한다고 생각하는 현상 유지의 이미지를 보전하기 위해 미국이 필사적인 노력을 기울이는 가운데 러시아의 군사력은 미국이 수소폭탄을 동원한 세계 전쟁을 일으키지 못하도록 억지할 수 있다. 그러나 그런 이미지는 존재하지 않고 오래전부터 존재하지 않았다. 미국 정부에 있는 사람들이라면 이제 알 때도 됐다.

한때 여봐란듯이 다른 나라들을 비웃으며 영국 산업과 군대의 역량을 보여 주었던 런던의 크리스탈 팰리스는 더 이상 존재하지 않는다. 그것은 해가 지지 않는 대영제국의 위용이 사라질 것을 예고하듯이 1936년에 일어난 재앙적 화재로 소실되었다. 과거 크리스탈 팰리스가 있던 곳에는 크리스탈 팰리스 축구클럽만 남아 있다. 런던 시장이었던 보리스 존슨과 크리스탈 팰리스 복원에 투자를 원하던 중국과의 역사의 아이러니를 보여 주는 협상도 망각 속으로 사라졌다. 협상은 결렬되었고 세상은 앞으로 나아갔다. 세상사가 다 그렇다.

04 ———— 에너지

현대 문명과 에너지는 동전의 양면과 같다. 에너지 생산 없이는 문명도 없다. 에너지 소비 없이는 문명이 없기 때문이다. 모든 인간이 그렇듯이 에너지를 사용하고 재충전하는 과정은 우리가 잠자는 동안에도 계속해서 이루어진다. 이러한 원리는 에너지가 없으면 존재를 생각할 수 없는 현대 사회에도 그대로 적용된다. 자동차에 휘발유, 비행기에 등유, 빛을 밝히고 산업용 기계를 돌리는 데 쓰이는 전기 등이 그렇다. 결국 인류 발전의 역사는 원시사회 동굴 속의 불부터 국제 우주정거장ISS과 원자력 발전소에 이르기까지 에너지의 추출과 이용의 역사다. 그리고 인류 문명을 송두리째 끝장낼 수 있는 원자폭탄도 빼놓을 수 없다.

오늘날 지정학과 지경학은 에너지를 고려한 틀 안에서만 제대로 정의될 수 있을 것이다. 에너지는 가장 중요한 단일 경제 요인일 뿐만 아니라 거대한 지정학적 요인이기도 하다. 독립된 아제르바이잔의 수도 바쿠 태생인 나는 개인적으로는 어렸을 때부터 에너지에서 나는 아주 독특한 냄새를 맡고 자랐다. 바쿠와 바쿠가 있는 압쉐론 반도에서는 원유 냄새가 났다. 미국에서 유전이 개발되기 훨씬 전인 1846년 첫 번째 유정油井을 뚫은 이후로 압쉐론에서는 끊임없이 원유를 뽑아 올렸기 때문에 이 냄새는 항상 나의 감각을 자극하는 특징이 되었다.[1] 그 이후 역사에서는 드미트리 멘델레예프*와 노벨 형제가 압쉐론 유전과 그곳의 석유화학 산업에서 중요한 역할을 했다. 20세기 초 당시 러시아 제국의 일부였던 아제르바이잔은 세계 산유량의 절반 이상을 생산했다.[2] 아제르바이잔 전체, 특히 바쿠는 러시아 석유산업에 있어서 혹독한 시련의 장이 되었다.

소련 시절에 압쉐론은 하나의 거대한 유전이었고 바쿠 인근 지역과 바쿠 교외 그리고 바쿠 시내에서도 원유를 뽑아 올렸다. 석유 기술을 본격적으로 연구하는 유라시아 최초의 공과대학이 20세기 초에 설립되었다. 압쉐론의 석유는 사실상 제2차 세계대전에서 소련의 승리를 가져다준 연료였다. 해상 유전 탐사도 급속도로 이루어져 1950년대에 바쿠는 명실공히 소련의 석유와 석유화학의 중심지였다. 그뿐 아니라 바쿠는 점점 더 아름답고 생동감 있는 도시가 되었다. 원유 냄새는 서양 협죽도와 철쭉꽃 향기와 섞여 계속 이어졌지만 바쿠 토박이들에게는 거슬리지 않았다. 정통 바쿠식 공중제비돌기 게임을

* Dmitri Ivanovich Mendeleev: 1834~1907. 원소주기율표를 만든 러시아의 화학자이자 발명가.

할 때도 보통 상표명인 카프론*으로 알려진 나일론으로 된 3리터짜리 항아리 뚜껑에 키르Kir라는 물질을 담았다. 키르는 등유를 증류하거나 아스팔트를 만드는 데 사용되었다.

20세기에 바쿠에서 태어난 사람이라면 누구나 저절로 근대 인류 역사에서 가장 중요한 물질인 원유를 추출하고 처리하는 세계에 태어난 것이다. 원유 자체와 기술, 그리고 인력까지 원유와 관련된 모든 게 바쿠뿐 아니라 코카서스 전체의 경제를 발전시킨 주요 동력이었고 지금도 그렇다. 물론 소련이 붕괴한 이후 이전 소련 지역 원유 생산에서 아제르바이잔이 차지하는 역할은 급격히 줄어들었다. 2020년 5월 기준으로 러시아는 아제르바이잔보다 14배나 많은 원유를 생산하고 있다.[3] 이렇게 되면서 서구의 많은 이들이 강대국 간의 거대한 힘의 경쟁 혹은 대립이라고 말하는 상황으로 경제, 군사 그리고 에너지 강국들이 복귀하는 시대에 아제르바이잔의 상대적 중요성은 급격히 떨어지는 결과를 가져왔다. 이러한 강대국 간 경쟁의 대부분은 에너지를 둘러싸고 벌어지고 있다. 원유 그리고 천연가스 같은 다른 탄화수소는 현대 지정학과 지경학의 중심에 있다. 경쟁이라는 말 대신 후자를 사용하거나 혹은 루트왁의 용어 정의인 '다른 수단에 의한 전쟁'을 사용한다면 그렇다.

세계 에너지 총생산량은 진짜 석유에서 가스에 이르기까지 전

* Capron: 상표라기보다는 러시아의 화학자인 이반 크뉘난츠(Ivan Knunyants)가 합성한 폴리카프로락탐을 원료로 만든 고분자화합물의 하나로 나일론과는 다르다.

체 에너지 산출량을 계산하여 석유 1메가톤을 태워 얻는 줄Joules로 표시하는 MTOE 단위, 즉 석유환산메가톤Millions of Tonnes Oil Energy Equivalent으로 표시된다. 2019년 에너지 생산의 평가는 인상적이다. 중국이 2,684MTOE로 선두를 차지했고 미국과 러시아가 각각 2,303과 1506MTOE로 그 뒤를 이었다.[4] 경제발전의 또 다른 중요 지표인 석유, 석탄, 수력, 원자력을 비롯한 모든 에너지원을 이용한 발전량에서는 중국이 7,482테라와트시TWh로 역시 선두를 차지했고 미국이 4,385테라와트시로 2위, 인도와 러시아가 각각 1,614와 1,122테라와트시를 생산해 3, 4위를 차지했다.[5] 이러한 수치들은 새로운 경제적 현실뿐만 아니라 새로운 지정학적 현실이 조성되고 있음을 이해하는 데 중요하다. 이와 같은 현실에서 미국은 경제적으로 도전받고 있을 뿐만이 아니라 전체 국력 면에서도 도전받거나 추월당하고 있다. 그러나 미국의 엘리트들은 이런 현실을 부정하려고 한다. 이런 지정학적 그리고 지경학적 현실에서 에너지는 결정적인 역할을 하고 있고 앞으로도 계속 그럴 것이다. 그리고 그 역할은 미래에 더 커질 것이다.

2020년 3월 빈에서 열린 OPEC+ 회의에 관한 경제면의 표제 기사를 읽은 사람이라면 외교 협상이 결렬되었다는 보도도 읽었을 것이다. 이런 외교 협상이 결렬되면 대부분 유가 전쟁으로 이어진다. OPEC+는 1960년에 창설된 OPEC, 즉 석유수출국기구에 러시아, 멕시코, 아제르바이잔 그리고 몇몇 산유국들이 추가로 참여해 2016년에 결성되었다. 블룸버그는 빈 회의 결렬을 다음과 같은 관점에서 논평했다.

이 결렬은 2016년 사우디아라비아, 러시아를 비롯해 20여 개국이 OPEC+라는 협력 기구를 창설한 이후 최대의 위기라고 할 수 있다. 세계 석유 생산의 절반 이상을 차지하는 이 그룹은 블라디미르 푸틴 대통령의 영향력을 강화하며 석유 가격을 지지하고 중동 지정학의 새로운 국면을 열었다. 그러나 OPEC+는 지난 한 해 동안 점점 더 많은 압박을 받고 있다.[6]

OPEC+에서 영향력이 강한 두 강대국, 즉 서방 미디어들이 '동맹국'이라고 부르는 사우디아라비아와 러시아 두 나라 사이에 벌어진 빈 협상이 결렬된 이유는 산유국들 입장에서 만족할 만한 수준의 유가를 유지하기 위해 원유 감산을 계속하자는 제안을 러시아가 거부했기 때문이다. 요컨대 러시아는 원유 생산에 대한 모든 OPEC+의 제한을 거부했다. 러시아 에너지 장관인 알렉산드르 노박Alexander Novak은 모든 러시아 석유회사가 4월 1일부터 자유롭게 원유 생산을 늘릴 수 있다고 분명히 말했다.[7] 서방 미디어와 전문가 들은 즉각 OPEC+의 원유 생산 제한 조치가 실패한 데 대해 러시아와 사우디아라비아 사이의 석유 전쟁이라는 틀을 씌웠다. 러시아와 관련된 문제를 다루는 서방 전문가들의 수준이 형편없다는 것을 감안해도 이것은 더 이상 빗나갈 수 없는 최악의 분석이었다. 원유 감산을 거부한 러시아는 사우디아라비아가 아니라 미국과 싸우고 있었다. 즉 미국의 셰일오일 그리고 프래킹* 산업과 싸우는 중이었다. 협상이 결렬된 이후 사우디아라비아는 애당초 자신들이 요구하던 감산과는 반대로 방향을 전환해 러시아와 마찬가지로 원유 생산을 늘렸다.

국제 석유 시장에 미국이 등장한 것은 기술이 경제 상식을 뒤엎은 이야기이자 뻔뻔한 사기에 관한 이야기다. 2000년에서 2011년 사이에 미국의 석유 생산량은 하루 500에서 600만 배럴 사이를 오르내렸다. 그러나 2012년에 와서 사정이 달라졌다. 산유량이 점점 증가하는 추세를 보이더니 2019년에는 산유량이 하루 1,200만 배럴을 돌파했다.[8] 2020년 1월 미국의 1일 원유 생산량은 거의 1,300만 배럴에 달했다.[9] 이러한 엄청난 원유 생산량의 증가는 주로 그 당시 셰일 붐이라고 하던 것에 기인한다. 물론 20세기 중반에 등장한 셰일오일 추출 기술은 해를 거듭할수록 발전했다. 그러나 셰일오일 생산은 이전부터 비용이 많이 들었고 셰일오일은 20세기가 끝날 때까지 전통적인 수직 시추 방식으로 뽑아낸 값싼 원유와 경쟁할 수 없었다. 수직 시추 방식은 흔히 우뚝 솟은 석유 굴착기로 압쉐론 반도 전체와 바쿠같이 석유 매장량이 풍부한 곳의 스카이라인을 이루었고 나중에는 쉽게 눈에 띄는 시추선으로 바다를 수놓았다.

미국에서 프래킹 기술이 발전하고 소규모 석유회사들이 낮은 이자로 돈을 빌리는 것이 가능해지면서 셰일오일의 사정이 극적으로 달라졌다. 2000년대 중반 많은 소규모 석유회사들이 위험부담이 큰 셰일오일 분야에 뛰어들면서 석유산업 전반의 성장을 주도했고

* fracking: 셰일오일 추출 기술. 셰일 즉 혈암층을 고압의 액체로 파쇄하여 석유나 가스를 추출하는 기술을 말한다.

2019년에는 미국 석유 생산의 거의 3분 2를 차지하게 되었다. 그 모든 성장은 재무분석가인 데이비드 데켈바움David Deckelbaum이 설명한 방식으로 이루어졌다. "이것은 1달러를 벌면 2달러를 쓰게 되는 사업이다."[10] 쉽게 말하면 누가 뭐라고 해도 이 사업은 경제성이 없었다. 유가가 꽤 상승한다고 해도 그랬다. 그러나 2019년을 기점으로 유가가 하락하기 시작했다. 2020년 당시 수지를 맞추기 위해서는 유가가 1배럴당 55달러에서 65달러는 유지해야 하는 셰일오일 회사들은 점점 더 어려운 상황으로 내몰리게 되었다.[11] 그러나 지경학을 맹종하는 사람들이 버릇처럼 주장하듯이 지경학의 두 가지 요소가, 미국의 석유가 조기에 에너지 독립을 선언하게 되었고, 나아가 석유 순수출국이 되었다는 섣부른 생각에 역행했다.

1. 미국의 셰일오일은 경제성 면에서 독자 생존할 경쟁력이 없었다.
2. 미국의 원유 수출이 가능했던 것은 다른 요인보다도 생산과잉으로 가격 하락에 직면할 세계 석유시장의 균형을 맞추기 위해 러시아와 사우디아라비아가 OPEC+ 내에서 일찍 감산을 한 결과 이 기회를 이용한 미국이 쿼터 제한을 풀었기 때문이었다.

물론 여기에는 미국 셰일오일에 절대적 영향을 미친 세 번째 요인이 있었다. 그것은 러시아의 생산비였다. 공식 발표로 배럴당 2.80달러밖에 안 되는 사우디의 생산비는 문제가 아니었다.[12] 사우디 원유는 생산비 측면에서 어떤 산유국의 원유와 비교해도 대단히 높은 경쟁력을 유지한다고 당연하게 여겨졌다. 사우디의 문제는 낙후된 정치 체제, 모노-이코노미* 그리고 방대한 규모의 사우디 왕족과 일반 국민에 대한 사회복지 약속에 쓰이는 비용으로 인한 엄청난 부담에 있었다. 이런 문제들을 바로잡는 일은 사우디 정권에 심각한 불안 요인으로 작용할 게 뻔했다. 러시아는 공식적으로는 산유 원가를 공개하지 않고 있지만 유가가 배럴당 40달러 정도면 만족한다고 여러 차례 밝힌 바 있다.[13] 석유가 유일하지는 않더라도 주요 수입원 가운데 하나인 러시아는 40달러를 균형 예산을 유지하기 위한 기준 가격으로 삼았다. 러시아가 감산 조치를 취하고 있는 시장에서 미국의 셰일오일이 점유율을 넓혀 가는 데 대해 러시아가 피로감을 느낀 게 2020년 2월 빈에서 열린 원유 감산을 위한 OPEC+ 협상이 결렬된 주요 원인이었다. 러시아의 피로감은 러시아와 사우디아라비아 간 석유 '동맹'의 문제나 그로 인한 내부의 화해할 수 없는 견해차와는 관계가 거의 없다. 오히려 미국의 셰일오일과 관계가 깊다. 쉽게 말하면 이전에 여러 차례 그래온 것처럼 평지풍파를 일으키지 않도록 협상하고 절충할 용의가 있는 안정된 산유국들을 미국의 셰일오일이 무도하게 경제적으로 밀어낸 것이다.

경제적으로 그리고 재정적으로 미국의 셰일오일은 하나의 파격이었다. 그렇지 않으면 한 기자가 질문한 바와 같은 것이었다. "미국 셰일오일은 자유 시장에서 존재할 자격이 있는가?"[14] 재정 긴축과 손

* mono-economy: 석유와 같이 한 가지 산업에 대한 의존도가 절대적으로 높은 경제.

익계산을 입에 달고 200년 동안 '자유 시장'과 '자유 무역'의 장점을 세계적으로 설교해 온 나라에 그것은 어려운 질문이었다. 러시아를 항상 예민하게 다루는 미국의 주류 미디어는 평소에도 무능하긴 하지만 빈에서 열린 OPEC+ 협상의 결렬을 러시아-사우디아라비아 석유 전쟁의 시작이라고 보도했다. 심지어 시사 주간지 《타임》은 이 전쟁을 '배틀 로열'*이라고 부르고 "시장에 원유가 넘쳐나게 만들어" 이 불화설의 중심에 있는 러시아에게 "한 수 가르치려는" 게 사우디의 의도라고 했다.[15] 기준 유가가 80달러 안팎인 나라를 대신해 이야기하는 평론가들에게 이것은 좀 무모한 짓이었다. 미국의 주류 미디어가 늘 그래왔듯이 그들은 이번에도 오판했다. 어쨌든 대부분의 미디어가 그랬다. 비교적 작은 매체인 〈뉴스맥스Newsmax〉만이 미국 관점에서 러시아-사우디 불화설의 암울한 현실을 볼 수 있었고 제대로 된 직업 기자라면 그러한 상황에서 해야 할 일을 했다. 즉 전체적인 상황을 러시아 입장에서는 어떻게 보느냐고 러시아 측에 물었다. 러시아는 그 사태를 미국과는 달리 보았다. 가장 권위 있는 러시아의 전문가들 가운데 한 사람이자 모스크바에 있는 국립 싱크탱크 세계 경제 및 국제관계 연구소the Institute of World Economy and International Relations 소장인 알렉산드르 딘킨Alexander Dynkin은 다음과 같이 말했다. "크렘린은 미국의 셰일오일을 막고 미국이 노르드 스트림 2*를 방해한 것을 응징하기 위해 OPEC+를 희생시키기로 결정했다. 물론

* 다자가 최후의 승자가 남을 때까지 겨루는 싸움.

사우디아라비아를 화나게 하는 것은 위험부담이 크지만 지금으로서는 이러한 유연한 이해관계의 조합이 러시아의 전략이다."[16]

그 뒤에 일어난 사건들은 이런 최초의 가설들을 충분히 입증해 주었고 여기서 누군가가 교훈을 얻었다면 그것은 미국이었다. 교훈은 이론뿐만 아니라 지경학과 견실한 지정학적 분석의 실질적이고 성공적인 적용에 관한 것이었다. 값싼 석유를 시장에서 밀어내 공급과잉 상태를 만들겠다는 사우디의 움직임은 러시아를 견제하기 위한 게 아니었다. 또한 러시아가 반드시 미국의 셰일오일을 완전히 말살하려는 의도를 가지고 있었던 것도 아니다. 애당초 러시아의 주요 목표는 미국을 협상 테이블로 불러내 OPEC+를 OPEC++로 만드는 것이었다. 결국 사우디아라비아 측이 미국 셰일오일과 풀어야 할 문제가 남아 있었다. 러시아산 원유는 세계 석유 시장에 유가 폭락사태가 와도 견뎌 낼 수 있었지만 미국의 셰일오일은 그럴 수 없었다. 코비드-19 팬데믹과 서방 국가들의 경제 폐쇄 상황에서는 특히 그랬다. 미국의 셰일오일 굴착업자들은 유가가 하락하는 와중에 빚을 내 조금 더 연명할 수 있었다. 러시아는 미리 준비해 놓은 5,000억 달러의 준비금에 의존할 수 있었다. 사실 러시아 석유회사들은 빈에서

* Nord Stream 2: 노르드 스트림은 러시아와 독일을 잇는 천연가스 수송 파이프관으로 2011년 11월 노르드 스트림 1이 가스 수송관으로 개통되고, 2021년 9월 노르드 스트림 2가 완공되어 천연가스가 주입되었으나 2022년 러시아-우크라이나 전쟁 발발로 승인 절차가 중단되고, 사업 주관사인 노르드 스트림 2 AG가 미국의 제재로 지불불능 상태가 되면서 파산했다.

의 러시아-사우디아라비아 갈등 훨씬 이전에도 초저유가 상황에서 살아남은 전력이 있다. 다소 친서방적이면서 진보적인 개혁가인 러시아 재무장관은 2019년 10월 CNBC와 가진 인터뷰에서 "유가가 배럴당 30달러에서 20달러까지 떨어진다고 해도 러시아는 막대한 금을 보유하고 있어서 경제적 충격을 받지 않을 것이며 3년간 국가 예산으로 집행해야 할 일들을 완수할 수 있을 것"[17]이라고 자신 있게 말했다.

미국 미디어는 자신들의 오만, 아집, 그리고 무능의 전형을 보여 주며 러시아의 금과 외환보유고에 대한 추측성 보도(오보)를 남발했다. 급기야는 그들이 심심하면 내놓는 푸틴의 실각을 예측하는 기사를 쓰기 시작했다. 유가가 배럴당 30달러 밑으로 떨어지고 미국 셰일오일 회사들의 도산이 본격적으로 시작되던 2020년 4월 일부 서방 언론인들은 늘 그랬듯 미국 언론인 집단의 본질적인 특징인 무능과 미숙함을 보여 주며 급락하는 유가에도 불구하고 푸틴이(그리고 러시아가) 의연해 보이는 것은 푸틴의 자존심 문제라고 설명했다.[18] 물론 기사에서 시사한 바와 같은 푸틴의 '권력'에 대한 '도전'은 없었고, 러시아 석유회사들은 배럴당 25달러 유가에도 10년은 살아남을 수 있다고 매우 당당하게 말했다. 2020년 4월 말 미국의 산유량이 전례 없는 움직임을 보이며 유가가 마이너스 수준으로 떨어졌을 때도 러시아 석유회사들은 미동도 하지 않았다. 어느 시점에는 서부 텍사스산 중질유WTI가 배럴당 40달러에 거래되는 매우 비정상적인 상황이 벌어져 언젠가는 그렇게 된다고 해도 아주 오랫동안 배럴당

80달러, 아니 60달러도 회복하지 못할 것이라는 게 분명해지고 있었다.[19]

소 잃고 외양간 고치기라는 말이 있지만 누군가가 2020년 가을에 이 글에서 러시아-사우디아라비아의 '유가 전쟁'으로 추정된 사건의 결과를 읽었다면 이러한 가격이 가져온 주요 결과를 무시할 수 없었을 것이다. 유가 하락으로 미국의 셰일오일 산업은 초토화되었다. 2020년 6월에 이미 미국 서부 텍사스산 중질유가 배럴당 39달러 선에서 가격이 안정되고 그에 맞춰 러시아의 대표적인 브랜드인 우랄유가 40달러를 웃돌았다. 6월 22일 CNBC는 딜로이트의 보고서를 인용해 충격적인 제목의 기사를 내보냈다. "셰일업계가 3,000억 달러의 손해와 파산의 물결로 흔들리고 있다고 딜로이트가 발표했다."[20] 미국 셰일오일의 파산 조짐은 이미 2010년대 중반에 나타났지만 한 석유업계 관측통이 제목을 붙였듯이 2020년은 "미국 셰일오일과 가스의 대학살"이 일어난 한 해였다.[21] 그것은 미국 석유산업의 재앙적 내파內破를 적절히 표현했다. 그리고 그 내파의 최종 결과는 유가를 배럴당 정확히 40달러 선에서 시장을 안정시키는 데 필요한 감산을 논의할 때 미국이 OPEC+ 회의에 참여한 데서도 나타났다. 배럴당 40달러는 러시아는 만족시키고 사우디아라비아는 불만스럽게 만들었으며 미국의 셰일오일 산업은 사라지게 했다. 러시아는 애당초 미국이 OPEC+ 회담에 참여하길 원했다. 러시아는 러시아식 당구 게임*에서 사우디아라비아를 3구로 이용하여 두 개의 목적구를 포켓에 집어넣는다는 목표를 성취했다.

미국이 얻은 교훈은 굴욕적이었다. 그것은 또 러시아 혹은 석유에 대해서는 아는 게 아무것도 없는 무식한 논객들로 이루어진 소위 러시아 권위자와 '전문가' 집단이 미국과 중동 지역에 있는 미국의 주요 '동맹국'인 사우디아라비아에 대해서도 아는 게 거의 없다는 것을 보여 주었다. 자칭 러시아 '전문가'이자 스트라트포**의 간판인 조지 프리드먼 George Friedman은 푸틴의 자존심에서부터 러시아의 석유 의존성 그리고 올리가르히***에 이르기까지 미국이 러시아를 거론할 때면 상투적으로 들먹이는 선전 문구를 동원하여 앞뒤가 안 맞고 감정에 치우친 망상인 "유가 폭락의 최대 패배자는 러시아"라는 글을 썼다.[22] 그런 '전문가들'이 여전히 대중매체에 의견을 발표할 수 있고 전문가로 대접받는다. 이러한 사실은 미국에서 정치와 정치평론같이 본래부터 사기꾼들에게 취약한 분야뿐만 아니라 '현장의' 현실 그리고 주제가 되는 사안을 어느 정도 이해할 수 있을 만한 기술, 이 두 가지 모두를 잘 알고 있어야 하는 분야에서도 전문지식이 쇠퇴하고 있다는 강력한 증거다.

* Russian billiards: 6개의 포켓이 있는 테이블에서 16개의 공을 가지고 경기하는 당구 게임으로 러시아를 비롯한 동구권에서 주로 한다. 수구 15개를 피라미드처럼 배열하고 시작하기 때문에 러시안 피라미드(Russsian Pyramid)라고도 한다.

** Stratfor: Strategic Forecasting Inc.의 준말이다. 1996년에 설립된 지정학 및 지경학적 예측 정보를 제공하는 기업으로 개인과 기업 등을 대상으로 〈스트라트포 세계 전망(Stratfor Worldview)〉이라는 정보를 제공하며 고객의 요청에 따라 정보 수집 활동도 하고 있다. www.stratfor.com이라는 인터넷 매체를 운용하고 있다.

*** Oligarch: 고대 그리스의 과두정치를 뜻하는 그리스어 '올리가르키아(oligarkhia)'의 러시아식 표기로, 러시아의 신흥 재벌을 가리키는 말. 확장되어 글로벌 엘리트를 지칭하기도 한다.

사실 배우고자 한다면 2020년의 석유파동에서 누구나 교훈을 얻을 수 있다. 이른바 '슈퍼메이저'로 불리는 초대형 석유회사들 가운데 하나인 브리티시 페트롤륨British Petroleum이 걷잡을 수 없었던 석유 수요 증가가 끝날 것이라고 예고하는 보고서를 내놓았을 때도 여기서 얻을 교훈은 석유산업의 향후 전망이 아니었다.[23] 코비드-19 팬데믹에 대한 과잉 대응으로 인한 서구 경제의 폐쇄로 수요 구조가 바뀔 게 분명했다. 주요 교훈은 러시아가 미국의 압력에 전혀 영향받지 않는 진정한 에너지 자립을 이룬 유일한 국가라는 점이었다. 러시아의 에너지 자립은 군사력과 경제력의 조합에 의존했다. 러시아는 이것으로 주요 경제 목표를 향해 나아갈 수 있었으며 그 과정에서 군사력과 경제력을 높여 나갔다. 러시아는 그 당시 석유 시장의 가장 큰손들, 특히 미국과 사우디아라비아 같은 나라의 의향이나 압력을 고려하지 않고 이런 일을 진행했다. 미국의 일부 관측통은 마침내 몇 가지 교훈을 얻었다. 그중 한 사람인 사이먼 왓킨스Simon Watkins는 이렇게 결론을 내렸다. "조금이라도 머리가 돌아가는 사람이라면 사우디가 도발한 유가 전쟁이 사우디의 처참한 패배로 끝나게 된다는 것을 분명히 알 수 있었다. 2014~2016년에 있었던 유가 전쟁도 같은 이유로 그런 식으로 끝났다."[24] 사이먼 왓킨스는 적어도 그런 결론을 널리 알렸어야 했다. 그는 석유 위기가 막 시작하던 2020년 3월에 이미 사우디의 패배로 끝날 것을 예상했다.

사실 왓킨스는 사리에 맞는 말을 하는 몇 안 되는 사람들 가운데 하나였지만, 그와 같은 드문 목소리조차도 유가 전쟁을 러시아와 미국의 문제로 등식화하는 데 크게 실패했다. 그 역시 사우디아라비아가 러시아의 대리인일 뿐이거나, 미국의 음모 전통에 따라서 글로벌 석유시장의 꼭두각시라는 시선에서 자유롭지 못했다. 물론 유가가 하락하는 국면에서 사우디아라비아가 할 수 있는 것이라곤 두 가지밖에 없었다. 운명을 받아들이고 재정적자를 계속해서 늘리는 가운데 준비금에 의존해 살든지 아니면 유가 하락을 저지하기 위해 뭔가 행동을 하는 것이었다. 러시아는 2월에 감산을 거부함으로써 모하마드 빈 살만이 이끄는 사우디가 석유를 가득 채운 유조선 선단을 띄우도록 압박했다. 이러한 조치는 미국의 프래킹 산업이 완전히 붕괴하기 시작하는 지점까지 유가를 끌어내렸다. 크렘린이 취한 것보다 더 중대한 정치적 수완을 보여 준 조치가 있었다면 그것은 1960년 OPEC의 창립 그리고 1973~1974년에 있었던 아랍판 OPEC인 OAPEC, 즉 아랍석유수출국기구의 석유 금수 조치일 것이다. 그 당시 석유 금수 조치는 미국 경제의 기반을 흔들고 지정학적 지형을 결정적으로 바꾸어 놓았다.

미국 예외론자들에게 러시아가 미국을 압박해 미국이 러시아에 이익이 되는 어떤 일을 하도록 만든다는 일체의 생각은 참을 수 없는 것이었다. 미국이 석유 감산에 참여하도록 해 러시아를 만족시키는 유가를 유지하는 것과 같은 것 말이다. 설상가상으로 미국의 셰일오일 회사들이 대규모 파산을 겪고 극단적인 감량 경영을 하는 동안 러시아는 금과 외환보유고를 6,000억 달러로 늘렸다.[25] 게다가 중국에게 추가적인 수모를 당했다. 중국은 값싼 석유로 비축량을 채우고 동시에 이란과는 군사적 협정 가능성을 포함해 4,000억 달러에 달한다고 알려진 대규모 전략적 동반자 관계 조약을 체결했다. 중국과 이란을 공공연히 적으로 간주하고 있는 미국에게 이러한 군사협정은 지정학적으로 엄청난 영향을 주었다.[26]

언론홍보 담당자들의 끊임없는 선전으로 그대로 드러날 수밖에 없는 미국의 지경학적 패배의 규모는 매우 중요하고 근본적인 진실을 실증적으로 보여 주었다. 그것은 점점 더 혼합경제가 되어 가는 러시아에서 행해진 것처럼, 석유산업을 한 나라의 탄화수소 자원과 더불어 그 나라 정부가 직접 관리할 때만 지경학적 그리고 지정학적 분쟁이 있을 때 가장 효과적이라는 것이다. 이러한 패배의 다른 측면은 러시아의 경제 문제와 러시아 경제에서 탄화수소가 차지하는 역할에 대해 헛것을 보는, 완전한 망상까지는 아니더라도 미국이 가지고 있는 뿌리 깊은 무지였다. 서방 전문가들은 러시아가 석유와 천연가스를 수출해서 얻는 수입에 전적으로 의존하고 있다는 근거 없는 이야기를 계속 우려먹었지만 러시아의 실상은 완전히 달랐다.

2020년 8월에 나온 러시아 연방회계원*의 업무보고서에 나와 있듯이 2020년 상반기 러시아 세입에서 탄화수소 판매 수입이 차지하는 비중은 전체 세입의 3분의 1 미만(29.3퍼센트)이며 이는 2019년 같은 기간에 비해 13퍼센트가 하락한 것이다.[27] 전문적인 지식이 없는 사람이 봐도 러시아는 경제를 유지하기 위한 세입의 70.7퍼센트

* Accounting Chamber: 러시아 의회 산하의 연방 예산을 관리하는 부서.

를 탄화수소가 아닌 다른 곳에서 얻는 것이 분명하다. 러시아는 다시 한번 서방의 전문가들과 '분석가들'의 예상을 무색하게 만들며 국내의 정치 경제 상황의 악화 때문에 붕괴하기는커녕 산업 발전을 가속해 나갔다. 러시아 경제가 다시 "엉망이 되었다"는 것은 오바마가 본 러시아 경제였다.*

이 단계에서 미국 엘리트들의 능력에 대해 의문을 제기하지 않을 수 없다. 그들은 '야구장' 정도의 범위 안에 있는 것도 정확히 맞추지 못하는 기록을 기하급수적으로 계속 늘려 가고 있다. 그들이 알고 있다고 해도 항상 조금밖에 모르는 나라들이 어떻게 움직일지 예측하고 이해하는 문제뿐만이 아니다.[28] 그런 엘리트들과 의사결정권자들이 자신들의 조국에 대해서는 잘 파악하고 있는지에 대한 의문도 커지고 있다. 악화하고 있는 것으로 알려진 러시아의 상황에 대해 러시아 국내의 반발이 없는 것은 "푸틴의 선전 활동" 때문이고 이것도 이러한 "선전성 해명"이 진부하고 짜증스럽게 느껴져 완전히 효과가 없어질 때까지만이라고 설명할 수 있을 것이다. 문제는 러시아, 이란, 중국 등지에서 실제로 경제가 어떻게 돌아가고 있느냐는 것이다. 그것은 미국 예외론자들과 '자유 시장'의 전도사들이 이데올로기적이고 정치적인 이유 때문에 단호히 배우려고 하지 않았거나 혹은 그 가공할 결론 자체가 증명하는 바와 같이 절대로 배울 수 없었고 지금도

* 2015년 1월 20일 오바마 대통령은 의회 연두교서에서 서방의 제재로 러시아를 고립시키고 러시아 경제를 '누더기로' 만들었다고 말했다.

배울 수 없는 교훈이다. 석유 위기가 그 답을 주었다. 그것은 전자라기보다는 후자이며 엄청난 지정학적 의미를 내포한다.

***

코비드-19 팬데믹과 이에 대한 미국과 유럽의 터무니없고 고의적이라고 할 수 있는 과잉 대응은 경제 붕괴와 함께 역사상 가장 심각한 석유 위기의 방아쇠를 당겼다. 그러나 팬데믹 훨씬 이전부터 세계 경제와, 거기에 연동된 석유 수요는 감소하고 있었다. 그 문제는 구조적이었고 팬데믹이 있든 없든 불가피했다. 내려진 결정의 이면에 얼마나 악의가 있었는지는 아직 밝혀진 바 없다. 그러나 더 큰 틀에서 보면 팬데믹 위기는 일반적으로 탄화수소 그리고 특히 석유는 세계 경제의 주요 동력으로서 조만간 사라지지 않을 것임을 입증해 보여 주었다. 2020년 9월 미국 에너지 정보국U.S. Energy Information Administration의 보고서는 '그린' 에너지 유토피아 지지자들에게 하나의 판결 같은 의견을 내놓았다.

> 화석 연료, 혹은 석유, 천연가스, 석탄 등을 비롯한 지구 지각에서 부패한 유기물에 의해 형성된 에너지원은 미국 에너지 생산과 소비에서 계속해서 가장 큰 부분을 차지할 것이다. 2019년에 국내 에너지 생산의 80퍼센트가 화석 연료로 이루어졌으며 국내 에너지 소비의 80퍼센트가 화석 연료에서 나왔다.[29]

비화석 에너지 생산 및 소비와 관련된 나머지 20퍼센트 가운데 재생에너지가 차지하는 부분은 원자력보다 약간 많다. 재생에너지 가운데 전통적인 수력과 바이오매스는 환경론자들이 애호하는 태양과 바람에 의한 에너지 생산을 두 배 이상 능가한다. 따라서 정치적으로는 중요하지만 경제적, 기술적으로 문제가 많은 에너지원은 미국 전체 에너지 생산량의 4퍼센트 미만이다.[30] 에너지의 추이를 보면 '그린' 에너지 의제는 무정하게 잊혀지고 있다. 전적으로 에너지 의존적인 현대 문명의 기반을 무너뜨리지 않고 현재 실행 가능하고 경제성이 있는 기술에 기반을 둔 현실적인 경제적 프로그램을 마련해야 한다면 미국에서 주로 민주당의 지원을 받은 이념적 결과물인 녹색운동Green Movement이 성장시킬 수 있는 옵션은 거의 없다. 셰일오일과 에너지 순수출국 지위라는 미국의 '로맨스'는 역사적으로 상당히 단명했다. 그런 한편 기후변화와의 싸움이라는 이데올로기가 초래한 완전한 경제적 광기의 실례는 유럽에서 쉽게 찾아볼 수 있을 것이다.

기후변화 문제는 오래전에 이미 과학적 사안이기를 그만두었다. 임무 교대한 도덕적 십자군의 이슈가 되었는데 미국에선 '좌파', 더 일반적으로 자유주의자들의 운동으로 잘못 알려졌다. 물론 기후가 변하고 있다. 그러나 이 문제의 핵심은 왜 기후가 변하느냐는 것이다. 현재 서방의 모든 세대는 기후변화가 인위생성적人爲生成的, 즉 인간 때문이라고 생각하며 성장해 왔다. 이러한 관점은 서구의 기후변화 분야를 지배하고 있으며 수십 년 동안 진행되어 온 매우 현실적이고 정말로 인위생성적인 환경오염 반대운동에 검은 안대를 씌우고 전혀 다른 운동으로 바꿔 놓는 역할을 하고 있다. 인위생성적 환경오염의 가장 대표적인 사례 가운데 하나가 바로 미국이 전속력으로 뛰어든 셰일오일 산업이다. 셰일오일은 상수원을 오염시키고, 지진과 지반 침하로 지표 기반 시설과 건물을 위협하는 거대한 지하 공동을 형성하는 프래킹 과정을 통해 채굴된다. 결국 이런 방법 혹은 심지어 전통적인 추출 방법들과 관련된 여러 보건상의 위험 요인들이 있다. 그러나 인간의 활동이 기후변화를 일으킨다는 도무지 신뢰할 수 없는 모델을 제외하곤 증거는 단 한 조각도 없다.

러시아의 대통령 블라디미르 푸틴은 분명 기후 과학자가 아니다. 하지만 그는 세계에서 가장 뛰어난 기후 환경 과학자들 가운데 한 사람으로부터 조언을 얻는다. 또 푸틴이 기후변화는 인간에 의해 일어나는 것이 아니라고 말한 기록이 있다.[31] 별로 교육을 많이 받지 못한 유명 인사, 겨우 문맹을 벗어난 스웨덴 출신의 소녀*, 어문학 계열 학위를 딴 사람들을 에둘러 말하는 언론계 인사들이 주도적으로 여론을 형성하는 서구 세계 전체 그리고 특히 미국에서는 진정으로 과학적인 반론에 대해 숙고할 이유가 없다. 그러나 한때 강력했던 제조업 기반 경제를 녹색에너지라는 근거 없는 환상의 제단에 바친 독일의 운명과 에너지 자살행위는 모두에게 하나의 경고가 되어야 할 것이다.

독일의 깜짝 놀랄 만한 통계수치들 가운데 하나는 독일 경제가 수년 동안 정체 혹은 쇠퇴하고 있다는 사실이다. 한 관측통이 쓴 바와

* 환경운동가 그레타 툰베리(Greta Thunberg)를 지칭하는 것으로 보인다.

같이 독일의 제조업 생산이 6년 이래 최저 수준으로 떨어지면서 독일 경제는 2019년 8월에 이미 몇 개월 연속 답보 상태에 있었다.[32] 그로부터 1년 뒤인 2020년 8월 독일 경제는 자유낙하 상태에 있었다.[33] 에너지와 독일 경제가 쇠퇴하는 것이 상호 관련되어 있다는 사실이 분명하게 보이지 않을지 모른다. 그러나 둘 사이에는 직접적인 관련이 있다. 왜냐하면 독일에서 생산되는 제품들은 대단히 에너지 의존적이며 에너지, 아니 그보다는 에너지 가격이 생산 원가에 영향을 미치는 주요 요인으로 자동차에서 소비재에 이르기까지 독일이 생산하는 제품들의 경쟁력을 떨어뜨렸기 때문이다. 예를 들면 낮은 임금 그리고 가장 중요한, 낮은 에너지 비용으로 생산되는 중국 제품에 대한 경쟁력이 떨어졌다. 2019년 9월《포브스》는 다음과 같이 보도했다.

> 거대 컨설팅 기업인 매킨지에서 새로 나온 보고서는 독일의 재생에너지로의 에네르기벤데Energiewende 혹은 에너지 전환이 독일 경제와 에너지 공급에 중대한 위협이 되고 있다고 보고 있다. 독일의 주요 신문 가운데 하나인《디 벨트Die Welt》는 매킨지 보고서에 나온 내용을 "재앙적"이라는 한 단어로 요약했다. (…) 매킨지는, 간헐적인 태양광과 풍력에 지나치게 의존함으로써 점점 더 불안해지는 독일의 에너지 공급에 대해 가장 강력한 경고를 내놓았다. 2019년 6월에는 사흘 동안 전력망에서 정전 사태가 벌어질 뻔했다.[34]

여름철 몇 달 동안 독일 혹은 유럽에서 드물지 않게 나타나는 폭염에 프랑크푸르트 암마인 같은 독일 공항에서 환승을 위해 대기해 본 사람이라면 누구나 우선 더위 때문에 엄청난 불편을 느끼게 된다. 일단 에어컨을 켤 수 없게 되어 있다. 시원하고 안락한 비행기 객실에서 공항으로 들어서면 그 차이가 충격적일 수 있다. 에어컨은 환경에 나쁘다고 알려졌기 때문에 독일에서는 인간이 느끼는 안락함, 그리고 가끔 심장병 등의 질병이 있는 사람들의 건강은 '환경 걱정'의 뒷전으로 밀린다. 이렇게 하는 게 에너지 원가 때문이라고 인정하는 것보다는 모양이 좋아 보인다. 2019년 12월 독일 평균 가구는 전기요금을 킬로와트시당 0.38달러 지출했다. 버뮤다에 이어 세계에서 두 번째로 높은 전기요금이다. 비교해 보자면 미국은 0.14달러, 러시아는 0.06달러다.[35] 산업용 전기는 독일은 킬로와트시당 0.23달러로 선진국 가운데 가장 비싸다. 미국은 0.11달러, 러시아는 0.08달러, 중국은 0.10달러다.[36] 따라서 (매킨지 보고서와 같은) 그런 결론이 불가피하다. 독일이 경제 선진국 가운데 에너지 비용이 가장 높다는 점에서 독일 경제가 완전히 독립적으로 경쟁력을 유지할 가능성은 점점 더 희박해지는 것 같다. 독일의 에너지 정책뿐만 아니라 유럽연합EU 전체의 에너지 정책을 보면 유능한 산업 및 에너지 전문가들은 당혹감을 느낀다.

그러나 그들은 당혹스러워할 필요가 없다. 독일의 접근 방법, 아니 차라리 미친 짓은 "지구를 구한다"는 잘못된 전제에 대한 독일의 약속에서 보면 오히려 간단하다.

경제학자들에게 물어보면 거의 예외 없이 같은 이야기를 할 것이다. 건

> 잡을 수 없는 기후변화에서 지구를 구하려면 에너지를 비싸게 만들어야 한다. 2018년에 노벨 경제학상을 받은 예일대학 경제학 교수 윌리엄 노드하우스William Nordhaus는 2008년에 "경제학은 기후변화 대응 정책에 관해 한 가지 근본적인 진리를 담고 있다"고 썼다. "어떤 정책이든 지구 온난화를 해결하는 데 효과를 보기 위해서는 탄소의 시장가격을 올려야 한다. 그러면 화석 연료와 화석 연료로 만든 상품의 시장가격이 올라갈 것이다." 전기요금을 인상하기 위해서는 다양한 정책적 수단을 이용할 수 있다. 예를 들면 탄소배출에 세금을 부과하거나 대기오염을 규제할 수 있다. 그러나 에너지를 비싸게 만드는 가장 인기 있는 방법은 독일이 해 오고 있는 방법이다. 전기에 과도한 요금(혹은 세금)을 부과하여 태양광과 풍력에 보조금을 주는 것이다. 탄소배출을 줄이기 위해 에너지를 비싸게 할 필요가 있다면 프랑스는 어떻게 절반의 에너지 비용으로 독일의 10분의 1도 안 되는 탄소를 배출한단 말인가?[37]

이러한 질문에 대한 대답은 의외로 간단하다. 프랑스는 전기의 72퍼센트 이상을 독일에서는 완전히 금기시되는 원자력 발전소에서 생산한다. 독일은 2000년대 들어 목소리 크고 영향력 있는 독일 '환경론자들'에 의해 그리고 나중에는 후쿠시마 원자력 발전소 사고로 고조된 대중적 압력에 의해 조장된 정책의 결과로 선진적인 자국의 원자력 산업을 자발적으로 포기했다. 그래서 지금 대가를 치르고 있다. 원자력 발전으로 생산하는 에너지 비중에서 세계에서 선두를 차지하는 프랑스도 2050년까지 '탄소중립'을 이루겠다는EU의 유토피아적인 계획을 흔들 수는 없다. 이러한 목표는 2019년 독일과 프랑스에서 법으로 제정되었다.[38] 서류상으로 볼 때는 그 목표들은 그럴듯하고 원자력 에너지는 새로운 비非탄화수소 에너지원으로 가는 도정에서 하나의 디딤돌로서의 가능성을 가지고 있다. 그러나 그것은 새로운 에너지원들이 현대 선진 문명, 즉 전력공급망을 유지하는 한 가지 조건을 전제로 가능하다. 대부분 생산 경제 현장에서 하루도 일해 본 적이 없는 그레타 툰베리 숭배자들의 세대가 떠받드는 태양광이나 풍력은 전력공급망을 유지하고 안정적으로 운용하는 데 필요한 전압이나 주파수를 유지할 수 없다. 전력공급망을 유지하는 데 필요한 에너지 저장 장치 문제도 해결되지 않았다.

그러나 이런 현실은 유럽 그리고 점점 더 과격해지는 미국 환경운동가들이 교통에서 풍족한 식량에 이르기까지 인간이 안락하게 살아갈 수 있는 조건, 즉 에너지원을 발굴하여 그것을 다양한 형태의 에너지로 전환하는 인간의 능력을 전반적으로 개선해 온 현대 인류 문명의 기반을 무너뜨리는 계획을 밀고 나가는 것을 막지 못한다. 특히 유럽에서 가장 급진적인 환경주의 사상의 배후에 있는 사람들은 에너지 산업이나 혹은 어떤 산업 현장에서도 일해 본 경력이 전혀 없는 사람들이다. 2017년에 프랑스의 환경부, 제대로 된 명칭은 환경변화부 Ministere de la Transition ecologique 그리고 그 당시에는 환경 변화 및 국토통합부Ministere de la Transition ecologique et de la Cohesion des territoires의 장관은 니콜라 윌로Nicolas Hulot였다. 윌로는 유럽 환경운동에서 걸출한 인물이다. 그의 이력서에는 정치적, 사상적으로 화려한 온갖 종류의 경력이 수록되어 있다. 그러나 프랑스 같은 나라에서 환경부를 이끌려면 필요하다고 생각할 만한 자연과학이나 공학 관련 경력은 하나도 찾아볼 수 없다.[39] 아니나 다를까, 윌로는 원자력 발전을 단계적으로 폐지하는 데 찬성했다.

윌로의 개인적 성향 그리고 그가 환경과 관련된 대단히 복잡한 경제적·기술적 문제들, 기반 시설에 관한 기술적 요구 사항과 환경과의 관계를 관리하는 데 필요한 어떤 진정한 기량도 갖추지 못하고 있다는 것은 교훈적이다. 그러나 유럽에서는 결코 특별한 게 아니다. EU 집행위원장인 우르술라 폰 데어 라이엔Ursula von der Leyen은 유럽의회 연두교서에서 환경에 올인하여 연설 첫머리에 이 문제를 올리고 탄화수소 사용에 대한 더 엄격한 규제를 제안했다.[40] 부인과 의사이자 보육을 공부했고 직업은 정무직 관료인 라이엔은 무엇보다도 독일 국방부 장관으로 재임하는 동안 형편없는 능력을 보여 준 것으로 유명하다.[41] 서구사회에서 개인적 직무 적성과 소양은 정치적 올바름, 미디어 노출, 고위 정치인들의 드러나지 않는 부패의 제단에 희생당한다. 유럽에서 급진적인 환경보호주의같이 사이비 과학에 의존하고 경제 법칙과 상식에 반하는 이데올로기가 등장해 세력을 확대하는 것은 예상할 수 있을 뿐만 아니라 불가피한 것이다. 유럽의 이런 상황은 더 나빠질 것이고 다시 회복되지 않을 수도 있다.

그러나 미국은 희희낙락할 처지가 아니다. 미국의 능력 중심주의는 죽었고 다시 살아날 가능성은 거의 없다. 지난 몇 년간 일어난 일들이 그것을 분명히 보여 주었다. 미국은 적어도 지금까지는 유럽에 비해 한 가지 중요한 장점을 가지고 있다. 그러나 미국이 통합된 국가로 살아남는다고 해도 그런 장점은 미국의 안팎으로부터 잠식당할 것이다. 러시아에서 독일로 가는 노르드 스트림 2 가스 파이프라인을 미국이 저지하는 데 성공하느냐 못 하느냐, 그 결과에 따라 미국은 환경 근본주의에 의해 총체적으로 악화된 에너지 부족과 경제적 채무 초과와의 싸움에서 지고 있는 유럽이 마지막 희망을 걸고 있는 것을 포기하게 할 수도 있다. 이것은 오래가지는 않겠지만 미국의 가장 큰 지경학적 승리가 될 수도 있다. 왜냐하면 미국은 일석이조의 효과를 얻을 수도 있기 때문이다.* 유럽이 액화천연가스를 비롯해 훨씬 값비싼 미국산 탄화수소를 수입하도록 하고, 그렇게 함으로써 동시에 이전부터 간신히 버텨 온 유럽산 제품의 경쟁력을 떨어뜨리고 에너지와 무기 외에 다른 미국산 제품의 가격경쟁력을 높이면 유럽으로 수출할 수도 있기 때문이다.

이것이 오늘날 벌어지고 있는 사태의 본질이다. 그리고 미국으로서는 유럽의 운명은 세 번째는 아니더라도 부차적인 문제다. 당연한 이야기지만 미국은 살아남기 위해 할 수 있는 모든 일을 할 것이다. 유럽이 감당할 수 있는 가격으로 에너지를 얻으려는 시도를 저지하기 위해 위장 작전(예를 들면 러시아의 반체제 지도자인 알렉세이 나발니

* 2022년 9월 말 노르드 스트림 2 가스 파이프라인은 외부 소행에 의해 폭파되었다. 퓰리처상을 수상한 저명한 미국 언론인 시모어 허시는 바이든 지시로 CIA에서 극비 작전을 벌여 폭발물을 터뜨렸다고 주장했다.

의 '독살 기도'에 영국의 특수 요원이 개입했을 가능성), 유럽 정치권에 남아 있는 이데올로기적인 세뇌와 중독에 굴복하지 않는 정치인들을 대상으로 한 협박과 체제전복 캠페인, 유럽에서 놀라운 속도로 사라져 가고 있는 기술적, 경제적 감각에 대한 노골적이고 일상적인 비난("two minute hate")* 등 온갖 방법이 동원되고 있다.[42] 러시아 관계자들은 사태가 이런 식으로 전개될 것을 예상했다. 독일이 나발니의 '독살 기도'에 대해 뻔히 들여다보이는 허위 발표를 하자 러시아 외무장관 세르게이 라브로프는 러시아 외교에서 전례가 없는 강경한 어조로 EU 전체, 특히 독일을 향해 러시아의 입장을 분명히 밝혔다.

> 다시 말해, EU가 도움이 안 되는 파괴적 입장을 유지한다면 우리 자신에게 모든 가능성을 열어 놓음으로써, EU의 종잡을 수 없는 태도로부터 자유롭게 행동함으로써, 우리는 대등한 관계와 상호존중을 바탕으로 협력할 용의가 있는 나라들과의 동반자 관계에서뿐만 아니라 우리의 자주적인 발전도 확보할 수 있다.[43]

라브로프의 발언은 독일이 진정으로 원하는 것, 신뢰할 수 있는 에너지 공급원을 결정하라는, 독일에 대한 크렘린의 최후통첩 같은

* "two minute hate"는 조지 오웰의 소설 『1984』에 나오는 용어를 인용한 것이다. 이 소설에 나오는 디스토피아 오세아니아에서는 국가의 주적인 이매뉴얼 골드슈타인과 그 추종자들을 그린 영화를 보고 이들에 대한 저주와 빅 브라더에 대한 찬양을 큰 소리로 외친다.

것이었다. 신뢰할 수 있는 에너지 공급원이 있으면 싸울 기회를 얻을 것이고 그렇지 않으면 결국 미국의 요구에 완전히 굴복해 돌이킬 수 없이 미국에 종속되는 것이다. 그렇게 되면 독일은 중국, 미국, 심지어는 러시아와의 경쟁에서 희생될 낙후되고 부실한 산업을 유지하는 후진국이 되는 것이다. 아무튼 러시아가 독일을 위해 자국의 이익을 희생할 책임은 없다. 결국 EU의 파워 엘리트 그리고 그들의 무능과 비겁함을 대충 보기만 해도 EU의 시대가 얼마 남지 않았다는 데 의심의 여지가 없다. 미국의 일부 인사들은 그것을 알고 있고 미국 엘리트들의 무능과 부정은 때로 모든 합리적 예상을 뛰어넘는다는 사실에도 불구하고 이러한 목표를 위해 지칠 줄 모르고 매진한다.

그러나 러시아의 메시지는 한 가지 매우 진지하고 거의 노골적인 주장을 담고 있었다. 미국이 노르드 스트림 2를 저지하기 위해 비상한 노력을 하고 있지만 지경학적 그리고 지정학적 현실은 바뀌지 않고 있다. 러시아의 가장 명망 있고 예리한 지경학 분석가들 가운데 한 사람인 로스티슬라프 이셴코Rostislav Ishenko는 다음과 같이 언급했다. "노르드 스트림 2 사업을 중단하는 것이 러시아에는 단지 불쾌한 일이지만 독일에는 재앙이다."[44] 소문난 러시아의 인내심도 한계가 있다. 그러나 러시아는 EU와는 달리, 그리고 궁극적으로 미국과도 달리 에너지와 시간 그리고 선택의 자유가 훨씬 더 많다. 역설적으로 그런 모든 일의 밑바탕에는 러시아의 엄청난 천연자원, 그중에서도 특히 에너지가 있다. 에너지는 러시아를 신자유주의 경제와 자멸적인 급진 이데올로기의 굴레에서 벗어나게 해 주고 있다.

05 제조업

실물경제는 어떻게 작동하는가

금융자본주의가 고역을 치르다 언젠가 필연적으로 맞게 될 슬픈 종언에 대해 경고한 서구의 저명 경제학자는 마이클 허드슨만이 아니다. 자본주의의 경기순환 자체보다 훨씬 더 심각하고 훨씬 더 위험한 내재적 경향이 작용하고 있다는 사실을 미국과 서구 엘리트 모두가 전적으로 부인하는 것도 아니다. 그런 경향이 현대 자본주의에 전례 없는 정치 경제적 위기를 불러오고 있다. 플로리다 출신 공화당 상원의원 마르코 루비오Marco Rubio는 아주 의외의 인물들 가운데 하나다. 그는 확신하고 있는 것은 아니지만 최소한 오늘날 미국 경제의 상황을 금융 '기생충'이 숙주를 죽이는 것에 비유한 허드슨의 견해를 부정하지는 않는다. 루비오는 스스로 인정하듯 미국을 급격한 쇠락으로 몰고 가는 바로 그 질병인 미국 예외주의의 당당한 신봉자였지만 대통령 선거에서 낙선한 뒤 미국 국민 다수가 그의 '예외주의적' 견해를 공유하지 않는다는 것을 알고 기존의 입장을 재고하지 않을 수 없었다.[1]

그가 꾸준히 해 오던 반중국적 발언을 하고 제조업 역량과 혁신이 어떻게 연관되어 있는지에 관해 솔직담백하게 털어놓으며 중간중간 미국의 실물경제, 즉 생산 경제의 실태를 이야기할 때 그는 놀랄 정도로 거침이 없었다. 그의 그런 발언은 일부 고위 정치인들이 국가 안보의 기반인 실물경제를 어떻게 이해하고 있는지 엿볼 기회를 제공했다.

> 미국 정책입안자들은 고유하고 생산성이 높은 산업 부분의 핵심 가치를 발견해 여기에 투자를 장려함으로써 경제를 더욱 생산적으로 만드는 정책을 추구해야 한다. 중국이 메이드 인 차이나 2025* 계획으로 시장을 지배하려는 항공우주, 철도, 전자, 텔레커뮤니케이션, 농기계 등은 기본적으로 괜찮은 일자리 기회를 창출하고 국가 이익에도 중요할 것이다. 첨단 제조업 같은 '실물경제' 부문의 고용은 유형有形의 상품을 만들기 때문에 역사적으로 매우 생산성이 높았다. (…)[2]

금융 부문과 월스트리트의 역할에 대한 루비오의 놀랄 만한 발언

* Made in China 2025: 中王制造 2025. 2015년 5월 8일 중국 공산당 총서기 시진핑과 국무원 총리 리커창이 발표한 중국 공산당의 제조업 부문 발전계획. 중국이 저임금과 공급망의 이점을 이용한 저차원적 기술의 제조업에서 벗어나 중국의 제조업 역량을 선진국 수준으로 끌어올리는 것을 목표로 하고 있다.

은 다소 충격적이다. 그가 속한 공화당은 미국 정치에서 월스트리트와 동의어로 쓰일 뿐 아니라 그들은 유례없이 많은 미국 제조업을 해외로 이전시키고, 그에 따라 중국이 미국의 경제적, 궁극적으로는 지경학적 경쟁자로 부상하도록 만든 정책을 구상하고 영구화한 인큐베이터로서 오랫동안 역할을 해 왔기 때문이다. 공화당 정치인들은 2000년 5월 '대중국 무역에 관한 하원 결의안 4444호'*에 대부분 찬성표를 던져 중국의 경제적 기적을 만드는 데 직접적인 역할을 했다.[3] 공화당은 또 2000년 9월 19일 상원에서도 이 결의안을 주저 없이 통과시켰다.[4] 중국이 세계무역기구WTO에 가입하는 것은 민주당 출신 빌 클린턴 대통령 재임 중에 사실상 결론이 났지만 공식적인 가입은 2001년 12월 11일 조지 W. 부시 대통령 재임 중에 이루어졌다.

클린턴 대통령은 미국의 대외 경제 정책에 관한 가장 지각없고 무식한 발언이라고 할 수 있는 선언을 했다.

> 오늘 하원은 미국의 지속적인 번영, 중국의 개혁 그리고 세계 평화를 향한 역사적 발걸음을 내디뎠습니다. 하원에서 한 것처럼 중국과의 항구적인 정상 무역 관계PNTR*를 확대하는 법안이 상원에서 통과된다면 미

* House Resolution 4444 China Trade Bill(H.R.4444): 중국에 대한 최혜국(the most favored nations) 대우를 잠정적으로 부여하는 결의안으로 공화당으로서는 세계 인구의 5분의 1을 차지하는 중국 시장에 미국 농산물 수출을 확대하기 위한 것이었다. 2000년 5월 15일 당시 하원 세입위원장인 텍사스 출신의 공화당 하원의원 윌리엄 레이놀즈 아처(William Reynolds Archer Jr.)가 발의했다.

국에는 새로운 교역의 문을, 중국에는 변화의 희망을 열어 줄 것입니다. 대통령에 취임하던 7년 전 저는 재정 규율, 미국의 인적자원에 대한 투자 그리고 무역 개방이라는 신경제로 나아갈 새로운 방침을 세웠습니다. 저는 대외적으로 시장을 개방하면 국내에 기회가 생긴다고 늘 생각했습니다. 우리는 1993년 이래로 제가 며칠 전에 서명한 아프리카와 카브리해 연안 국가들과 교역을 확대하기 위한 획기적인 법안에 이르기까지 더 개방적이고 더 공정한 무역이라는 목표를 향해 매진해 왔습니다.[5]

그 명백한 허위와 참을 수 없는 애절함이 민망할 정도다. 1938년 아서 네빌 체임벌린**이 뮌헨에서 히틀러에게 항복하다시피 하고 돌아와 선언한 "우리 시대의 평화Peace in Our Time"의 경제판이다. 클린턴의 선언은 미국의 경제 문제에 별로 관심이 없었던 사람들까지 당혹하게 했다. 미국의 노동조합이 미국의 일자리를 해외로 이전하는 문호를 개방하는 클린턴의 말에 분명 기분 좋을 리가 없었다. 그러나 자유주의적인《허핑턴포스트》조차 그를 '아웃소싱업자 대표outsourcerer-in-chief'라고 불렀음에도 2012년까지도 미국인의 3분의 2는 클린턴에게 여전히 호의적인 생각을 가지고 있었다.[6] 중국도 나

* Permanent Normal Trade Relations: 이전에 쓰이던 Most Favoured Nation(MFN)을 1998년에 명칭을 변경해 외국과의 자유무역을 지칭하는 법적 용어로 쓰이고 있다.

** Arthur Neville Chamberlain: 영국의 보수당 정치인이자 41대(1937~1940) 총리를 역임한 인물.

쁠 게 없었다. 나쁠 이유가 뭐가 있겠는가? 북미자유무역협정NAFTA 뿐만 아니라 WTO 가입은 미국 제조업의 활력을 빨아들이는 거대한 진공청소기 같은 역할을 했다. 외국으로 나가는 것은 금융이나 컨설팅 '산업'이 아니었다. 미국의 제조업이 조국을 떠나기 시작했다. 진지하게 다른 의견을 들어 볼 필요가 있는 예측을 많이 발표해 온 미국외교협회가 미국이 주도한 중국의 WTO 가입으로 중국이 어느 정도 득을 보게 되는지 이번에는 꽤 정확히 요약해 발표했다. 미국의 실물경제는 존재감도 없는 곳으로 계속해서 곤두박질치고 있었지만 중국경제는 2001년 이후 여덟 배가 성장해 사상 유례없이 4억의 인구를 절대빈곤으로부터 건져 올릴 수 있었다.[7] 중국의 성공은 놀랄 만한 것이지만 미국이 얻은 것은 점잖게 말해 정말 수수했다.

전체적인 진행 과정에서 가장 주목할 만한 측면은 20세기 전반 두 번에 걸친 세계대전에서 나타난 실질적인 국력이라는 문제를 미국이 완전히 무시하고 추상적인 경제이론에 근거해 경제적 자살행위를 저지르고 있지만 현실적으로 여기에 중국이 개입했다고 비난할 수 없다는 사실이었다. 중국은 제안하는 것을 수용했고 그 제안이 중국을 세계 최고의 소비재 생산 중심지로 만들었다. 그 제안은 너무 좋아 거부할 수 없는 것이었다. 그리고 그것은 레닌에서 마르크스 자신에 이르기까지 유명한 마르크스주의자들 가운데 어떤 사람이 한 것으로 잘못 알려진 짧지만 유명한 농담, 즉 자본가는 자신을 목매달게 될 밧줄까지도 팔 것이라는 말을 현실로 만들었다. 누가 했든지 간에 이 짧은 농담은 중국이 WTO에 정회원국으로 가입한 것을 아주 잘 나타내고 있다. 미국은 현실 세계에서 관건이 되는 유일한 능력인 제조할 수 있는 능력을 중국에 부여했다. 물건을 제조하는 데서 진정한 부와 가치가 창조된다. 루비오가 다음과 같은 결론을 내린 2020년에 그는 그런 경제적 통찰을 얻었음이 분명하다. "…그것이 궤도 위 태양전지이든, 전기차이든, 혹은 주택이든… 그런 것들의 가치는 사용한다고 바로 줄어들거나 제로로 없어지는 것이 아니라 오래 지속되며 증식된다."[8]

이런 간단한 경제 공식은 처음부터 윈스턴 스미스*가 현실을 측정하는 잣대로 사용했던 것처럼 써야 했다. "자유는 2 더하기 2가 4라고 말할 수 있는 자유다. 그것이 인정되면 다른 모든 게 따라온다."[9] 하지만 그렇지 않았다. 경제 전반에서 제조업이 차지하는 역할과 지위에 대한 모든 개념적 해석은 미국의 정치, 금융, 문화, 교육 부문의 엘리트들에 의해 해체되었다. 이들 대다수는 제조 현장에서 단 하루도 일해 본 적이 없으며 주로 오피스 플랑크톤**의 자격을 가지고 있다. 생산적인 업종에 종사하는 남녀를 칭찬하려는 노력은 흔치 않았다. 존 웰스John Wells가 감독한 진정한 사회의식을 담은 영화 〈회사원The Company Men〉***은 보석 같은 영화다. 그러나 인터넷영화데이터베이스IMDB에서는 6.7이라는 보잘것없는 평점을 받았고 로튼 토마

* 조지 오웰의 소설 『1984』에 등장하는 주인공.

** office plankton: 무능하면서 복지부동의 소극적인 태도로 업무를 처리하는 직장인.

*** 이 영화는 벤 애플렉, 케빈 코스트너, 토미 리 존스 같은 유명한 배우들이 출연했음에도 흥행에 참패했다. 제작비 1,500만 달러에 흥행 수입은 800만 달러에 그쳤다.

토*의 관객 평가에서는 이 뛰어난 영화가 55퍼센트의 지지를 받았다. 이 웹사이트 종합평가는 다음과 같이 썼다. "대부분의 관객들은 〈회사원〉에 등장하는 부유한 주인공들과 자신을 동일시하는 게 쉽지 않았을 것이다. 이 영화의 각본을 쓰고 감독을 맡았던 존 웰스는 보편적인 공감을 얻기 위해 뛰어난 배우들의 연기를 최대한 살려 등장인물들이 겪는 곤경을 활용했다."[10]

미국인 가운데 벤 애플렉이 맡은 이 영화의 주인공과 동일시할 수 있는 사람은 거의 없다는 데는 의심의 여지가 없다. 어쨌든 신형 포르셰 스포츠카와 고급 골프클럽 회원권을 가지고 있다는 것만 해도 대다수 미국인이 넘볼 수 없는 호사다. 그러나 이 영화의 핵심은 벤 애플렉과 토미 리 존스가 연기한 회사 중역들 같은 인물들과 동일시할 수 없다는 게 아니라 2000년 초까지만 해도 많은 미국인들이 자신들과 동질감을 느낄 수 있었던 생산적인 일, 생산적 노동에 종사하는 사람들에 관한 것이다. 그러나 그런 시절은 지나갔다. 재능이 뛰어난 에이미 가르시아가 훌륭하게 배역을 소화해 낸, 조지 로페스George Lopez의 철딱서니 없는 조카가 오늘날 관객들의 관점과 더 잘 맞는다.** 제조 현장에서 일하는 생산직이 아니라 사무직인 베로니카는

* Rotten Tomatoes: 1998년 UC 버클리 대학원에 재학중인 학생 3명이 설립한 영화 비평 인터넷 사이트. 지금은 거대 미디어 그룹인 Comcast 자회사인 Fandango가 소유하고 있다. 미국 영화관람객 3분의 1이 영화를 보기 전에 이 사이트의 평가를 참고하는 것으로 알려져 있다.

** 2002년 3월부터 2007년 5월까지 ABC TV에서 방영한 시트콤 〈조지 로페스〉에 등장하는 인물들이다.

조지 로페스의 항공기 부품회사에서 일하라는 소리만 들어도 질색한다.[11] 이 시트콤에서 에이미 가르시아가 연기한 인물은 오늘날 대단히 많은 미국인들이 자신과 쉽게 동일시할 수 있다. 극중의 베로니카는 밉상에다 철부지이지만 많은 사람들이 공감한다. 2018년 도널드 트럼프 대통령에게 제출된 관계부처 합동보고서는 그 문제를 분명히 인정했다.

> 제조업 분야의 가장 어려운 문제들 가운데 일부는 인력을 채용하고 유지하는 것이다. 제조업 연구소와 딜로이트가 최근에 실시한 제조 기능 격차 조사에서 응답자의 3분의 1만이 자녀들이 제조업 분야에 취업하도록 권하겠다고 밝혔다. Y세대(19~33세) 응답자들은 제조업을 가장 꺼리는 직업으로 꼽았다. 일단 취업하겠다는 사람이 있어도 문제는 계속된다. 조사에 참여한 경영진들 가운데 79퍼센트가 입사 시험과 수습 기간을 통과하는 구직자들을 찾기가 보통 이상으로 어려워 고용 당시의 직무를 수행할 수 없는 직원들에게 그런 일을 맡긴다고 응답했다. 미국에서 전체 대학 졸업자 수는 지난 20년 동안 꾸준히 증가했지만 스템(STEM: 과학, 기술, 공학, 수학) 분야의 대학 졸업자는 중국에 비하면 무색해진다. 게다가 임시 취업비자를 받은 외국 유학생은 증가하고 있지만 그들 중 다수는 국가 방위와 관련된 산업에 취업하는 데 필요한 비밀취급인가를 받을 수 없다. 첨단 과학과 공학기술 분야의 성장은 미국에 박사학위를 가진 사람들이 다른 어떤 나라보다 많다는 것을 보여 준다. 그러나 그 가운데 37퍼센트가 임시비자를 가진 사람들이고 미국의 STEM

분야 졸업생 가운데 25퍼센트가 중국 국적이다.[12]

중국을 주요 경제적 경쟁국으로 상대하고 있는 미국은 과학기술 분야에 자격을 갖춘 핵심 인력 확보에 어려움을 겪고 있다. 그러나 인구가 미국에 비해 절반에도 못 미치는 러시아는 2017년에 미국과 같은 숫자의 STEM 분야 졸업생을 배출했다. 56만 1,000명 대 56만 8,000명.[13] 이것은 1인당으로 따지면 러시아가 미국보다 두 배 이상 많은 졸업생을 배출했다는 것을 의미한다. 더구나 대다수 러시아 STEM 전공 졸업생들은 러시아 출신이거나 러시아 국적을 가진 사람들이다. 러시아가 STEM 분야에 유학생 유치 과정을 개설했음에도 그렇다. 다시 말해 그들 가운데 대다수는 러시아에 머물고 있다. 미국의 경우는 사정이 다르다. 미국의 경우는 3분의 1 이상이 미국 국적자가 아니다. 그것은 미국의 경제적 그리고 산업적 쇠퇴에 작용하고 있는 가장 근본적인 문화적 요소들 가운데 하나를 여실히 보여 주는 통계 수치다. 왜냐하면 STEM 분야의 학위에는 아직은 많은 사람들이 연상하는 컴퓨터 프로그래밍은 결코 포함되지 않기 때문이다. STEM 분야의 학위과정은 오히려 식품 가공, 목재, 운송, 에너지, 항공우주, 조선, 건설 같은 현대 산업에 자격증을 가진 핵심 인력을 공급한다. 할리우드의 가벼운 오락영화 〈미스 페티그루의 어느 특별한 하루Miss Pettigrew Lives for A Day〉에서 키어런 하인즈Ciaran Hinds는 프란시스 맥도먼드Frances McDormand에게 이렇게 말한다. "말하자면 신사양말에는 많은 공학적 지식이 담겨 있지요. 뒤꿈치 봉합한 자국을 봐요. 거기에 비하면 브래지어 디자인은 식은 죽 먹기죠. 보상이 없는 건 아니지만."[14]

기관차나 자동차같이 더 복잡한 것은 말할 것도 없고 양말같이 간단한 제품도 전문적인 제조 기술을 유지하기 위해서는 공학적 지식뿐만 아니라 제조 기능을 갖춘 핵심 인력들이 계속 공급되어야 한다는 메시지가 왠지 미국에서는 잘 먹히지 않는다. STEM은 공부하기 어렵고 제조 현장에서 일하다 보면 육체적으로 힘들 때도 있다. 제조업은 엄격한 산업안전과 품질관리 요건뿐만 아니라 기초 수학과 과학적 지식 그리고 집중력도 많이 요구한다. 제조 현장에서는 당연히 '자유분방한 사고'를 하거나 약물이나 알코올에 취해 있어서도 안 된다. 오늘날 많은 고등학교 졸업생들 사이에서 화제가 되는 것은 10대들의 마음을 사로잡는 여러 문제 가운데서도 특히 고교대항 풋볼, 동창회, 졸업 파티, 자아실현 등이다. 이런 환경에서 힘든 생산직에 취업하거나 이공계 학과에 진학하는 것은 하나의 문화적 충격일 수 있을 것이다. 이러한 충격이 이전에 다녔던 학교의 자유방임적인 분위기 때문에 더 견디기 힘들고, 게다가 정치적 올바름에 대한 강압적 세뇌가 많은 중고등학교와 대학 교육에서 주요 교과목으로 정착되고 있기 때문에 미국의 STEM 교육 수준은 곤두박질치고 있다.

오늘날 저급한 취향 그리고 수준 낮은 이념과 사회적 의제 중심적인 예술과 오락이 지배하는 미국 문화에서는 패션 디자이너나 디스크자키 혹은 심리상담사가 단연 선호하는 직업이다. 특히 도시에 거주하는 대학생들은 컴퓨터수치제어CNC 오퍼레이터나 조립 라인의 기술자가 될 생각이 없다. 전기기술자나 실험실 기사 같은 직업은 화려하지 않다. 이런 직업은 고된 전문교육을 받아야 하며 집중과 지식 기반 기술을 요구한다. 이런 기술은 쉽게 얻어지는 게 아니다. 실제 물건을 만드는 일은 수많은 정해진 규범을 따라야 한다. 미국에서 이러한 특성은 나날이 폄하되고 있고 도리어 규범을 깨는 것이 미덕으로 상찬받고 있다. 주류 미디어들의 보도에서 볼 수 있듯이 어떤 것에 대해서든 저항하면 도덕적이고 정당한 것으로 인정된다. 그리고 미국의 새로운 정치적·문화적 '기준'에서는 살인을 칭찬하는 것마저도 더 이상 충격적인 일이 아니다. 제나 커런*이 《로 인포스먼트 투데이 Law Enforcement Today》에 기고한 〈안됐지만, 포틀랜드에서는 트럼프 지지자가 되지 말라〉는 제목의 글에서 확인할 수 있듯이, 그것이 기막힌 일이지만 미국이 후진국에서나 볼 수 있는 정제되지 않은 문화적, 정치적 행동양식으로 나아가고 있다는 또 다른 징표다.[15] 그런 환경은 생산적이고 창조적인 노동을 떠받치는 사회적 열망을 진작하는 데 도움이 안 된다. '로우지 더 리베터'**나 미국 공장의 실루엣을 배경으로 작업모를 쓴 엉클 샘의 시대는 보수가 두둑하던 일자리와 함께 오래전에 사라졌다. 미국의 대규모 탈산업화는 교육 전반을 퇴행적으로 만들었으며 그 뒤로 정치와 문화의 타락이 이어졌다.

* Jenna Curren: 코네티컷 교정공무원 출신의 형사법 전문가이자 심리상담가, 교육학 박사. 현재 미첼 칼리지(Mitchell College)의 행동과학 및 형사법 담당 교수이다.

** Rosie the Riveter: 리베터 로지로 발화되는 여성들. 제2차 세계대전 당시 공장과 조선소에서 일했으며 이들 중 다수가 군수품 생산을 담당했다. 그 시대 미국의 우화적 문화 아이콘이다.

물론 미국의 지배적 문화의 원형이 어쩌다 강건하면서도 여성적인 '로우지 더 리베터'와 엉클 샘의 사내다운 이미지에서 밥 포시Bob Fosse의 〈카바레〉*에 잘 표현된 바이마르 공화국의 퇴폐적 발현이라고 할 만한 것으로 바뀌었는지, 여기에 대해서는 논문이 한 편 나올 만하다. 결국 미국의 문화적, 정치적 쇠퇴는 급격하게 저하된 제조 능력, 즉 중요하고 미국이 필요로 하는 물건을 생산하는 능력과 직결되어 있다.

***

아나톨 리벤**은 심상찮은 징후를 보여 주는 제목의 기고문 〈서구는 어떻게 패배하고 있는가〉에서 서구가 중국과 대결하면서 맞닥뜨린 경제적 궁지를 정확하게 진단하고 있다.

> 1989년에서 1991년까지 서방의 승리가 가져온 가장 큰 해악은 서구의 사회경제적 모델에 나타난 중대한 약점에 대한 비판에 귀를 기울이지 않거나 별거 아니라고 무시해 버린 것이다. 소련과의 경쟁에서 마침내 공산주의를 내부에서 붕괴시킨 것은 무엇보다 서구 모델의 우월성이

* Cabaret: 1931년 바이마르 공화국을 시공간적 배경으로 펼쳐지는 뮤지컬 영화.

** Anatol Lieven: 1960~. 탈레반 전문가로 알려져 있는 영국의 정치학자로 런던 킹스 칼리지 교수. 반란, 이슬람운동, 러시아와 구소련, 미국의 정치문화와 전략 등의 이슈에 관심을 가지고 있다.

었다. 오늘날 중국 모델과 비교할 때 서구 모델의 우월성은 전 세계 사람들 대다수가 보기에 그다지 두드러지지 않는다. 중국과의 경쟁에서 승리하는 것은 서방 국가들의 성공적인 국내 개혁에 달려 있다.[16]

리벤은 서구에서의 걸출한 학자로서의 경력에도 불구하고 거대담론적 관념과 일반화에서부터 누구나 피하려고 하는, 흔히 말해 디테일 속의 악마를 가지고 있는 구체적 사실에 이르기까지 부조리한 사고방식을 계속 보여 주고 있다. 정치학 박사라서 그런지 모르겠지만 리벤은 현실 경제의 관점에서 볼 때는 잘못된 평가를 하면서도 다음과 같은 중요한 관찰을 했다.

서구의 성공과 실패, 이 둘은 깊이 얽혀 있다. 서구 승리의 완성, 바로 그것이 그 승리의 본질을 모호하게 만들었을 뿐 아니라 소련에 대한 승리와는 전혀 무관한 것, 그리고 완전히 실패한 것까지 포함해 그 당시 서방 국가들이 채택한 모든 정책을 합리화했다.[17]

오늘날 서구 전반 그리고 냉전이 끝난 이후 미국의 한심한 상황을 추적해 보면 결국 리벤의 말이 옳다. 사실 작금의 사태를 이해하기 위해서는 더 멀리 제2차 세계대전까지 거슬러 올라가 볼 필요가 있다. 연합국이 독일 나치와 일본 제국주의를 패배시킨 성과와 노력이 서구에서 총체적으로 잘못 해석되었다. 서구는 잘못된 교훈을 얻었으며 알렉산더 제빈*의 말을 빌리면 결국 "《이코노미스트》**에 신자유주의적으로 과잉된 의미를 부여함으로써《이코노미스트》이 잡지를 거의 신의 섭리로 보이도록 만들었다."[18]

신자유주의 그리고 그것이 추구하는 자유시장과 탈규제라는 교리는 필연적으로 현대 서방 국가들의 금융화와 제조업 공동화를 가져올 수밖에 없었다. 미국은 기술혁신으로 인해 이미 줄어들고 있던 생산직 노동자들을 희생시키며 제조업을 없애고 금융 부문과 FIRE 경제 전체를 진흥시켜 얻은 쓰디쓴 열매를 보여 주는 대표적인 증거다. 마이클 허드슨이 말한 금융 '기생충'들에 의한 미국 경제의 재앙적 공동화를 보여 주는 가장 놀랄 만한 증거들 가운데 하나는 타일러 더든***이 뱅크 오브 아메리카 연구 투자위원회Bank of America Research Investment Committee 마지막 토론에서 지적한 것이다.

> 뱅크 오브 아메리카BofA가 언급하듯이 투자자들은 전통적인 순자산(자산에서 부채를 차감한)이 오늘날 기업에서 가장 중요한 여러 가지 자원들을 무시하고 있다는 것을 알아야 한다. 무슨 말이냐 하면 소프트웨어 기업들과 같은 시장 선도 기업에서는 종래의 가치평가 지표로는

* Alexander Zevin: 뉴욕 시립 대학의 역사학부 부교수. 정치·경제와 제국의 역사 등에 관한 연구를 하고 있다. 그의 첫 번째 저서가『자유주의 개관: 이코노미스트가 주도한 세계(Liberalism At Large: The World According to the Economist)』이다.

** The Economist: 서구에서 가장 권위 있다는 경제주간지이다.

*** Tyler Durden: 불가리아 출신의 미국 금융 전문가로『제로 헷지(Zero Hedge)』의 필자 대니얼 이반드지스키(Daniel Ivandjiiski)의 필명이다. 타일러 더든은 브래드 피트가 주연한 1999 영화〈파이트 클럽(Fight Club)〉의 주인공 이름이다.

쉽게 나타낼 수 없는 방법으로 현금 흐름이 이루어진다. 동시에 한 기업이 수행하는 연구개발은 비용으로만 인정된다. 그리고 직원들의 기술을 향상하기 위한 투자는 통상 일반관리비로 인정되어 왔다. 그러나 BofA는 구글 같은 기업에서 가장 직관적인 가치는 무엇이냐고 묻는다. 유형의 건물과 그 안에 들어 있는 네트워크 서버들인가 아니면 그런 서버들을 움직이는 무형의 알고리즘인가? 다시 말해 전통적인 장부 가치는 공장, 농장, 그리고 쇼핑몰로 이루어진 경제에서 의미가 있지만 특허권, 라이센스 계약, 독점적 데이터, 브랜드 가치, 네트워크 효과 같은 무형의 자산으로 움직이는 경제에서는 갈수록 의미가 없다. 요점 정리: 1975년에 S&P 500대 기업의 전체 무형자산 가치는 전체 자산의 17퍼센트에 불과했지만 지금은 84퍼센트인 20조 달러로 늘어났다.[19]

여러 연구자들이 지적했지만 미국 경제의 '평가액'은 대부분 엉터리다. 탈제조업 경제는 월스트리트 금융 '전략가들'의 상상력이 만들어 낸 허상이며 제조업을 이전시켜 온 것을 덮기 위한 연막전술이다. 제조업은 문명을 이끌어 온 핵심적인 동력이다. 제조업의 본산이라고 할 수 있는 국가들이 자신들이 생산한 재화와 서비스 가격의 합계를 나타내는 국민총생산GNP이나 국내총생산GDP으로 자국 경제를 평가하고 있다. 거기에 포함된 것 가운데 상당수가 한 나라의 경제력을 측정하는 척도라고 하기에는 피상적이다. 그런데 현실은 미국 경제가 오래전부터 이미 세계 1위가 아니며 실질 가치를 상실하고 있다는 것이다. 바꿔 말하면 미국 경제의 규모는 미국이 스스로 밝힌

'가치'의 근처에도 가지 못하고 있다. 그리고 코비드-19가 초래한 경제적 내상內傷으로 인해 더 줄어들고 있다. 2019년에 내가 썼듯이 미국의 영향을 받은 국가 지위의 모델을 수학적으로 해체하면 중국의 영향력이 미국보다 훨씬 더 크다.

> 이런 결론 역시 미국의 실질 GDP는 주로 FIRE 경제로 알려진 금융과 서비스업 같은 비제조업 부문에서 형성된다는 사실에서 도출된다. 이러한 사실은 지난 수년 동안 미국의 전체 무역적자가 계속 증가하고 있는 일관된 양상을 설명해 준다. 다시 말해 이것은 미국 경제 규모가 총체적으로 부풀려져 있다는 것을 의미한다. 이런 일이 벌어진 것은 기축통화로서 미국 달러가 갖는 지위 그리고 미국에서 통화 증발을 주도해 온 연방준비제도Fed 이사회의 발권력과 관련된 몇 가지 이유 때문이다. 미국은 오랫동안 분수에 넘치는 생활을 해 왔으며 러시아가 주도하는 세계 경제의 탈달러화가 대세를 이루면서 그 지위가 급속히 평가절하되는 국면에 처해 있다.[20]

친한 두 친구끼리 서로 구두를 닦아 주고 10달러씩 주고받으면 20달러의 가치를 창출하지 않는다는 단순한 진실을 대다수 미국 경제학자들은 모르는 것 같다. 미국에서 수천만 명이 먹는 것을 걱정하고 상업용 항공우주산업같이 미국에 남아 있는 많은 생산적 제조업이 한꺼번에 몰락하고 있음에도 그들은 미국 경제는 "세계 최대"라고 계속 흰소리를 하고 있다. 2020년 6월 상품무역 적자가 사상 최고인 809억 달러에 달한다는 뉴스에도 이런 분석가들은 요지부동으로 미국 경제의 규모에 대한 확신을 버리지 않았다.[21] 또 현재 벌어지고 있는 굶주림의 위기는 미국이 계속해서 더 많은 물건을 수입하고 있다는 사실을 '보완 설명'해 준다. 앞 장에서 언급했지만 미국의 식량 불안을 보여 주는 데이터는 나날이 악화하고 있다. 새로운 데이터는 미국에서 고착되어 가고 있는 후진국 경제의 모습을 적잖이 보여 주고 있다.《파이낸셜 타임스》는 다음과 같이 보도했다.

> 바비노 퐁테노* 여사는 가난한 사람들에게 추가적인 지원금이 배정되지 않으면 앞으로 12개월 동안 8억 끼니의 결식이 발생할 것으로 예측했다. 50년 이래 최고를 기록한 식품 가격은 이런 끼니의 식비 마련을 더 어렵게 할 것이다. 그러나 그녀의 더 큰 걱정은 이게 일시적인 게 아니라는 것이다. 지난번 금융위기 이후 "불경기 이전 수준의 식량 불안을 회복하는 데 10년이 걸렸습니다. 그러니 이 위기를 벗어나는 데도 10년이 걸릴 수 있습니다." 그리고 그녀는 미국의 어린이 세대가 치러야 할 희생을 누구보다 잘 알고 있다.[22]

미국에 전 세계에 수출하는 대표적인 상품인 민수용 항공기 다음으로 가장 중요한 지표가 미국의 자동차 생산이다. 중국을 상대로 한

* Babineaux-Fontenot: 1964~. 미국에 본사를 둔 비영리 단체인 푸드뱅크 'Feeding America'의 CEO. 2020년《타임》선정 '세계에서 가장 영향력 있는 100인'으로 뽑혔다.

경쟁에서 미국이 얼마나 뒤처지고 있는지 2019년 통계에 나와 있다. 그해 미국은 1,080만 대의 자동차를 생산했고 중국은 미국보다 2.5배 많은 2,570만 대를 생산했다.[23] 랩탑 컴퓨터와 TV용 비디오게임기 수요의 90퍼센트를 중국에서 수입한 미국이 어떻게 경제적으로 세계 최고라고 할 수 있었는지 여전히 풀리지 않는 불가사의다.[24] 그러나 미국의 경제성 평가는 2016년 선거를 앞두고 실시된 여론조사와 마찬가지로 양치기 소년의 외침만큼이나 신뢰할 수 없다. 미가공 경제 데이터는 미국이 치명적인 상황에 있다는 것을 보여 준다. 트럼프 행정부가 중국과 디커플링을 하려고 했음에도 중국은 2019년에도 휴대전화에서 컴퓨터, 완구류에 이르기까지 미국의 주요 수입 품목에서 우위를 차지했다.[25] 결과적으로 2019년 미국의 주요 수출 품목은 단연 원유, 정제 석유류 그리고 LPG다. 원유 수출은 100억 달러라는 엄청난 격차로 미국 최대의 완제품 수출 품목인 자동차 수출을 앞질렀다.[26]

미국이 여전히 공업과 농업에서 상당한 생산 능력을 유지하고 있고 다양한 완제품을 제조하고 있는 것은 분명하지만 2020년 1월 미국 제조업 부문의 규모는 대략 2조 1,580억 달러였다. 그러나 달러로 작성된 통계 그 자체만으로는 전모를 알 수 없다.[27] 같은 기간에 서비스 부문에서 생산된 미국 GDP '가치'는 놀랍게도 13조 1,000억 달러에 달했다.[28] 제조업에 비해 여섯 배나 많았다. 정의상 물건을 만들어 내는 제조업이라고 할 수 있는 농업 부문의 가치를 여기에 더해도 후진국형 경제에서 나타나는 비율을 바꿀 수는 없다.

2020년 6월, GDP가 31퍼센트나 크게 하락하는 가운데 미국은 죽어 가는 경제에서 나타나는 모든 특징을 보여 주었다. 아니나 다를까. 주식시장은 계속 성장했지만 제조업+농업 대 서비스업의 비율이 1대 1.51인 중국과 비교해 보면 미국은 불안하지 않을 수 없다. 약 6,000억 달러에 이르는 건설 부문을 포함해도 여전히 서비스 부문이 차지하는 비중이 압도적으로 높다. 이미 2017년에 미국은 전체 경제 선진국들 가운데 이도 저도 아닌 지위를 차지했다. 80퍼센트를 차지하는 서비스업의 비중은 미국의 경제 지형을 지배하는 가운데 경제에서 제조업의 비중이 가장 낮았다.[29] 심지어는 기울어 가는 EU도 서비스업이 GDP에서 차지하는 비중이 미국보다는 낮다. 러시아나 중국의 비율과 비교하면 미국은 사무직 노동자만 만들어 내는 게으름뱅이들의 나라가 된 것 같다. 이들 대부분은 앞서 말한 〈조지 로페스〉 시트콤에 나오는 베로니카, 즉 줄어드는 미국 공장의 생산 현장 말고 어디든 다른 곳에서 미래를 도모하려는 인물과 동일시될 것이다.

2019년 《인더스트리 위크Industry Week》는 다음과 같이 썼다.

> 도널드 트럼프가 대통령 선거 유세에 나서 공장 부흥을 약속한 지 3년이 지난 지금 그 반대 현상이 일어나는 것 같다. 2/4분기 제조업 생산은 GDP의 11퍼센트를 차지했다. 1947년 통계가 작성되기 시작한 이후 가장 적은 비율이며 1/4분기의 11.1퍼센트보다 더 떨어진 수치다.[30]

이런 보도는 코비드-19 경제 폐쇄 이전에 나온 것이다. 코비드-19는 오랫동안 진정한 부, 지식 그리고 전문성을 축적해 온 미국의 남아 있던 제조업 경제마저 궤멸시켰다. 전체적으로 과장되었지만, 파멸적 과잉 대응을 초래한 코비드-19의 결과로 경제 하강을 볼 수도 있겠지만 미국 경제는 코비드-19가 세상에 나오기 오래전부터 헐떡거렸다.

***

미국 제조업 역량의 상실을 구체적으로 보여 줄 수 있는 사례가 있다면 그것은 보잉이 이끄는 미국의 대표적인 제조업이자 세계적 명성을 누리고 있는 민수용 항공기 제조업의 자멸이다.

민간항공기 제조 대기업인 보잉과 에어버스 간의 무자비한 경쟁은 지경학의 고전적 사례다. '다른 수단에 의한 전쟁'의 가장 훌륭한 본보기들 가운데 하나가 미국 공군의 공중급유기 교체 계획과 관계가 있다. 이 계획에서 먼저 수주에 성공한 것은 에어버스의 지주회사인 EADS*다. EADS는 처음에 A-330 기체를 기반으로 한 급유기로 응찰해 수주에 성공했다. 그러나 정치적 강압으로 2011년 그 발주가 보잉으로 넘어갔다. 보잉은 B-767 모델을 기반으로 한 급유기를 더

* European Aeronautic Defence and Space Company: 프랑스, 독일, 스페인이 합작으로 만든 항공기 제작사인 Airbus SAS의 지주회사로 상업, 군용, 우주 항공 부문으로 나눠져 있으며 네덜란드 레이던(Leiden)에 본사를 두고 있다.

높은 가격에 제시해 계약을 따냈다. 《시애틀 타임스》가 보도한 바에 따르면 이렇게 놀라운 상황이 벌어진 이유는 다음과 같다.

> 보잉을 대리하는 변호사들은 몇 달에 걸쳐 EADS에 대한 유럽 정부의 보조금이 도저히 이길 수 없는 가격상의 특혜를 주고 있다는 것을 들춰내 떠들어 댔다. EADS가 급유기 조립공장을 세울 예정이던 앨라배마 모빌 인근에 있는 대다수 미국 협력업체들은 EADS 비행기가 더 낫다고 응수했다. 미국 정치에서 돈의 영향력을 추적하는 웹사이트인 〈오픈 시크릿OpenSecret〉에 따르면 보잉은 2010년에 어떤 군용항공기 제작사보다 많은 1,780만 달러를 로비 활동에 지출했다. 같은 해 EADS는 320만 달러를 로비 활동에 썼다. 보잉은 또 의회의 우호적인 의원들에 대한 선거운동 후원금도 EADS보다 많이 냈다.*[31]

어쨌든 미국 공군이 급유기를 쓸 것이기 때문에 미국에서 자연스럽게 경제적 애국주의가 형성되고 있을 뿐 아니라 뇌물을 완곡하게 표현한 정치적 로비활동이 벌어지고 있는 상황에서 제품의 품질은 두 번째 문제였다. 보잉은 이 계약을 "따냈다." 그 후 보잉의 KC-46 페가수스 급유기의 주요 제원에는 처음부터 이 기종의 골칫거리였

* 미국에서는 외국인, 외국기업, 혹은 외국 정부로부터 선거운동 후원금을 받는 것이 연방선거법(Federal Election Campaing Act)상 금지되어 있다. EADS가 어떤 식으로 기부금을 냈는지 모르지만 네덜란드에 본사가 있는 EADS가 직접 기부금을 내기는 불가능했을 것이다.

던 엄청나게 많은 기술적인 문제가 있었고 아직도 문제를 해결하지 못하고 있다. 사실 보잉 급유기의 기술적 난제들은 누적되기만 했다. 가장 최근인 2020년에는 허용량 이상의 연료가 누출되었다. 그동안 KC-46 페가수스를 괴롭혀 온 문제들에 더해 안전과 운용에 심각한 영향을 미치는 카테고리 1에 해당하는 결함*이 가중된 것이다. 그 결과 이와 같은 또 다른 난제를 바로잡기 위해 보잉의 용어를 빌리면 "매우 긴급히" 16대에 대해 비행 불가 조치가 취해졌다.[32] 당연한 일이지만 이런 문제들을 보잉사는 돈으로 수습해 왔다. 이런 결함은 보잉사가 점점 무능해지고 있고 미덥잖은 설계와 제작 관행을 유지하고 있다는 오래전부터 나돌던 소문을 더욱 부채질했다. 급기야 두 대의 보잉 B-737 맥스Max 여객기가 추락하는 끔찍한 사고로 346명의 사망자가 발생할 정도로 사태가 악화했다.**

2019년에 B-737맥스 여객기가 수백 명의 사망자를 낸 주요 원인은 다음과 같이 보도되었다.

> 새로운 증거에 따르면 보잉기 조종사들은 3년 전에 737 맥스 기종에 '엄청난' 문제가 있다는 것을 알고 있었다고 알려준다. 그러나 연방 규

* Category 1 deficiencies: 고치지 않을 경우 인명 사상 사고, 직업병, 무기체계의 상실이나 손상을 발생시키며, 항공기를 운용하는 부대의 전비태세(戰備態勢)를 심각하게 저해하거나 생산라인을 멈추게 만들 수 있는 항공기 기체의 심각한 결함.

** 이 기종에는 여러 차례 비행금지 조치가 취해졌다. 가장 최근에는 2024년 1월 5일 알래스카 에어라인스에서 운항하던 B-737 Max 항공기에서 비행 중에 문짝이 떨어져 나가는 사고가 일어나 B-737 Max9s 기종에 대해 비행금지 조치가 취해졌다.

제기관은 그런 문제에 대해 보고받지 못했다. 조사관들은 이 기종의 새로운 비행 통제 장치인 MCAS, 즉 조종 특성 증강시스템*이 2018년 인도네시아에서, 2019년 에티오피아에서 737 맥스가 추락하여 356명이 사망한 사고에 적어도 부분적으로 원인을 제공했다고 말한다. 잘못된 단일 영각迎角 센서**에서 수집한 데이터에 따라 MCAS는 두 기체를 여러 차례 급강하시켰다. 조종사들이 애를 썼지만 기체를 다시 제어할 수는 없었다.[33]

결함이 있는 MCAS는 어쨌든 수지는 맞추어야 했기 때문에 대부분 인도에 외주를 주어 만든 운용 프로그램 탓만은 아니었다.[34] 또 지면에서 기체 높이가 낮은 구형 기종인 보잉-737을 계속 개량한 결과도 아니었다. 그것은 미국의 기술과 산업 전문지식이 보잉의 경쟁자인 에어버스에 비해 전체적으로 낙후된 결과였다. 에어버스는 1980년대에 개발을 시작해 보잉-737이 처음 취항한 지 정확히 20년이 지난 1987년에 첫 번째 시험 비행을 한 훨씬 더 새로운 기종인 A-320을 제시했다. A-320은 간단히 말해 신기종인 데다 오래된 보잉-737에 비해 훨씬 더 다루기 쉬운 비행기였고 지금도 그렇다. 기체 높이가 낮은 보잉-737은 날개도 낮아서 최신형 제트엔진을 장착

* Maneuvering Characteristics Augmentation System: 보잉이 개발한 비행 안정화 시스템.

** angle of attack sensor: 유체역학에서 기체 날개의 단면 수평선과 기류 사이에 발생하는 각도의 변화를 감지하는 센서.

할 수 없는 설계상의 큰 결함이 있었다. B-737 맥스의 경우 제어가 불가능할 정도로 기수를 들어 올려야 했고 비행 중 수평을 유지하기 위해 MCAS를 사용하는 게 불가피했다. MCAS, 즉 비행 안정화 시스템이 제대로 작동하지 않자 바로 인명 손실이 발생했다. 보잉 엔지니어의 내부 이메일에 나와 있듯이 일부 사람들은 B-737 맥스를 "하나하나 원숭이의 감독을 받는 어릿광대가 설계한" 비행기라고 평했다.[35]

복잡한 기술 제품을 만들어 낸 모든 산업 대국은 저마다 설계 결함과 공학적 참사를 겪은 경험이 있다. 이런 경험은 기술을 선도해 나가는 과정에서 불가피한 일이다. 영국 드 하빌랜드*가 만든 사상 최초의 제트 여객기 코메트Comet가 그런 경우다. 이 항공기는 그 당시 잘 알려지지 않았던 금속피로 때문에 공중에서 기체의 일부가 떨어져 나가는 일을 여러 차례 겪었다. 소련에서 '날아다니는 관flying coffin'으로 알려진 사상 두 번째 제트 여객기 투폴레프 투-104Tupolev Tu-104의 경우도 그렇지만 이런 사고들은 민간 항공 초기의 불가피한 성장통이었다. 결국 코메트와 Tu-104 둘 다 수정과 재설계 과정을 거쳐 1980년대까지 운항했다.

그러나 2018년과 2019년 B-737 맥스 추락사고가 일어났을 때

* 1920년 영국의 제프리 드 하빌랜드(Geoffrey de Haviland)가 창업한 항공기 제작사로 1960년에 호커 시들러 항공(Hawker Siddleley Aviation)에 합병되어 1963년까지 군용 및 민간항공기를 제작했다.

B-737의 기본 설계 모델은 운항 50년째 되는 기종이었다. 엄청난 성공을 거둔 A-320과 경쟁하려는 도전은 오랜 주력 기종인 B-737을 현대적 요구 조건에 맞추려는 무모한 시도를 불렀다. 현대적 기종을 완전히 새로 설계하지 않고는 불가능한 일이었다. 2018년 10월 20일 인도네시아 라이온 에어 보잉-737 맥스 추락 사고와 2019년 3월 10일 에티오피아 항공의 추락사고는 보잉이 만들어 낸 비행기들 가운데 특정 기종의 평판이 추락한 것 이상을 의미했다. 그것은 보잉 전체에 치명타를 안겼다. 미국의 항공우주와 공학적 위용을 상징하는 미국 제조업의 꽃이자 세계적인 미국 제조업 브랜드가 낙후된 설계 및 제조 공정, 부패 그리고 손익계산만을 생각하는 회사라는 게 드러났다.

보잉을 이런 식으로 평가하는 게 불공평하다고 할지 모르겠다. 왜냐하면 보잉은 설계 면에서 전 세계적으로 호평을 받은 훌륭하고 안전한 와이드-바디wide-body 기종 B-777을 계속 생산하고 있기 때문이다. 그러나 B-777은 보잉의 주력 고수익 제품은 아니다. 보잉의 주력 기종은 다양한 신형으로 개조돼 온 B-737이다. 2019년 3월 중순 전 세계에서 운항 중이던 B-737 맥스에 비행 금지 조치가 취해졌다. 이런 조치는 보잉으로서는 PR과 자금조달 면에서 재앙적이었다. 그것은 특히 2009년 1월 15일 US 에어웨이스 1549편이 불시착할 때 설렌버거Sullenberger 기장과 승무원들의 비범하고 영웅적인 행동 덕분에 살아난 허드슨강의 기적Miracle on the Hudson의 생존자들 이야기, 그다음에는 2019년 8월 15일 유수포프Yusupov 기장과 승무원들의 기량과 용감한 행동으로 승객 전체가 살아남은 이야기와 비교되면서 더욱 두드러졌다. 이 두 경우 모두 엔진으로 새가 빨려 들어가 비행기가 추진력을 잃고 불시착했지만 한 대는 물 위에 또 다른 한 대는 옥수수밭에 기체를 유지한 채로 착륙했다. 조종사와 승무원들은 전 세계적으로 영웅이라는 찬사를 받았다. 기적같이 재앙을 모면한 이 두 사건은 각각 에어버스 A-320과 A-321에서 일어났다. 전 세계 어떤 항공기 제조회사도 자사가 제작한 비행기 홍보를 위해 이보다 더 좋은 일은 상상할 수 없었다. 에어버스의 주요 경쟁 상대가 항공사에 문제가 있다는 경고를 보내지도 않고 설계상의 중대한 결함을 가진 B-737 맥스 여객기에 승객을 태우도록 허용함으로써 인명 손실을 발생시키는 와중에 에어버스사가 만든 믿을 만하고 견고한 비행기는 승무원들이 승객들의 목숨을 구하는 데 도움이 됐다. 에어버스와 보잉의 비교는 정당한 근거가 있을 뿐만 아니라 토를 달 수 없는 것이었다.

사태는 보잉이 바라는 대로 진정되지 않았다. B-737 맥스의 참사는 사면초가에 몰린 보잉으로서는 판도라의 상자가 열린 것이었다. 사태는 갈수록 악화했다. 이어서 보잉의 첨단 기종인 B-737 드림라이너가 문제가 되었다. 이 기종은 보잉 자체의 기준을 몇 가지 충족시키지 못한 것으로 드러났다. 《월스트리트 저널》은 다음과 같이 보도했다.

《월스트리트 저널》이 입수한 연방항공국FAA* 내부 문서에 따르면 연방 규제기관들의 평가 보고는 거의 십 년 전까지 거슬러 올라가며 항공기 제조업체의 자체 설계와 제작 기준을 준수하지 않는 것과 관계가 있다. 드림라이너의 후방 동체는 공학적 기준에 못 미치는 것으로 알려졌으며 FAA는 2011년 이후 출고된 1,000대의 동일 기종 가운데 최대 900대에 대해 의무적인 검사를 고려하고 있다. 최근에 이 기종에서 추가적인 결함이 발견되어 8월에 드림라이너 여덟 대에 비행 금지 조치가 취해졌고 이 비행기들은 현재 정비를 받고 있다.[36]

전 세계 민간항공기 제작 산업은 코비드-19로 비행기 여행이 멈추면서 급격한 침체 국면을 맞고 있었지만 보잉의 문제는 전혀 다른 이유로 쌓여 왔으며 B-737 맥스 추락과 관련된 사안들은 코비드-19가 등장하기 오래전에 시작되었다는 게 분명해졌다. 미국의 경쟁력이 급속히 하락하고 있고, 특히 복잡하고 고급 기술이 필요한 제품에서 그런 현상이 두드러진다는 더 큰 문제가 있었다. 미국은 무형의 재화로 돈을 만들어 내는 것은 잘하지만 유형의 물건을 만드는 데는 점점 더 무능해지고 있었다. 에어버스와 A-320 네오에서 와이드바디 A-350에 이르는 에어버스의 새로운 비행기들은 대단히 매력적으로 보였다. 에어버스는 2019년 11월 현재 순 주문이 719대에 달해 발주 취소 물량negative order이 95대인 보잉에 사실상 승리를

* Federal Aviation Administration.

거두고 이를 굳혀 나갔다. 보잉의 장기적인 생존에 또 다른 변수가 등장했다.[37] 미국이 계속해서 세탁기에서부터 민간항공기에 이르기까지 제품을 만드는 데 필요한 기술적 전문지식과 함께 제조업을 포기하는 동안 러시아에서 나쁜 소식이 전해졌다.

현실 지경학의 교과서적인 사례들 가운데 미국-러시아의 경제적 관계는 특히 관심이 가는 부분이다. 처음에는 소련, 그리고 지금의 러시아 연방에 이르기까지 러시아는 제2차 세계대전 이래 거의 끊임없이 미국이 주도하는 국제사회의 경제제재를 받아 왔다. 러시아가 크림반도를 돌려받은 이후 오바마 대통령은 자신의 판단에 따라 러시아 경제가 엉망진창이라고 선언했다.[38] 오바마의 이 같은 발언은 미국 고위 정치지도층의 경제적 관점을 보여 주는 흔치 않은 사례다. 그런 관점은 법학에서 정치학에 이르기까지 주로 사회과학을 공부하고 경험한 사람들의 관점이기도 하다. 이들은 미국의 제조업 역량과 관련된 어떤 것에도 관심을 보이지 않은 채 평생을 살아온 사람들이다. 제재로 인해 '서방 기술'에 대한 접근이 불가능해 러시아가 탄화수소를 채굴하고 처리할 수 있는 능력이 없을 것이라는 주장이 그 당시 대러시아 제재와 관련해 나돌았다. 물론 그런 이야기들은 사실이 아닌 것으로 밝혀졌다. 주로 아이비리그 대학에서 MBA, 언론학, 정치학 혹은 사회학을 전공한 사람들에게 우주정거장을 건설하고 미국 우주인들을 지구 궤도에 있는 우주정거장으로 실어 나르는 나라에서 복잡한 산업기술 개발은 일상적인 과정이라고 설명해 봐야 먹히지 않는다. 러시아는 수입대체 프로그램을 성공적으로 추진해 나갔을 뿐 아니라 서방을 향해 행한 대응 제재counter-sanction로 유가 전쟁에서 승리를 거두었고 자체적으로 첨단 석유 시추 및 정제 기술을 개발했다. 그리고 설상가상으로 세계 밀 시장에서 지배적인 위치를 차지하게 되었다.[39] 《파이낸셜 타임스》가 2020년 러시아 경제 분석의 표제 기사에서 인정했듯이 "경제제재에 적응한 러시아 경제, 활력 되찾아. 분석가들은 러시아 정부가 추가 제재보다는 제재를 해제하는 것을 더 염려하고 있다고 말한다."[40]

이런 현상들은 경제가 엉망진창인 나라에서는 나타나기 어렵다. 그러나 침체한 보잉이 특히 더 우려할 만한 일은 러시아가 전통적으로 기초가 단단한 민간항공기 제작 사업에 복귀한 것이다. 전투용 항공기 제작에서 러시아가 갖는 엄청난 영향력은 더 이상 감추거나 가려질 수 없다. 아무리 아니라고 우겨도 러시아는 전투기 제작 분야에서 미국의 직접적이고 강력한 경쟁자이다. 뿐만 아니라 미국을 제외하고는 최첨단 전투기를 설계하고 연구개발을 수행하며 자체적으로 기체, 항공 전자장비, 운용시스템, 무기, 엔진 등을 제작할 수 있는 능력을 의미하는 항공기의 완전한 자체 기술 주기를 가지고 있는 유일한 나라다. 다목적 전투기인 SU-30에서, 최첨단 SU-35, 5세대 전투기인 SU-37에 이르기까지 현재 러시아가 생산하는 전투기들의 성능과 전투 능력은 오늘날 우리가 아는 비행기 그 이상이어서 공학과 복잡한 제조 공정에 대해 조금이라도 아는 사람이라면 러시아가 가장 인기 있고 수요가 많은 범주에서 대단히 경쟁력 있는 여객기를 생산해 내리라는 것을 절대 의심하지 않았다. 그리고 러시아는 정말 그렇게 했다.

옛날 비행사들이 했다는 이런 말이 있다. “대공포화를 받는다면 표적 이상으로 높이 날아야 한다.” 러시아의 중거리 MC-21 여객기는 역사상 가장 제재를 많이 받은 비행기다. 언론은 다음과 같이 보도했다.

> 항공기 제작산업 웹사이트인 Aviaportu.ru.를 운영하고 있는 애널리스트 올렉 판텔레예프는 “MC-21은 현대적이며 개량된 중거리 여객기로 시장에서 에어버스 320, 그리고 보잉 737과 경쟁할 태세를 갖추고 있다”고 말했다. MC-21 시제기試製機는 2017년에 처녀비행을 했지만 후속 비행기 제작은 부분적으로 탄소 복합재 날개 제작에 영향을 주는 미국의 제재 때문에 지연되고 있다.[41]

사실 MC-21의 성능은 보잉이 제작한 비행기들보다 우위 혹은 범접할 수 없는 우위에 있다. 보잉은 자사가 만든 B-737을 기반으로 한 개량형 비행기들이 기대 성능, 특히 항속거리에서 이미 시대에 뒤떨어진다는 것을 인정한다.[42] MC-21은 동급 기종에서 날개를 탄소 복합재로 만든 유일한 비행기다. 그것도 별게 아니라면 MC-21은 중국의 COMAC-919나 브라질의 엠브라에르Embraer* 등 비서방 국가가 만든 다른 여객기들에는 없는 100퍼센트 러시아가 설계하고 제작

* 같은 이름의 브라질 항공기 제작사가 만든 기종으로 여객기와 군용수송기 그리고 공중급유기 등으로 쓰이고 있다.

한 하이 바이패스 엔진 PD-14*를 장착하고 있다.

보잉에 미친 효과는 완전히 전략적 차원이다. B-737 맥스의 추락, B-787의 결함에 대한 당혹스러운 폭로, 그리고 뻔히 예상되는 여러 건의 손해배상 소송 등으로 인한 보잉의 곤경과 별개로 그것은 최소한 2020년까지 보잉의 여객기가 휩쓸었던 거대한 러시아 시장의 상실을 의미한다. 러시아의 대표적인 항공사인 아에로플로트가 2019년 52억 달러에 상당하는 B-787 22대의 발주를 취소한 것으로 그치지 않는다면 가장 인기 있었던 여객기 사업 부문에서 보잉의 미래는 더 암울해 보인다.[43] 보잉사와 보잉이 만든 비행기들은 러시아 여기저기에서 눈에 띈다. 아주어 에어라인Azur Airline 같은 러시아 항공사는 보잉 여객기만을 운용하고 있다. 포베다Pobeda 항공사는 보유 항공기 34대가 모두 보잉의 B-737 800기종이다. 심지어는 에어버스의 중거리 여객기 A-320/321을 선호하는 아에로플로트도 47대의 B-737을 변형한 기종을 보유하고 있다.[44] 러시아 시장에 B-737이나 A-320보다 우수한 러시아 토종 여객기가 등장한 것은 진정한 지정학적 맥락에서 결국 서방이 만든 항공기가 MC-21로 대체된다는 하나의 사실을 의미할 뿐이다. 그것은 대단찮은 것이지만 불길한 조짐이다.

* 러시아의 항공기 엔진 제작 회사인 Авиадвигатель(Aviadvigatel)이 만든 하이 바이패스 터보팬 제트엔진. 하이 바이패스 터보팬 엔진은 터보제트엔진에서 한 단계 발전한 형식으로 오늘날 아음속 항공기의 대부분은 이런 방식의 엔진을 장착하고 있다.

미국의 대응은 예상할 수 있었다. 미국은 탄소섬유 복합재의 러시아 수출을 금지했다. 블라디미르 푸틴은 그런 행위를 저질이라고 노골적으로 비난하고 이런 게 바로 서방 국가들 전체 그리고 특히 미국이 '경쟁'할 때 사용하는 방법이라는 건 익히 알려져 있다고 강조했다.[45] 러시아의 추가적인 대응도 역시 예상대로였다. 러시아는 급성장하는 러시아 복합재 산업을 공개하고 이어서 MC-21에 러시아제 복합재 부품을 사용할 수 있도록 승인했다.

코비드-19와 항공 여행객의 급격한 감소 사태는 러시아 시장에서 보잉의 전망을 그리 밝지 않게 만들었다. 곧 출시될 MC-21 그리고 이전에 중거리 여객기가 취항하던 많은 노선에서 운항하고 있는 (서방에서는 평판이 매우 좋지 않아) 국내 시장에서만 팔리던 수호이 수퍼제트-100SSJ-100과 치열한 경쟁을 앞두고 있는 에어버스로서도 이런 상황은 별로 좋아 보이지 않았다. 아에로플로트 한 회사만 해도 수호이 수퍼제트-100을 54대 보유하고 있으며 활발하게 운항하고 있을 뿐 아니라 조종사와 승객들로부터 긍정적인 평가를 매우 많이 받아 왔다. 러시아에 전해진 보잉의 이야기 속에는 많은 역설이 숨어 있었다. 왜냐하면 보잉의 가장 큰 해외 기술 관련 부서가 모스크바에 있었기 때문이다. 러시아 기술자들과 설계 담당자들은 B-787 같은 비행기를 개발하는 데 핵심적인 역할을 했다. 그들은 대형 화물기인 747LCFLarge Cargo Freighter뿐만 아니라 747-400BCF, 777-200LR 그리고 777-300ER 같은 기종의 동체, 내부 그리고 비행 시스템을 설계하는 데도 참여했다.[46]

***

다가오는 그리고 불가피한 세계 항공운송 시장의 구조 조정에 관해 언급될 수 있는 것들은 자원, 에너지 그리고 완제품, 그중에서도 특히 복잡한 기계류에도 적용된다. 이런 업종들은 최첨단 산업 분야에서 쇠퇴하는 서구, 다시 떠오르는 러시아 그리고 새로 떠오르는 중국 간에 미래 경쟁이 점점 더 치열해질 것을 예고한다. 이것은 단순히 진부한 정치학자의 구호인 "강대국 간의 경쟁의 재현"이 아니다. 그것은 아직 시작해 본 적도 없다. 그것은 일차적으로 경쟁이며 지경학적 틀로 이야기하면 다른 수단에 의한 전쟁이다. 이 경쟁에서 강대국의 지위를 열망하는 나라로서는 생존과 번영을 위해 필요한 물건들을 필요한 양과 질로 생산할 수 있는 능력이 중요해지고 있다.

오늘날 미국 제조업 능력의 지속적인 쇠퇴, 이미 되돌릴 수 있는 지점을 지났을 수도 있는 쇠퇴를 보고 어떤 노력으로도 제조업을 성공적으로 부흥시키는 것은 고사하고 살릴 수 없을지도 모른다는 것을 알게 되면 유라시아, 특히 중국과 러시아에서 폭발적으로 산업이 발전할 것이라는 이야기가 솔깃해진다. 이러한 발전은 조선, 항공기 제작, 첨단 과학 연구에서부터 수많은 완성품을 생산해 전 세계 시장에 공급하는 것을 망라하고 있다. 물론 미국은 여전히 중요한 산업 강국이다. 그러나 민간항공기 제작을 제외한 미국의 주요 제조업들은 계속해서 경쟁국에 가려 빛을 잃고 있다. 중국은 미국의 조선산업을 아예 무시하는 수준이지만 러시아의 상업용 조선조차도 미국의 상업용 조선을 왜소하게 만들고 있다.

중국은 상당히 구식에다 시제기를 만들 때 애를 먹긴 했지만, 중거리 민간 여객기 COMAC-919를 생산할 독자적인 계획을 수립하고 있다. 사실 이 비행기는 아직 운항 인증 비행 프로그램을 충족시키지 못하고 있다. 하지만 여기서 중요한 것은 이러한 시도가 제조업을 해외로 내보내는 미국과는 정반대로 이루어지고 있다는 것이다. 중국은 국내에서 만든다. 서구 자유주의의 아버지이자 세계화 초기의 이론가인 허버트 스펜서*는 다음과 같이 언급했다.

> 따라서 산업주의의 확산으로 국가의 구분이 무너지고 개별 국가들을 관통하는 공통된 조직을 하나의 정부까지는 아니더라도 여러 정부의 연합체 아래에 두려는 경향이 나타났다.[47]

현실이 분명히 보여 주듯 스펜서는 그때도 틀렸고 지금도 틀렸다. 경제적으로나 군사적으로 미국에 도전할 나라는 없으며 그런 시대는 여전히 계속되고 있다는 신화를 들으며 자라난 월스트리트 족속들과 정치꾼들은 이해할 수 없는 진실이다. 그런 신화는 미국의 러스트 벨트, 쇠락해 가는 도시들, 붕괴하고 있는 정치 시스템과 실업자 군상들

* Herbert Spencer: 1820~1903. 영국의 심리학자, 생물학자, 사회학자로 국가 개입을 최소화한 자유방임주의를 강조했다. 찰스 다윈의 책을 읽고 '적자생존(Survival of the fittest)'이라는 말을 만들어 냈다. '사회진화론'으로 유명하다.

에 의해 명백히 틀렸다는 게 입증되었다.

물건을 만드는 데는 기술, 노하우 그리고 숙련된 노동력이 중요하지만 이 세 가지만 필요한 것은 아니다. 물건을 만드는 데는 비전과 국민적 자각, 즉 국민 전체의 행복한 삶에 대한 관심이 필요하다. 오랫동안 그들만의 망상의 거품 속에 갇혀 현실로부터 그리고 가차 없고 돌이킬 수 없는 시대의 변화로부터 동떨어진 생활을 해 온 세계주의자 지향적 미국 엘리트들은 비전이나 국민적 자각, 이런 것들을 아주 혐오한다. 지난 50년 동안 이루어진 중요한 연구들 가운데 하나에서 위대한 코렐리 바넷*은 중요한 사실과 미래에 대한 교훈을 잘 요약했다. 미국 엘리트들의 모교라면 어느 대학이든 교문에 새겨 둬야 할 내용이다.

> 영국 국내에서 국가의 활력이 급속히 떨어지고 대영제국을 활용하는 데 실패한 것은 어떤 불가피한 역사의 노화 과정 때문이 아니었다. 그 원인은 정치적인 교리였다. (…) 그 교리는 자유주의였다. 자유주의는 집단적 유기체, 즉 공동체라는 국민국가의 전통적 개념을 비판하고 마침내 무너뜨렸다. 그 대신 개인을 우선시했다. 자유주의 사상에 따르면 국가는 어쩌다 같은 법체계 아래 살게 된 수많은 인간 원자들 이상이 아니다. 영국의 국력에 오랫동안 해악을 끼쳐 온 자유주의의 핵심인 자유

* Corelli Barnett: 1927~2022. 영국의 군사역사가. 전후 영국의 탈산업화 관련 저술을 남겼다.

> 무역의 교리를 체계화한 것은 애덤 스미스였다. 그는 국가는 일반적으로 자립해야 한다는 이전의 '중상주의적' 신념을 비판했다…[48]

미국의 위대함을 앞으로 공부할 학생들은 그것을 외우거나 그들의 아이폰에 지정학과 지경학의 궁극적 진실의 모습을 새겨 두려고 노력해야 한다. 물론 모든 아이폰은 메이드 인 차이나다.

06 서구 엘리트

요직을 차지한 무능한 선무당들

2020년 3월 23일 루이지애나주 출신 상원의원 존 닐리 케네디John Neely Kennedy는 상원에서 발언하면서 역사가 생생히 보여 주듯 일리가 있는 말로 미국의 정치적 난제를 요약했다. 민주당이 발의했고 공화당도 받아들인 경기부양 법안의 선심성 조항들에 대해 그는 2018년에 지적한 내용을 반복했다. "우리나라는 천재들이 세웠지만 지금은 바보들이 이끌고 있다."[1] 이와 유사하게 스티븐 월트*는《포린 폴리시》**에 기고한 글에서 미국의 쇠락에 대해 언급하고 코비

* Stephen Walt: 1955~. 하버드대학교 케네디스쿨 국제관계 교수. 현실주의자로 신현실주의 이론에 중요한 공헌을 한 인물이다.

** Foreign Policy: 미국 카네기 국제평화재단이 1970년부터 격월간으로 발행해 온 외교전문 잡지.

드-19 팬데믹에 대한 개탄스러운 대응 때문에 죽었다고 간주할 수 있는 미국의 국력을 떠받치는 기둥들 가운데 하나가 미국의 능력이라고 결론지었다. 월트는 직설적으로 말했다.

> 그러나 세 번째 기둥은 미국의 능력에 대한 두터운 신뢰다. 다른 나라들이 미국의 힘을 인정하고 미국의 목표를 지지하고 미국 관리들이 어떤 일을 하고 있는지 알고 있을 때 미국이 나아가는 방향으로 따라올 가능성이 더 높을 것이다. 그들이 미국의 힘, 지혜, 혹은 효과적으로 행동할 수 있는 능력을 의심한다면 미국이 세계에 미치는 영향력은 줄어들 수밖에 없다. 다른 나라들의 이런 반응은 전적으로 이해할 수 있다. 미국의 지도자들이 무능한 선무당이라고 알려지면 왜 다른 나라들이 미국의 충고를 귀담아들어야 하는가? 요컨대 유능하다는 평판을 얻는 것은 힘을 배가하는 중요한 요소가 될 수 있다.[2]

여기에 한 가지 문제가 있다. 케네디 상원의원과 스티븐 월트 두 사람이 한 발언은 만시지탄이다. 많은 이들이 코비드-19 팬데믹, 2008년 금융위기 혹은 빌 클린턴의 대통령 취임 훨씬 전에 그런 조짐을 눈치채기 시작했다.

'외주 대장outsourcer-in-chief' 미국 42대 대통령 빌 클린턴은 2015년에도 미국 사회 각계로부터 존경을 받았다. 그리고 그 점만 알면 현재 미국 정치의 상황과 미국 엘리트들이 어떻게 평가받고 있는지 알 수 있다.[3]

빌 클린턴에 대한 한 심리평가는 이렇게 결론을 내렸다.

> 여기서 가장 중요한 문제들 가운데 하나는 대통령이 업적을 어떻게 정의하느냐이다. 어느 정도가 "좋은 것"인가? 어느 정도가 "충분한 것"인가? 그러한 업적은 대통령의 심리 상태 전반에 어떤 기능을 하는가? 강렬한 야망, 높은 자신감이 짝을 이루어 클린턴은 좌고우면하지 않고 업적을 세우는 데 몰두했다. 그러나 그가 세운 업적은 특정한 유형의 업적이었다. 적당한 성공은 마음에 차지 않았다. 그가 마음속으로 생각한 것은 그런 성공이 아니었다. 그는 성공을 극도로 높게 설정하여 너무 거창한 업적을 이루려고 했다. 몇몇 주요 정책 법안의 통과만으론 충분하지 않았다. 클린턴이 정의한 성공의 의미를 고려하면 몇 건 가지고는 안 되고 여러 건도 너무 적을 수 있다.[4]

빌 클린턴에 대한 이런 심리적 분석은 미국의 쇠퇴를 전체적으로 평가하는 데 있어 흥미롭지만, 사소한 세부 사항일지 모른다. 그러나 그것은 미국 정치의 치명적 기능장애의 전모를 알아보는 데 도움이 되는 중요한 사실을 보여 준다. 클린턴은 미국의 지배계급 전체가 앓고 있는 질병, 즉 허풍의 대표적인 사례가 될 수 있다. 클린턴 재임 기간은 미국이 실력도 없으면서 오지랖 넓게 세계 패권국가를 자처한 시발점이기도 하다. 이 패권국가는 미국의 영향권에 있는 나라들은 커녕 미국 자체도 제대로 관리하지 못하고 사상 유례없이 지리멸렬한 모습을 보여 주고 있다. 프리슈티나는 세르비아 코소보주의 주도였다가 클린턴과 나토로부터 절대적인 지원을 받아 처음으로 독립 국가가 된 코소보의 수도다. 여기에는 3.3미터짜리 빌 클린턴 동상과 그의 이름을 딴 거리가 있다. 이것들 역시 코소보에 있는 거대한 미군 기지 캠프 본드스틸Camp Bondsteel과 함께 미국 정치인들이 겸손하고 현실적인 목표를 설정하는 데 무능할 뿐만 아니라 그들이 이제는 대다수 미국 엘리트의 특징이 되어 버린 클린턴 유의 과도한 야망과 자존감을 지니고 있음을 상기시켜 주는 좋은 사례다. 미국 엘리트 다수는 결국 폭넓게 말해 국가적 재난이라고 할 수 있는 것으로 귀결된 그 많은 미국적 이상향을 추구하는 과정에서 자신들의 능력을 과대평가하는 빌 클린턴 증후군을 앓고 있다고 말해도 무리가 아니다.

미국은 극단주의, 강한 야망 그리고 허풍에 젖어 있는 나라다. 미국의 모든 것은 가장 크고, 가장 빠르고, 가장 효율적인, 아니 간단히 뭉뚱그려 최고라야 한다. 유명한 알렉시스 드 토크빌*이 1837년 "떠버리 같은" 미국의 애국심에 대해 관찰한 이후 달라진 것은 거의 없다.[5] 때로 이런 허풍, 즉 미국은 위대하다는 주장 가운데 일부는 봐줄 만하다. 그러나 최고가 아니라는 게 명백할 때조차, 모든 사실이 그렇지 않다고 부정하고 있지만 허풍을 떠는 습성이 여전히 담론을 지배한다. 이런 특징은 폭넓게 말해 때로 인텔리겐치아라고 불리는 미국의 지식인 계층, 그리고 미국의 정계와 재계 지도자들로 규정될

* Alexis de Tocqueville: 1805~1859. 프랑스의 정치가, 정치사상가, 역사가로, 미국 정치의 사회적 기초에 관한 고전인 『미국의 민주주의』라는 저술로 잘 알려져 있다.

수 있는 사람들에게서 가장 심각하게 나타난다. 미국의 보통 사람 대다수는 대체로 매우 선량한 사람들이다. 그들 모두가 세계적인 힘의 균형이나 국제관계 같은 문제에 골머리를 썩이는 것도 아니다. 그보다는 생계를 꾸리려고 노력하면서 그들 나름대로 일상을 영위한다. 대다수는 대통령 선거 때가 되면 정치에 다소 관심을 보이게 된다. 그들은 보통 애국적이며 상식과 유머 감각을 지니고 있다. 즉 미국에서 정치적·지적 엘리트로 통하는 사람들을 대표하는 평균적인 사람들은 레오 톨스토이가 영국을 관찰하면서 했던 말을 다시 적용하면 "세계에서 가장 잘 조직된 국가의 시민으로서 자신감에 차 있어서 자신들이 무슨 일을 해야 할지 알고 있고 자신들이 하는 일은 의심할 바 없이 모두 옳다고 생각한다."[6]

여기에 수수께끼가 있다. 톨스토이가 말한 자신감은 여전히 틀리지 않는다. 그러나 당연히 미국은 더 이상 세계에서 가장 잘 조직된 나라가 아니다. 영국이 과거 한때 그랬듯이 미국이 21세기 최고의 국가조직을 가지고 있다고 주장할 수는 있겠지만 그것은 더 이상 사실이 아니다. 오늘날 그 점에 있어서는 영국이나 대부분의 서방 국가들에서도 더 이상 사실이 아니다. 이런 나라들은 부패한 정치에 발목 잡혀 있고 경제, 문화, 그리고 인구 문제에 있어서 재앙적 실패를 가리기 위해 만들어진 민중 선동과 대중 영합적인 얄팍한 술수로 정치적 능력을 대체하고 있다. 이런 나라들이 겪고 있는 몇 가지 병폐만 봐도 그렇다.

게다가 오늘날 미국은 점점 더 과두정치, 아니 차라리 두 개의 지배층이 통치하는 경향이 더 뚜렷해지고 있다. 미국은 사실상 민주주의도 공화국도 아니다. 미국의 정치와 정책의 실상을 전문적으로 연구해 온 국제적인 학자들에게 이것은 한동안 공공연한 사실이었으며 4년에 걸친 러시아 게이트라는 정치적 참사 이후 특히 더 강화되었다. 러시아 게이트는 오늘 미국이라는 나라의 부패하고 타락한 본질을 의심의 여지 없이 고스란히 드러냈다. 도널드 트럼프와 조 바이든의 첫 번째 대통령 선거 토론 이후 스콧 리터*는 다음과 같이 논평했다.

> 미국은 세계가 지도와 지원을 기대하던 민주주의적 가치의 등대로서 기능하는 것을 오래전에 멈추었다. 그런데 트럼프-바이든 토론은 우리의 기능장애를 여실히 드러냈다. 이제 우리는 핵무기를 가진 세계의 웃음거리에 불과하다. 핵무기가 아니라면 아무도 미국을 무서워하지 않을 것이다.[7]

나는 오랫동안 이 점을 두려워했다. 그 시작은 2014년에 지정학적 문제를 다루는 내 블로그를 개설했을 때다. 나는 이 블로그에 2017년 다음과 같은 글을 올린 이후 보다 폭넓은 내용으로 글을 다시 올렸다.

* Scott Ritter: 1961~. 미군 해병대 정보장교 출신으로 1991년부터 1998년까지 이라크에 대한 유엔 무기사찰단원으로 활약한 군사전력 분석가로 러시아 국영방송인 RT와 스푸트니크(Sputnik)의 고정출연자다.

미국이 초강대국으로 떠오른 계기가 된 현상인 전쟁, 그중에서도 특히 제2차 세계대전은 미국에 진정한 영향을 미친 요소가 절대 아니며 대체로 무식한 데다 허세를 부리고 공격적인 엘리트들의 언사를 사실상 제재하지도 못했다. 그것은 또 제2차 세계대전 이후에 미국의 번영과 성공에 필수적인 주제를 공부할 필요성도 만들어 내지 못했다. 이러한 공부는 아직도 이루어지지 않고 있다. "결과는 가장 안전한 기준이기 때문에 결과로 사태를 판단하는 것이 합리적"이라는 클라우제비츠의 말과 완전히 부합하는 그 결과는 오늘날 미국의 의사결정 과정 내부의 심각하고 위험한 기능장애를 부인할 수 없는 일련의 경험적 증거 속에 누적되고 있다. 이라크에서의 패주에서부터 아프가니스탄에서의 패전, 시리아를 학살의 현장으로 만든 것, 나토 동맹국들의 도움을 받아 리비아의 분쟁을 일으킨 것, 마지막으로 우크라이나에서 쿠데타와 전쟁을 일으킨 것에 이르기까지 이 모든 일은 지정학, 외교, 군사 그리고 정보 측면의 무능력을 보여 주는 기록이며 미국의 정치, 군사, 정보 그리고 교육기관의 실패를 말해 주고 있다.[8]

오늘날 미국 엘리트들은 세계적으로 명백하고 실재하는 위험과는 별도로 미국의 국격을 내부로부터 무너뜨리는 주요 요인 가운데 하나다. 그것은 주로 그들이 본질적으로 미국의 중요하고 실질적인 국익을 형성할 능력이 없기 때문이다. 국익에 해당하는 것들이 그들의 개인적이고 특수한 이해와 상충할 수도 있고 엘리트 대다수가 이념적 불온함 때문에 미국 국민이라는 개념을 규정할 수 없기 때문이다. 뿐만 아니라 오히려 그들이 현실을 공부하고 수용하는 데 총체적으로 무능하기 때문이다. 빌 클린턴과 마찬가지로 나라를 이끌어 가는 요직을 차지하고 있는 자들은 진정한 정치력에 있어서는 그저 평범한 기량과 잘해야 평균 수준의 지적 능력을 지니고 있음에도 자신들을 과대평가한다. 과대망상적 미국 지식인들의 실패를 보여 주는 어떤 증거가 필요하다면 지난 30년 동안 미국의 지정학적 사상이 가장 두드러진 사례다. 리벤은 다음과 같이 언급했다.

> 시종일관, 미국 기득권 세력(공화당 못지않게 민주당도)의 담론은 자유민주주의를 들먹임으로써 미국이 국제사회의 패권국임을 합리화하려고 했다. 동시에 경제적 변화, 민주주의 그리고 평화 사이에 내재적이라고 할 수 있는 관계는《뉴욕 타임스》의 지칠 줄 모르는 논객 토머스 프리드먼* 같은 바람잡이들에 의해 합리화되었다. 토머스 프리드먼은 (항상 터무니없고 이제는 잘라 말해서 그때그때 재탕 삼탕 된 것이지만) '분쟁을 방지하는 골든 아치 이론'**을 제시했다. 이 민주주의 평화론의 천박한 이설異說은 맥도널드 체인이 들어가 있는 두 나라 간에는 전쟁이 일어나지 않는다고 말한다. 조악하고 기름진 미국의 햄버거가 전

* Thomas Friedman: 1953~. 미국 언론인이자 칼럼니스트로《뉴욕 타임스》에 국제관계 관련 글을 주기적으로 기고하고 있다. 주로 리버럴 성향의 입장을 대변하는 논점을 지니고 있으면 국내에도 그의 책 『렉서스와 올리브나무』,『세계는 평평하다』 등 여러 권이 번역 출판되었다.

** Golden Arches theory: 패스트푸드 회사인 맥도날드가 입점해 있는 국가 사이에는 전쟁이 일어나지 않는다는 내용의 이론으로, 1996년 토마스 프리드먼이 주장했다.

쟁에 맞서기에는 잃을 게 너무 많은 부유한 현대 중산층의 세계사적 상징이 되었다.[9]

소련의 붕괴와 미국의 자화자찬 격 '냉전 승리' 이후 미국 학계는 불확실성이 제거된 세계에 대해 학문적으로 볼 때 이류에 불과하고 감정에 치우친 승자의 이론 세례를 퍼부었다. 프리드먼이 내놓은 가당찮은 1996년 '빅맥'을 근거로 한 지정학같이 이론들은 현실과는 철저히 괴리되어 있었다. 프리드먼은 패스트푸드를 기반으로 그의 '이론'을 형성했지만 후쿠야마*의 『역사의 종언The End of History and the Last Man』과 헌팅턴**의 『문명의 충돌The Clash of Civilizations』은 후자에 들어 있는 일부 흥미 있는 통찰에도 불구하고 근거 있는 연구로서 정치학의 한계와 아울러 미국 지식인들이 주변 세계를 보는 관점의 심각한 한계를 분명히 보여 주었다. 이 책들이 각각 1992년과 1996년에 출판되고 나서 10여 년 만에 두 책의 주안점에 오류가 있다는 게 드러났다. 뿐만 아니라 2010년대에 와서는 많이 화제가 되었던 미국의 지성들이 쓴 이 역작들에 들어 있는 개념이 완전히 터무니없지는 않아도 분명히 억지스러워 보였다.

미국의 권위 있는 지정학 '전문가들' 가운데 한 사람인 즈비그네

* Francis Yoshihiro Fukuyama: 1952~. 미국 스탠퍼드대학의 교수이며, 철학자이자 정치학자. 그는 저서 『역사의 종언』에서 이데올로기 대립의 역사를 자유주의와 공산주의의 대결로 설명하고, 결국 자유주의의 승리로 끝났다고 평가했다.

** Samuel Huntington: 1927~2008. '문명충돌론'으로 널리 알려진 미국의 정치학자.

프 브레진스키*는 한 인터뷰에서 1998년 당시에도 순조롭게 진행되던 아프가니스탄 지하드 세력을 지원하기로 했던 카터 행정부 당시 그의 정책을 옹호할 수밖에 없었다.** 9·11 비극 이후에 그 인터뷰는 매우 이상하게 보이기 시작했다.[10] 1997년에 출판된 그의 역작 『거대한 체스판The Grand Chessboard』은 반향실反響室에 갇혀 끼리끼리 칭찬을 주고받는 미국 지정학 연구의 주역들로부터 높은 평가를 받았다. 하지만 이 책은 블라디미르 푸틴이 뮌헨 연설에서 "한 국가, 즉 미국이 국경 너머까지 사법권을 확장하는 것은 인정할 수 없다"[11]며 미국의 초국가적 패권 장악 시도를 거부하고 러시아의 저항 시작을 알리면서 2007년에 와서 무의미한 게 되었다. 미국에서 지정학을 연구하는 대학과 싱크탱크의 폐쇄적 분위기 속에서 나온 대부분의 논문이 그렇듯이 브레진스키의 논문은 상투적인 이야기, 희망 사항 그리고 지정학적 경구들을 모아 놓은 것에 불과했다. 그럼에도 불구하고 미국의 지정학 연구자들과 싱크탱크들은 그런 논문을 통해 널리 인정받았다.

새뮤얼 헌팅턴이 서구의 몰락에 대해 올바른 결론에 도달했을 때

* Zbigniew Brzezinski: 1928~2017. 카터 정부의 국가 안보보좌관으로서 당시 미국의 외교 방향을 설정한 전략가. 보통 즈비그뉴 브레진스키로 표기하는데 그는 폴란드계로 즈비그녜프가 맞는 음역이다.

** 1979년 카터 행정부는 소련의 아프가니스탄 침공에 맞서 파키스탄 정보부를 통해 아프가니스탄의 무자헤딘, 즉 지하드 세력을 지원한다는 정책을 세웠고 소련이 아프가니스탄을 침공한 직후인 1980년 1월 무자헤딘을 지원할 무기를 파키스탄에 보낸 것을 시작으로 소련-아프간 전쟁이 끝날 때까지 약 30억 달러에 상당하는 무기를 무자헤딘에 지원했다.

도 헌팅턴의 경고는 이러한 몰락이 단지 상대적이라는 것이었다.[12] 미국 학자들은 서구 전체가 사실상 서구를 이끄는 미국과 마찬가지로 스스로가 몰락할 수 있다고 생각조차 하지 못했다. 그들의 생각은 미국의 지정학과 국가 통치를 위한 통찰력의 정수로 먹혀들었다. 그들은 그들이 생각하는 것 대부분이 인과관계를 완전히 무시하고 있다는 데 별로 신경을 쓰지 않았다. 역사적 인과율은 미국 지정학적 사상의 강점이었던 적이 한 번도 없었다. 미국의 지정학적 이론은 진정한 연구보다는 주로 자기 잇속을 차리는 해석이나 계획에 뛰어났다. 많은 이론이 실물경제, 진정한 국력, 그리고 러시아, 중국 혹은 전쟁이나 문화 같은 더 큰 현상 등 그들이 연구하는 주제에 대한 실제 정보 같은 형성적인 지정학적 요인들에 관한 지식을 거의 담고 있지 않았다. 아이디어로 통하는 그런 이야기들을 정정하고 재논의하려는 시도가 없었다고 말하는 것은 아니다. 그렇게 말하면 대니얼 라리슨* 같은 사상가는 억울할 것이다. 그는 미국이 현재 국제정세에서 발군의 실력을 발휘하고 있다는 전적으로 잘못된 이야기에 의문을 제기해 왔다. 그는 미국의 쇠락이 항구적인 것은 아니라고 해도 최소한 매우 오랫동안 지속되고 있고 통제된 방식으로 서서히 기울고 있다고 보았다.

* Daniel Larison: 미국의 역사학자로 미국 보수진영을 대변하는 잡지인《미국보수(The American Conservative)》의 편집국장을 지냈다. 정치외교 전문 잡지《리스폰서블 스테이트크래프트(Responsible Statecraft)》에 정기 칼럼을 기고하고 있다.

미국과 서구 외교 분야에서 가장 명망 있는 원로 가운데 한 사람인 헨리 키신저는 미국 정계의 엘리트들로부터 오랫동안 존경을 받아 왔다. 그러나 그가 끊임없이 내놓는 진부한 지정학적 이야기는 토머스 미니*가 말했듯이 그가 "그의 지지자들, 그의 비판자들 그리고 그 스스로 생각하는 만큼 뛰어난 인물은 아니라는 간단한 사실을 어김없이 드러내고야 말았다."[13] 헨리 키신저의 통찰력에 대한 신화는 일단 제안된 의제를 추진하긴 하지만 특이하게도 실제 비범한 인물들과 같이 거창한 업적을 이룩할 수 있는 출중한 두뇌는 갖지 못한 분석가들을 열심히 홍보하는 미국 PR의 전형이 되었다. 이것이 베트남 전쟁에서 패전한 이후 미국의 외교 정책의 근간이 되었다. 결국 키신저는 '현실주의자'라는 잘못된 이름이 붙은 또 다른 미국 예외주의자였다. 이런 이름이 완전히 무의미해졌다는 사실에도 불구하고 필시 미국 정치학과 국제관계 연구 분야에 하릴없는 명예직을 늘리려는 생각으로 문제를 복잡하게 만드는 하고많은 이름 중에 이런 이름을 붙여 준 것으로 보인다. 미니는 이렇게 주장했다.

> 현직에서 물러난 뒤에도 키신저는 소련이 붕괴한 이후 클린턴 대통령에게 나토의 팽창에 대해 경고한 조지 케넌*의 만년을 특징짓는 것과 같은 불편한 의견을 내놓기는커녕 이미 내려진 결론에 대해 별로 이견

* Thomas Meaney: 1931~2022. 1965~1981년에 걸쳐 아일랜드 하원의원을 역임한 보수정치인으로 1980~1981년에는 아일랜드 국무부 장관을 지냈다.

을 나타내지 않았다. 키신저의 타고난 감각을 시카고 대학의 정치학 교수인 존 미어샤이머John Mearsheimer와 같은 진정한 현실주의자의 감각과 대비시켜 보면 배울 게 있다. 냉전이 끝났을 때 미어샤이머는 철저히 '힘의 균형'이라는 원칙에 입각하여 통일 독일과 동유럽 전체에 핵무기 확산을 허용하자는 놀랄 만한 제안을 했다. 냉전의 지평 너머를 내다볼 수 없었던 키신저는 세계적 패권국가를 추구하는 것 외에 미국이 지향해야 할 다른 목표를 상상할 수 없었다.[14]

그중에서 특히 몇 가지만 예를 들면 베트남 전쟁, 이어서 유고슬라비아, 이라크 그리고 시리아에서의 대실패를 가져온 미국의 외교정책 혹은 외교적 실책은 일반적으로 말해 박사학위와 대단한 경력을 가진 사람들이 만들어 온 비정상적인 정책의 집합체이자 그것은 본질적으로 매우 미국적이다. 키신저가 찬성하지 않았던 전쟁은 없었다. 대니얼 라리슨은 헨리 키신저와 조지 케넌의 업적과 능력을 비교해 다음과 같이 주장했다.

키신저는 계속해서 정반대의 주장을 했다. 미국의 결연한 의지를 보여주기 위해 엄청나고 가능성이 희박한 목표를 누가 뭐라든 의연하게 추

* George Kennan: 1904~2005. 트루먼 행정부에서 소련 대사, 케네디 행정부에서 유고슬라비아 대사를 지냈던 미국의 원로 외교관으로 클린턴 행정부 당시 나토 확대라는 정책이 결정됐음에도 불구하고 나토 확대에 반대하는, 클린턴 대통령으로서는 불편한 의견을 내놓았다.

구하는 것이 필요하다. 후속 사건들이 여실히 보여 준 바와 같이 키신저의 오판은 최악이었다. 그러나 그의 심각한 실책은 미국에서 그의 지위에 거의, 혹은 전혀 영향을 주지 않았다. 키신저가 이라크 침공 때까지 반복적으로 그러한 목표를 거듭 지지한 것은 우연이 아니다. 케넌이 값비싼 대가를 치르면서도 얻는 게 없을 것이라고 경고하고 정확히 예견한 커다란 실책들이 바로 키신저가 찬성하고 옹호했던 정책들이다. 미국 정부는 대외정책을 수립할 때 키신저의 이야기를 듣고 그에게 일을 맡겼다. 그리고 케넌이 불편한 이야기를 시작하면 그를 무시하고 과소평가했다. 키신저는 입신출세하는 데 대단히 성공적이었으며 그는 공직을 떠난 뒤로도 거의 50년 가까이 외교 정책 수립 분야에서 붙박이로 계속 자리를 지켰다. 왜냐하면 그는 불확실하고 저돌적인 정책에 정당성을 부여할 주장을 제시하는 방법을 알고 있기 때문이다. 그는 1960년대에 하나의 전쟁을 지속시키기 위해 '신뢰성'에 대한 허위 주장을 했다. 그리고 다음 세대 강경파들은 새로운 전쟁 개입을 정당화하기 위해 같은 주장을 이용했다. 그의 '신뢰성' 이론이 말이 안 된다는 모든 증거에도 불구하고 키신저의 명성은 이상하게도 시간이 갈수록 계속 높아졌다.[15]

그러나 이상할 게 하나도 없다. 미국 정부의 관점에서는 키신저와 그의 추종자들이 보여 주는 '국정 운영'의 유형이 인기가 있고 미국의 최고위 권력층에 잘 먹힌다. 실제로 미국에서 외교 관계와 일반적인 지정학을 다루는 '지적 기구' 전체는 힘의 균형이라는 현실적인 구조 뒤에서 작용하는 주요 조종자들을 모른다. 명실공히 매파가 되기에는 부족한 사람들도 '사상가들'을 주요 참모로 두게 되면 한 분야에서만 능력을 발휘한다. 왜냐하면 그들은 미국이 전능하다는 가정하에 행동하기 때문이다. 미국의 외교 정책을 수립하는 핵심 관리들 전부는 아니더라도 대부분은 미국의 영향력이 절대적이 아니고 그런 적도 없었다는 것, 그리고 모든 정치 행위는 비스마르크의 말을 빌리면 "가능성, 즉 얻을 수 있는 것을 추구하는 행위이며 차선을 모색하는 기술이라는 것"[16]을 이해하지 못하고 있다는 간단한 사실 때문에 이런 신화에 의문을 품지 않는다. 다수가 클린턴과 같은 미국 아니면 안 된다는 거대 자신감 증후군에 걸려 있는 미국 엘리트 집단은 그들이 내린 결정의 결과뿐만 아니라 비용과 편익을 다면적으로 생각하고 평가할 수 없다. 미국 최고 정치 엘리트들 대다수가 진정으로 현실적인 대내외 정책을 개발하고 시행하는 데 필요한 힘의 균형을 이루는 요소에 대해 제대로 이해하지 못하고 있다. 이런 점을 고려하면 그 배경이 된 지적 오만을 포함하여 과거 30년 가까이 미국 외교 정책이 완전한 실패의 연속이었다는 사실은 새삼스러운 게 아니다.

오늘날 미국 정치 담론의 지적 수준을 있는 그대로 알고 싶은 사람은 2020년 9월 29일로 돌아가 현직 대통령이던 도널드 트럼프와 도전자인 전 부통령 조 바이든 간의 첫 번째 대통령 선거 토론 방송을 보면 된다. 오늘날 미국 정치와 정치적 사고의 수준에 대해 알아야 할 모든 것을 충분히 알 수 있을 것이다. 국가적으로 불명예와 세계적으로 당혹감을 안겨 준 것은 차치하고 두 늙은 토론자가 언성을 높여 논쟁을 벌이는 것을 보고 있으면 70대 초반의 레오니드 브레즈네프*가 더 지적이고 위엄 있게 보일 수 있을 정도였다. 이 토론은 미국의 미래를 세계의 지도자 혹은 패권국가라는 구도에 맞춰 계속 이야기하면서 미국이 앓고 있는 오래된 질병을 드러냈다. 미국 경제 그리고 다른 서방 국가들의 경제가 안으로부터 무너지고 미국이 러시아와 중국 두 나라에 의해 유라시아 대륙에서 밀려나고 있는 동안에도 이 모든 일이 벌어졌다. 자유주의 세계질서라는 바로 그 구조물이 전 세계가 바라보는 가운데 무너져 내리고 있었다. 건물의 겉모습뿐 아니라 전체 구조물이 화염과 연기 속에 주저앉고 있었다. 이런 구조물을 구체화한 이론, 즉 미국 예외주의는 완전히 틀린 것으로 밝혀졌다.

2007년 뮌헨에서 개최된 안보정책회의**에서 푸틴이 했던 유명한 연설은 새로운 세계를 향한 시작을 알리는 카운트다운이었다. 그 연설에서 러시아 대통령은 미국의 패권을 에둘러 표현한 일극 체제의 시대가 끝났다고 말했다.

> 본인은 일극 체제 모델을 용인할 수 없을 뿐 아니라 오늘날 세계에서 불가능하다고 생각합니다. 이것은 오늘날 세계에서, 정확히 말해 오늘날

* Leonid Brezhnev: 1906~1982. 소련의 정치가로 1966년 말부터 1981년까지 소련 공산당 서기장이었다.

** Munich Security Conference: 1964년에 독일의 출판인 에발트-하인리히 폰 클라이스트-슈멘친(Ewald-Heinrich von Kleist-Schmenzin)에 의해 시작된 안보와 갈등의 평화적 해결을 주제로 하는 연례포럼으로 독일 뮌헨에서 열린다. NATO와 EU 회원국은 물론 러시아, 중국, 인도, 이란, 일본 등 다른 나라들의 관계자들도 초청받아 참석한다.

에는 개별적인 국가가 리더가 된다면 군사적, 정치적 그리고 경제적 자원이 충분하지 않을 것이기 때문입니다. 더 중요한 것은 그러한 모델 자체에 결함이 있다는 것입니다. 그런 모델은 근본적으로 현대 문명에 맞는 도덕적 기초가 없고 있을 수도 없기 때문입니다. 이와 아울러 우리가 지금 막 논의를 시작했지만 오늘날 세계에서 일어나고 있는 것은 정확히 말해 이런 개념을 국제 문제, 즉 일극 체제의 세계라는 개념에 도입해 보려는 시도입니다.[17]

이 연설은 세계적으로 뉴스가 되었지만 미국 기득권층의 많은 유력 인사들은 냉소를 보냈다. 어떤 것도 자칭 패권국의 확신을 흔들 수 없는 것처럼 보였다. 백악관의 반응은 기대를 별로 벗어나지 않았다. 그런 '지적'은 '틀린 것'으로 치부되고 주로 우익 편향 미국 미디어에 나온 일부 우려를 제외하면 그것을 매우 심각하게 생각하는 사람은 거의 없었다.[18] 말할 필요 없이 미국 외교 정책 수립의 오래된 이론과 러시아는 GDP가 텍사스주, 이탈리아, 한국 같은 나라들보다 떨어지는 이류 강대국이라는 어용 '분석가들'과 '학자들'의 이야기가 반복 재생되었다.

2008년 8월 러시아-조지아 전쟁에서 러시아군이 나토군의 훈련을 받았고 일부 나토의 장비를 갖췄다고 하는 조지아군을 겨우 닷새 만에 궤멸시킨 지 한 달 만인 2008년 9월 리먼 브라더스의 파산으로 금융위기가 시작되었고 미국이 타격을 받았을 때 서방의 모든 예측과 평가는 용도폐기되었다. 이라크와 아프가니스탄 사태 역시 미국의 국력에 대해 의심할 엄청난 이유를 제공했다. 그러나 그런 일들은 미국의 수많은 지정학자와 정치인이 미국을 찬양하는 데 의존하는 것과 미군이 "역사상 가장 잘 싸우는 군대"[19]라는 말도 안 되는 주장을 되풀이하는 것을 막지 못했다. 그것은 위험을 알리는 신호였다. 그런 미국 우월주의적 주장들은 비록 잘 속아 넘어가는 미국 대중을 상대로 써먹기 위해 만들어진 것이라고는 해도 국제 문제를 다루는 데 매우 미숙하다는 것을 보여 주는 것이었다.

확증 편향

그러나 거기에는 더 많은 것이 있었다. 정치적, 지성적으로 미국의 최상층에 있는 많은, 아주 많은 사람들이 진심으로 믿고 있는 것 속에는 소름 끼치는 진실이 숨어 있었다. 그것은 가장 열성적인 마오이스트*를 무색하게 할 수 있는 수준의 이념적 열정이며 현실로부터의 괴리다. 미국과 유럽 연합은 우크라이나에서 문제를 키워 내전을 일으켰고 결국 국민투표를 거쳐 크림반도를 러시아에 내주었다. 그 뒤에 벌어진 일들은 이러한 과정을 촉발한 미국의 정치, 학술 그리고 경제 기관들의 철저한 무능력을 보여 주었다. 그런 일련의 과정들은 그 규모와 중요성에서 엄청난 것이었고 지금도 그렇다. 미국의 엘리

* Maoist: 중국 공산주의 혁명의 최고지도자인 마오쩌둥의 사상을 추종하는 사람.

트들이 그들이 어떤 짓을 벌이고 있는지, 그 결과 어떤 일이 곧 벌어지게 될지 모른다는 사실은 그들의 지성이 완전히 무너졌으며 그들 대부분이 심각한 지적 자폐증을 가지고 있다는 것을 암시한다. 이런 것들은 미국 사회 전반과 미국의 제도, 특히 정치-군사 제도가 심각한 존망의 위기에 처했다는 최초의 신호였다. 드미트리 오를로프* 같은 관측통은 이미 2011년에 재앙의 조짐을 보았지만 나는 2014년에 그런 예측을 했다. 국제적인 블로그 공간에서 더 세이커The Saker, 즉 송골매로 통하는 안드레이 래프스키Andrei Raevsky는 그보다 더 이전에 그런 생각을 했다. 오직 소수의 미국 기득권 계층의 지각 있는 사람들만이 다가오고 있는 사태에 정말 이성적으로 반응했다.

그러나 2007년 푸틴의 뮌헨 연설을 많은 사람들이 냉소로 대했지만 이 러시아 대통령이 2019년 6월《파이낸셜 타임스》와 가진 인터뷰에서 서구 자유주의를 '거덜 낸' 뒤에는 아무도 웃지 못했다.《파이낸셜 타임스》는 다음과 같이 썼다.

> 블라디미르 푸틴은 자유주의가 하나의 이념 세력ideological force으로 쓰인다고 목소리를 높이면서 유럽과 미국에서 국민적 포퓰리즘 움직임이 커지고 있다고 역설했다. 일본 오사카 G20 정상회담 전날 크렘린에

* Dmitry Orlov: 1962~. 러시아 태생의 미국 이주자로, 엔지니어이자 작가로 활동하고 있는 인물. 미국과 소련의 붕괴 관련 기사를 주로 기고했다. 그는 미국이 엄청난 군사비, 정부 부채, 둔감한 정치, 석유 생산 감소 등으로 인해 붕괴할 것이라고 주장한다.

서《파이낸셜 타임스》와 가진 인터뷰에서 러시아 대통령은 대중이 이민, 국경 개방 그리고 다문화주의에 등을 돌림으로써 "자유주의 이념"은 그 "목표를 상실"했다. (…) "자유주의 이념은 쓸모없게 되었다. 그것은 압도적 다수 인구의 이해와 충돌해 왔다."[20]

그것은 실제로 웅대한 나라가 되려는 미국적 열망의 승화라고 할 수 있는 글로벌리즘도 죽었다는 의미였다.

이런 학자들에게 의존했고 지금도 의존하고 있으며 그들의 이야기에 의존해 자신을 키우는 많은 미국 학자들과 정치인들에게 그중 많은 것들은 궁극적으로 진실이 아니었다. 심지어 미국의 위대함이 부인할 수 없는 미국의 천재성과 힘의 결실이 아니라 인간 역사상 최악의 전쟁 과정에서 미국을 멸망에서 지켜 준 일련의 천우신조의 지리적 조건 때문이라는 생각은 그들의 개인적 신념과 심지어 학문적 신념에 가혹한 시험이 될 수 있다. 브레진스키, 후쿠야마, 헌팅턴 혹은 심지어 상대적으로 독립적이라고 할 수 있는 미어샤이머 등 지배 이데올로기의 관념 세계에 거주하고 있었던 사람들에게는, 그러니까 간부 장교부터 심지어 코믹한 만화를 그리는 작가에 이르기까지 미국과 서방의 군사 포르노 공급자를 말하는 게 아니다. 이 건강한 사람들에겐 미국이 누구도 두려워 않는 그저 입이 헤픈 깡패이자 경제적으론 주로 교묘한 속임수를 쓰는, 믿을 수 없는 그런 세계에 직면하는 것은 인생을 바꿔 놓을 만한 경험이다. 그것은 불쾌한 경험이다. 특히 정치적 관점의 스펙트럼 전체에 걸쳐 미국 지식인 다수가 이상하게도 수십 년까지는 아니라고 해도 수년 동안 분명히 드러나고 있는 것을 알지 못했다는 사실을 고려하면 그런 불쾌감은 이해할 만하다.

미국에서 공부한 정치학자나 변호사, 정치인이 된 사람들에게 과거가 미래를 지배하지만 진정으로 미래를 마주하기 위해서는 미국 일류대학에서 학위를 따 얻는 지식보다는 좀더 정교한 현실 능력이 필요하다는 것을 이해시키기란 불가능에 가깝다. 미국 학자들 가운데 다수가 인정하기를 거부하는 전제이지만 진리는 실제로 상대적이지 않으며 알기 쉽다는 사실은 그런 학자들에게 충격적일 수도 있을 것이다. 소속 정치인들이 저지른 완전히 재앙적인 '업적'의 관점에서 본다면 대단히 과대평가 된 정치인들의 모임인 외교관계위원회*의 회장 리처드 하스Richard Haas는 2020년 10월《포린어페어스》에 기고한 글에서 보듯이 실제 현실 따위는 아랑곳없이 뭐든 하고 싶은 말을 다 한다. 그는 국제통화기금, 세계은행 같은 미국의 '작품' 목록을 칭송하며 "미국이 현대적인 외교 정책과 국가안전보장회의, CIA, 국방부 같은 국가방위 조직을 만들었다"[21] 고 미국 역사를 되돌아보는 것 같다. 그는 그것들이 미국이 쇠퇴하고 세계가 미국이 정한 규칙대로 살기를 거부하는 현실을 몰고 온 요인이었다는 암담한 역설을 알 수 없었던 게 분명하다.

* Council on Foreign Relations(CFR): 미국의 외교 정책에 관한 연구를 하는 중립적인 비영리 싱크탱크로 1921년에 설립되었으며 많은 전직 국무장관, CIA 국장, 교수, 기업인들이 회원으로 참여하고 있다.

이러한 상황의 우스꽝스러운 면은 과거 미국의 유능한 군사-외교 관료였던 하스가 미국과 서구 전반의 문제가 제도적인 문제일 뿐만 아니라 구조적인 문제라는 것을 알 수 없다는 것이다. 전 CIA 간부 필립 지랄디*는 CIA의 현재 상황을 설명하면서 다음과 같이 말했다.

> CIA가 전해 내려오던 스파이 활동 방식을 수행할 능력을 어느 정도 상실하고 있다는 우려가 상당히 컸다. CIA가 스파이 활동을 포기했다는 것은 지나친 과장이 되겠지만 이 기관은 단독으로 수행하던 활동은 대부분 그만두었으며 그 대신 우호적인 정보 연락 기관들이 전해 주는 종종 신뢰할 수 없는 정보에 많이 의존하게 되었다.[22]

이보다 앞서, 필립 지랄디는 엘리트 집단이라고 자부하는, CIA 내 비밀정보국**이 주로 하는 첩보활동의 무능력이 경악할 만한 수준이라고 설명하면서 다음과 같이 강조했다.

> 이러한 강한 집단 정체성이 조직 내에서 예외적 수준의 적당주의 혹은

* Philip Giraldi: 1946~. 미국의 칼럼니스트이자 논평가, 역사학 박사. CIA에서 18년간 근무했다. 반유대주의적 성향과 홀로코스트를 부정하는 발언으로 비난을 받았다.

** National Clandestine Service: 통상 비밀정보국이라고 불리는 이 조직의 정식 명칭은 작전국(Directorate of Operations)으로 분석국과 과학기술국과 함께 CIA의 3대 핵심 부서다. 2012~2015년까지의 명칭이 국가비밀정보국(National Clandestine Service)이었다. 주로 대테러 및 핵 확산 방지 등 미국과 동맹국의 안보를 위한 비밀첩보 및 공작 활동을 한다.

무능력을 수용하는 결과를 낳았다. 알코올 중독에다 형편없는 부적격자인 올드리치 에임스*가 알았듯이 CIA는 들어가기도 어렵지만 해고되기는 더 어렵다. 간부 요원들은 언어와 문화적 소양이 부족하다는 것을 부인하면서 스파이들을 채용하고 운용하는 것은 어디나 같다는 의미로 "작전은 작전"이라는 말을 자주 한다. 분명히 가당치 않은 이야기다. CIA의 엉망진창 수준의 해외 업무 담당 보임 절차는 요원들이 보통 최소한의 언어 교육만 받고 현지에 배치된 이후에 짐작건대 서서히 현지어를 배우는 것으로 되어 있다. 대부분은 그대로 되지 않는다.[23]

그러나 미국 최고 정보기관이 21세기에 와서 그와 같이 분명히 지적·문화적으로 뒤처지고 있지만 CIA의 역사를 꿰고 있는 전직 요원인 벤저민 B. 피셔**는 최근에만 이런 현상이 있는 것은 아니라고 확신한다. 냉전 시대 소련, 동독 그리고 쿠바의 정보기관들은 사실상 이중간첩들을 CIA에 취업시켰다. 피셔는 그것이 CIA를 '무너뜨린' 엄청난 정보 실패라고 말한다.[24] 그러한 실패는 간과되었고 그것은 언필칭 미국 최고의 지식정보기관이 무엇을 위해 일하는지 하나의 전형을 보여 주었다. CIA가 정보활동과 직원 채용 두 가지 다 어려움을 겪고 있다면 정보를 분석할 때 CIA가 수집한 자료에 의존했던 하

* Aldrich Ames: CIA 방첩 요원으로 재직 중 소련을 위해 간첩 활동을 한 혐의로 기소되어 가석방 없는 종신형을 선고받고 복역 중이다.

** Benjamin B. Fischer: 1946~. 동유럽과 소련의 역사 전문 역사학자로 CIA에서 34년을 근무했다.

스와 같은 사람들은 지금도 CIA가 겪고 있는 것과 유사하게 정보의 불충분함을 경험했을 것으로 볼 수 있다.

전 세계 어떤 정보기관이든 주요 임무는 결국 정보를 수집하는 것이다. 그리고 미국의 인적자원을 이용한 정보 수집과 분석 과정 중에서 바로 이 부분이 와해되었다. 하스는 도널드 트럼프의 세계관을 설명하려고 할 때 '왜곡된 렌즈'라는 용어를 사용한다.[25] 그러나 하스나 외교관계위원회CFR에 있는 그의 동료들 대부분은 어느 모로 보나 트럼프를 비판할 만한 자격이 없다. 왜냐하면 그들의 세계관이나 역사관도 트럼프 못지않게 왜곡되었기 때문이다. 하스가 옹호하는 기관들이 이제는 '민주주의 확산'에 관한 전통적인 수식어가 된 다른 것들을 차치하더라도 거의 75년 동안 강대국 간의 전쟁을 막아 왔다거니 혹은 미국 경제가 90배 성장하는 데 중요한 역할을 해 왔다거니 하는 주장은 가짜일 뿐 아니라 반역사적이다. 그런 주장들은 소위 미국 최고 지식인들이 가지고 있는 지적 불성실과 극도의 정신적 나약함을 보여 준다.[26]

리처드 하스는 역사와 지정학에 관한 망상뿐만 아니라 사실조회와 과학적 조사를 하면 밝혀질 망상을 하고 있다. 미국의 영향력 있는 지식인들 가운데 서사를 창조해 내는 사람은 하스가 유일하다. 서사를 창조하고 구성하는 일은 새롭거나 억지스러울 게 없다. 어떤 나라에서건 결국 그것은 지적 엘리트라고 하는 집단의 기본적인 과업이다. 서사 만들기에 관한 핵심적인 문제는 그러한 이야기를 만들거나 만들어 내라고 명령한 사람들이 **사태의 진상을 실제로 알고 있느냐**

의 여부다. 미국 기득권 혹은 주류 지식인들의 문제는 바로 여기에 있다. 그들 대다수는 자신들의 서사를 진심으로 믿는다. CIA가 러시아게이트같이 미국에 극도로 해로운 활동을 다루는 특수한 임무를 띠고 있으면서도 외부 세계에 대해 믿을 만하고 현실적인 평가를 내리기 위해 사실을 제대로 수집하고 대조하지 못한다면 미국의 지정학 분석가들과 학자 집단이 제대로 할 것이라고 기대한다는 것은 매우 비합리적이다. 그들이 저지른 최악의 실패를 보여 주는 기록들이 있으므로 누구나 알 수 있다. 미국의 싱크탱크들과 전문가 집단은 거의 폐쇄된 반향실에 갇혀 있다. 미국을 제외한 나머지 세상을 제대로 알지도 못하면서 경멸하는 전능한 미국이라는 서사와 실제 현실을 구분할 수 없는 이 반향실에서는 이런 실패가 일어날 수밖에 없다.

분석적 반향실

미국의 러시아 연구 분야는 미국의 분석적 반향실의 고전적 사례가 될 것이다. 내가 몇 년간 기술해 온 바와 같이 이 분야는 솔제니친*의 소설 같은 가짜역사, 유언비어, 결코 객관적이라고 할 수 없는, 러시아 출신과 외국인들이 전하는 이야기가 횡횡하는 불모지다. 시간이

* Aleksandr Isayevich Solzhenitsyn: 1918~2008. 구소련의 반체제 지식인이자 작가로 오랜 수형생활을 했으며 1970년 노벨문학상을 수상했다.

지나면서 상황은 더욱 암울해져 오늘날 러시아 연구는 러시아와 러시아 문화를 공부하려고 애쓸 것도 없는 선전도구에 불과하다. 러시아 국민 대다수가 여러 이민족으로 구성되었음에도 그렇다. 미국에서 "러시아를 연구한다"는 말은 러시아는 여전히 소련이라고 상상하는 일을 일상적으로 계속 반복하고 그 소련을 이기려고 노력하는 것을 의미한다. 시대가 많이 변했다는 것을 모르고 있다.

즈비그네프 브레진스키가 채택한 아주 잘못된 주요 지정학적 책략은 미국의 대러시아 정책, 아니 차라리 러시아 적대 정책의 근간들 가운데 하나가 되었다. 그런 책략이 잘못되었을 뿐만 아니라 미국의 급격하고 전반적인 쇠퇴의 주요 배후 요인이었음에도 미국의 기득권층 지식인들은 그것의 엄청난 실패를 거의 모르고 있었다. 수십 년 동안 브레진스키는 미국에서 정통한 소련과 러시아 전문가들 가운데 한 사람으로 통했다. 하지만 그는 결코 전문가가 아니었으며 미국이 세계 유일의 초강대국으로 남고 러시아가 유라시아 제국으로 다시 태어나는 것을 막기 위해서는 미국이 일차적으로 승리해야 할 전쟁터는 우크라이나라는 인식을 조장했다.[27] 예상은 했지만 놀랍게도 이런 망상적 헛소리는 외교 정책 수립에 간여하고 있는 미국과 서방 여러 나라 지식인들로부터 대대적인 찬사를 받았다. 그러한 망상은 브레진스키의 역저인 『거대한 체스판: 초강대국 미국과 그 지정학적 책무 The Grand Chessboard: American Primacy and Its Geostrategic Imperative』에 대한 《뉴욕 타임스》의 찬사에 가장 잘 요약되어 있다.

> 브레진스키는 이제 미국의 이익을 증진하고 있는 패권을 유지하며 세계적 무정부 상태를 방지하기 위해 향후 몇 년간 미국이 해야 한다고 생각하는 것에 대한 또 다른 학문적 청사진을 제시한다. 브레진스키가 볼 때 이것은 잠재적 경쟁자들보다 한 수 앞을 내다보는, 체스와 다르지 않은 전략적 게임이다.[28]

고위 정치인에서부터 보통 사람을 망라해 많은 러시아인들은 특히 브레진스키가 오바마 대통령의 외교 정책 고문이라는 점을 생각하며 그의 세계 전략 전체가 자멸하는 것을 바라보며 좋아했다. 러시아는 우크라이나를 전쟁터로 관심을 두지도 않았으며 2014년에 크림반도를 회복한 이후에는 우크라이나인들과는 거래하지 않았다. 폭력과 유혈로 얼룩진 마이단 쿠데타*가 일어나고 불과 6년 만에 러시아인들은 점점 더 기능장애를 일으키는 우크라이나 정권과 경제적으로 분리하는 길로 나갔다. 심지어는 유럽으로 가는 두 개의 파이프라인의 경로를 바꿔 우크라이나를 지나지 않도록 하면서 동시에 우크라이나를 경제적으로 서서히 파멸시키려고 했다.

브레진스키는 자신과 그의 급진적인 러시아 혐오론을 추종하는

* Maidan coup: 친러 진영에서는 쿠데타라고 하는 반면 친서방 진영에서는 마이단 혁명이라고 부른다. 2013년 11월 21일 당시 대통령이던 빅토르 야누코비치가 의회가 승인한 EU-우크라이나 제휴 협정을 거부하고 친러정책을 강화하자 이듬해 2월 시민들이 키이우 시내 마이단 네잘레즈노치(Maidan Nezalezhnosti)에서 대규모 시위를 벌였고 유혈진압으로 2,000여 명의 사상자와 실종자가 발생했다. 결국 시위가 시작된 지 4일 만에 대통령이 물러났다.

사람들을 제외하곤 누구에게도 한 수 앞서가지 못했다. 왜냐하면 우크라이나 사태는 비록 인정받지는 못했지만 지각변동 같은 지정학적 패배를 서구에 안겨 주는 결과를 가져왔기 때문이다. 그리고 그것은 우크라이나에 대한 경제적 지원이라는 러시아의 무거운 짐을 벗겨 주었다. 러시아는 거기에 들어가던 자원을 자국 발전에 돌려 러시아가 유라시아와 세계의 중심 국가로 확실히 복귀할 수 있도록 했다. 브레진스키는 지정학적 게임을 했을지 모른다. 그러나 그는 하버드 대학에서 소련 문제에 초점을 맞춰 박사학위 논문을 쓴 백면서생 이론가였다. 그는 카터 대통령 시절 국가안보보좌관을 지낸 경력에도 불구하고 군사적으로 정말 혁명적인 변화가 일어나고 있는 시대에 기술적으로 매우 복잡한 경제, 군사 문제가 얽혀 있는 오늘날 현실 세계에서 전혀 갈피를 잡지 못하고 있었다. 미국의 최고 지성 가운데 한 사람이라고 칭송받는 브레진스키는 미국을 지도에서 지워 버릴 수 있는 세계 유일의 국가에 대한 미국 정치인들과 지식인 집단의 완벽한 무지와 무능을 전형적으로 보여 주었다.

브레진스키가 러시아를 약화시키는 관점에서 폴란드 중심 정책을 계속해서 조장해 온 것은 정반대의 결과를 가져왔으며, 결국 오바마 재임 중에 러시아-미국 관계에 회복할 수 없을 정도의 엄청난 해악을 끼쳤다. 미국과 러시아 관계는 그때나 지금이나 미국과 세계 안보에 중요하다. 브레진스키는 그런 정책을 조장함으로써 자신과 자주 의견이 엇갈렸던 미국의 친이스라엘 네오콘보다 더 큰 틀에서 미국의 현실적 이익을 더 많이 훼손했다. 실제로 벌어진 일들을 통해 알 수 있듯이 아이비리그 대학에서부터 언론에 이르기까지 미국 정치인을 양성하는 기관에 입힌 해악을 생각하면 미국이 수준 높은 정치적·지적 분석을 얻기 위해 선택할 수 있는 여지는 많지 않다. 수준은 매우 낮고 계속 떨어지고 있다. 현 상태에서는 이런 과정을 역전시킬 수 없다. 지난 75년 동안 패권적 야망을 추구하는 것이 미국 엘리트들이 수용할 수 있는 유일한 수단이었지만 미국 정책입안자들의 지적 수준은 패권적 야망과 반비례한다.

인식론적 폐쇄

러시아 연구 분야뿐만 아니라 여론 주도층을 형성하는 전문가 집단은 미국 사회에서 인식 능력과 비판적 사고가 쇠퇴하고 있음을 더 확연히 보여 준다. 《뉴요커》의 마샤 게센*은 미국 미디어에서 러시아 문제에 대해 발언을 많이 하는 사람들 가운데 하나다. 러시아, 그중에서도 특히 푸틴 대통령에 대한 그녀의 기고문은 미국에서 많은 사람들이 전문가의 분석으로 진지하게 받아들인다. 또한 미국 미디어는 점점 더 갈피를 못 잡고 이제는 '그러면 그렇지' 하는 수준의 뻔한 거

* Masha Gessen: 1967~. 소련의 유대인 가정에서 태어나 미국으로 이주했다가 현재는 모스크바에 거주하며 러시아 언론인이자 작가로서 다양한 매체에 푸틴과 트럼프를 비판하는 논평과 LGBT 권리를 옹호하는 글을 주로 기고하고 있다.

짓말뿐만 아니라 더욱 놀랍게도 깊은 개인적 반감에 의존하는 증상을 보여 준다. 게센은 코비드-19 초기인 2020년 3월 쿠르스크Kursk 잠수함 사고 당시 푸틴 대통령의 행동과 코비드-19 팬데믹에 대한 트럼프의 대응을 비교한 놀라운 글을 썼다. 쿠르스크 참사와 바이러스 간에 사소한 연관성도 찾기 어렵지만 게센은 그런 글을 쓴 데 대해 아무런 가책도 없다. 그녀는 '숙적' 푸틴을 평가하면서 이렇게 썼다.

> 그러나 그것이 전부가 아니다. 푸틴이 쿠르스크 참사에 대한 책임을 인정하지 않은 데서 가장 놀라운 면은 관료주의적인 언행이었다. 이것은 그 사건 이후 20년(아마 향후 20년까지도) 동안 벌어진 일의 예고편이었다. 푸틴이 관료주의적 언어를 사용한 것은 대중을 오도하고 책임을 모면하기 위한 수단이지만 그가 정부를 어떻게 생각하는지 통찰할 수 있는 계기를 제공한다. 그는 자신을 각자 맡은 임무를 수행하는 사람들을 제지할 수 있는 최고지도자로 생각했고, 각자 맡은 임무를 진두지휘하는 게 자신의 책무임을 모르는 것 같았다. 아마 그런 결과로 러시아 해군은 지나치게 몸을 사려 외국의 도움을 거부했고 잠수함에서 전해 오는 SOS 신호에도 응답조차 하지 않았다.[29]

건축학교를 중퇴하고, 《뉴요커》에 나온 대로라면 자칭 저널리스트인 게센은 오늘날 러시아 정부가 어떻게 움직이는지 모를 뿐 아니라 그녀가 설명한 것들이 대통령의 행위라는 것도 깨닫지 못하고 있다. 대통령은 모름지기 전문가들이 일을 할 수 있도록 해 줌으로써 선정을 베푸는 것이다. 그렇다면 그 당시 전문가들 가운데 다수가 그 일에 적합하지 않은 것으로 밝혀졌다는 사실은 이제 막 러시아 대통령이 된 사람의 잘못이 아니라 그의 전임자부터 내려온 난맥상을 반영하는 것이다. 블라디미르 푸틴은 사망한 쿠르스크 승무원들의 유족들을 직접 만나 승무원들을 생환시키지 못한 것뿐만 아니라 쿠르스크를 바렌츠해 바닥에서 인양하지 못한 것은 자신의 책임이라고 말했다. 러시아 정치사에서 전례가 없는 일이다. 그는 두 가지를 다 이야기했다.

러시아 전체, 그리고 특히 푸틴에 대한 게센의 증오는 또 다른 러시아 유대인 출신 이민자이자 평론가인 율리아 이오페*의 경우와 비슷하다. 그 증오는 이 두 사람의 오랜 개인적 원한과 진정한 보수적 가치를 강조한 푸틴의 철저한 반세계화 정책으로 설명될 수 있다. 푸틴은 특히 전통적인 가족을 사회의 기본적인 구성단위로 재확인했지만, 유명한 LGBT 권리 옹호론자인 게센은 전통적인 가족을 사회의 기본 구성단위로 보는 것은 해악적이며 타도해야 할 대상이라고 생각한다. 미국 정치인과 언론인 다수도 그것을 표적으로 삼고 있다.

그러나 러시아나 푸틴에 대한 미국의 정신장애는 단지 정책의 문제만은 아니다. 여기서는 그것이 일어나는 수준에 대해서만 간단히 언급하겠지만 거기에는 미국의 **퇴영화**라고밖에는 설명할 수 없는 과

* Julia Ioffe: 1982~. 러시아 태생의 유대계 미국인으로 어려서 부모를 따라 미국으로 이주했다. 게센과 마찬가지로 여러 신문에 러시아 관련 칼럼을 기고하고 방송에 출연한다.

정상의 문제도 있다. 2015년에 변호사이자 로페어Lawfare 블로그의 편집국장이며 브루킹스 연구소의 거버넌스 연구 선임연구원인 벤저민 위티스Benjamin Wittes는 푸틴 대통령에게 맞장을 뜨자는 놀랍고도 황당한 제안을 블로그에 올렸다. 그는 자신이 격투기 무술인이라면서 다음과 같이 썼다.

> 전 체스 챔피언 개리 카스파로프, 전 국무부 정책기획 실장 앤 마리 슬로터, 전 주러시아 대사 마이클 맥폴, 그리고 저명한 언론인 찰스 레인, 조나선 라우치, 제프리 골드버그의 공통점은 무엇일까? 이들은 모두 푸틴 러시아 대통령이 나를 체포할 수 없는 곳에서 남자답게 푸틴이 나와 일대일로 싸울 필요가 있다고 생각한다는 것이다.[30]

그리고 일거에 지지자라고 하는 사람들을 자신과 같은 유치한 수준으로 끌어내렸다. 진지한 토론 대신 개인적인 응징과 인신공격을 기반으로 한 문화를 반영하며 위티스는 미국 지식인들 사이에 만연한 미성숙이 어느 정도 수준인지 여실히 보여 주었다. 그것은 미국 문화 전반에 여러 요인이 겹친 까닭에 지적 자양분이 결핍되어 있음을 잘 보여 준다. 그런 요인들 가운데 가장 중요한 것은 인식론적 폐쇄다. **오늘날 존재하는 미국의 신념 체계는 경험적 증거를 수용할 수 없다. 왜냐하면 그렇게 되면 미국 예외주의의 극단적 확신 편향이 무너지고 명목상 좌파와 명목상 우파 양측 모두 경험적 증거를 처리할 수 없는 상황이 벌어지기 때문이다.** 경험적 증거를 수용하는 것이 개인적으로 너무 고통스럽고 어렵기 때문만이 아니라 그것을 다룰 만한 전문성도 없기 때문이다. 대단히 빠르고 복잡한 상호작용으로 채워진 현대 세계에서 그리고 항구적인 경제·문화적 체제 위기 속에서 언론은 말할 것도 없고 법률과 역사 분야의 지식이나 학위, 심지어는 MBA도 현대사회가 겪고 있는 거대한 변화를 어느 정도 합리적으로 설명하기에는 턱없이 부족하다.

이러한 역량의 결핍은 필연적으로 온갖 종류의 심각한 인지부조화로 귀결될 수밖에 없다. 만사가 워싱턴 D.C.의 계획과 생각을 따라가야 하는 미국에서는 특히 그렇다. 오늘날 소통 수단과 세계적인 정보 접근 그리고 대립적 관점은 미국 예외주의의 신화를 날려 버렸다. 현대 미국 지식인들은 새로운 현실을 국민에게 설명할 준비가 안 되어 있을 뿐만 아니라 역대급 사고를 치는 가운데 그들 역시 혼란스러워하며 새로운 현실에 적응할 수 없는 것으로 밝혀졌다. 그리고 존 케네디 상원의원의 말을 빌리자면, 그런 과정을 통해 그들이 바로 오늘날 미국을 결딴내고 있는 멍청이라는 것을 보여 주었다.

***

블라디미르 레닌은 그가 부르주아 문화라고 생각한 것에 대해 놀라울 정도로 정확하게 정의를 내렸다. "사람은 사회 속에 살면서 사회로부터 자유로울 수 없다. 부르주아 작가, 예술가 혹은 여배우의 자유는 단지 돈주머니, 부패, 매춘에 의존하고 있는 것을 감추고 있을

(혹은 위선적으로 마스크를 쓰고 있을) 뿐이다."[31] 물론 1905년에 이 말이 처음 나왔을 때 대충 이야기한 것을 봐줄 정도의 포괄적인 진술이었다. 그러나 그 일반적인 원리는 옳았다. 106년 후인 2011년에 파키스탄의 배교자인 이븐 와라크*는 그의 논문 「왜 서구는 최선인가Why the West Is Best」에서 그가 이슬람교를 버린 주된 이유가 자유민주주의의 장점 때문이라고 극찬하면서 다음과 같이 썼다. "서구 대중문화의 무절제함은 사람을 민망하게 만들고 서구 문명을 지키는 것을 더 어렵게 할 수 있다."[32]

오늘날 우리가 살고 있는 세계가 주로 미국과 유럽을 합친 서구 문명에 의해 형성되었다는 것은 초급 수준의 교육을 받은 사람도 거의 의심하지 않는다. 와라크는, 전 세계적으로 영향을 미쳤고 지금도 계속 미치고 있는 서구의 합리적 사고, 법치의 장려, 철학, 과학적 성취와 예술을 칭찬하는 데 거리낌이 없다. 서구 문명에 대해 열광하는 그의 주장은 조심스럽게 받아들여야 할 소지가 좀 있다. 그리고 그의 주장을 2020년대의 서구에 대입하면 매우 설득력이 떨어진다. 오늘날 서구는 전반적으로 볼 때 더 이상 아리스토텔레스, 플라톤 혹은 합리적 사고나 자유로운 과학적 탐구의 세계가 아니다. 오히려 계몽시대 덕분에 지난 몇 세기 동안 사람들이 알고 있던 것과 같은 서구를

* Ibn Warraq: 1946~. '제지업자의 아들'이라는 의미를 가진 필명이다. 9세기에 활동한 아랍 회의론자인 Abu Isa al-Warraq에서 이름을 따왔다. 이슬람 근본주의와 지하드 그리고 정부 정책에 미치는 종교의 영향을 비판한다.

만들었던 모든 가치를 억압하거나 제거하는 과정에 있다. 그런 가운데 점점 더 조지 오웰의 소설에 나오는 것과 같은 서구가 되어 가고 있다.

헨리 키신저조차도 코비드-19 팬데믹에 대한 두서없는 논평에서 "세계 민주주의 국가들에 그들의 계몽적 가치를 지키고 보전할 것"을 촉구했다.[33] 그러나 그러한 가치들을 지키는 것은 후퇴하는 군대의 승산 없는 싸움을 연상시킨다. 사실 이 후퇴하는 군대는 계속 후퇴하는 것밖에는 다른 전략적 대안이 없다. 이러한 후퇴를 몰고 온 것은 정확히 앞에서 언급한 서구 대중문화의 무절제함이고 이것이 서구의 정치·문화적 엘리트의 명령에 따라 미국 대중을 물들게 했다. 한 세대도 지나지 않아 서구에 남아 있던 인간 존재의 규범들은 1960년대 반문화의 급진적 문화관으로 대체되었다. 세상을 〈브래디 번치 아워〉*에 나오는 모습으로 개조하려고 하는 평화로운 히피들의 이미지는 미국 청년 대중이 살아가는 현실과는 거의 무관했다. 그들을 주로 움직인 것은 베트남에 파병되는 두려움과 1960년대 관점에서 볼 때 이런 상황에 대해 책임이 있는 기관들에 대한 증오였다. 베트남 전쟁은 어느 모로 보나 끔찍한 사건이었다. 흑백 분리 그리고 일반적으로 나중에 인권유린 행위, 주로 흑인에 대한 인권유린으로 알려지게 된 것 역시 마찬가지였다. 이런 것들이 다시 살아나 급진적 변화를 추

* Brady Bunch Hour: 1976년에서 1977년까지 파라마운트가 제작해 ABC 네트워크에서 방영한 버라이어티 쇼.

동할 세력을 형성하는 표상이 된다.

그러나 원래의 반전 의지와 섣부른 혁명 운동은 역사적으로 짧은 기간밖에 지속될 수 없었다. 지지자들은 곧 조직 생활의 어려움과 현실적인 문제에서의 분열에 환멸을 느꼈다. 그리고 그런 현상은 정부 요원의 잠입, 새로운 회원의 가입, 전향과 방해 공작, 여전히 전투적이지만 냉소주의적인 포스트모더니스트 대중문화의 난데없는 등장으로 악화했다. 시대는 롤링 스톤스의 노래 〈가두 투쟁하는 사람Street Fighting Man〉에서 대위법적 위치에 있는 비틀스의 "나는 세상을 바꾸고 싶지 않아I don't want to change the world"라는 후렴구가 있는 〈레볼루션Revolution〉으로 바뀌었고, 1978년에는 데이비드 보위로 넘어갔다. 그는 록 음악에 기여한 게 있느냐는 질문에 특유의 자기 반어법으로 빈정댔다. "완전히 새로운 가식파假飾派가 나온 것은 제 탓입니다."[34] 보위는 진정한 재능을 가진 아티스트로서 어떤 것도 주장할 필요가 없었다. 그러나 그의 자기비하적인 표현은 완전히 새로운 사회·정치 질서와 폭발 직전의 타협할 수 없는 모순에 적용했어도 틀리지 않을 것이다. 이런 모순은 1960년대 반문화에서 진화하였으며 거기에 대한 반동이 레이건 대통령의 등장이었다.

그것은 전부 가식이었다. 1960년대 급진주의자들이 급진적인 사회·정치적 이념들을 이것저것 섞은 것을 가지고 만지작거리며 오늘날 미국이 보여 주는 기능장애의 씨앗을 뿌렸다면 소위 '보수적' 반동도 파괴적인 면에서는 반대편에 있는 이른바 좌파에 못지않았다. 결국 미국의 '좌파'라고 알려지게 된 세력은 한 세기 이상 우리가 알고 있었던 진정한 좌파가 아니라 그저 분노한 무정부주의적 세력이었다. 그런가 하면 미국의 보수주의라고 알려진 것은 보수주의와 별 상관이 없었다. 그것 역시 지속 불가능한 현상 유지에 분노한 반동과 방어를 반영한 것이었다. 가식의 학교는 확실히 존재하지만 분석의 철학적 강령을 형성하는 원칙은 그다지 많지 않다. 그러나 그것[철학적 원칙의 희소화]은, 일단 초당파적 진실이라는 모두를 아우르는 개념이 미국 정치 스펙트럼의 양쪽에서 무의미해지면, 오늘날 변호사, 언론인, 예술 내지 문학 비평가로 구성된 블록—이들은 근본에서 포스트모더니스트이다—의 세대가 보여 줄 예상되는 현상이다.

작고한 크리스토퍼 히친스*는 2002년에 이렇게 지적했다. "20세기의 지난 30년 동안 앵글로-색슨 영토는 포스트모더니즘 및 '해체이론' 학파에 의해 스스로 식민화되었다. 해체이론은 누보 로망nouveau roman 이념에 의해서 그리고 '객관성objectivity'을 하나의 이데올로기로 간주하는 사람들에 의해서 텍스트를 해체하는 이론이다."[35] 놀랍게도 히친스는 명목상 서구 '좌파'이면서 문학적 교육 배경을 가진 그 자신이 소련 붕괴 이후의 세계 현실과 서구 급진 '좌파'의 매우 흔한 전향에서 일어난 완전한 혼란을 보여 주는 대표적인 사례다. 급진 좌파의 전향은 주로 유대계의 신보수주의neoconservatism 즉 네오

* Christopher Hitchens: 1949~2011. 영국계 미국인 작가이자 언론인, 평론가. 그는 객관적 사실을 강조하는 실증적인 관점을 가지고 있었다. 그의 "근거없이 주장한 것은 근거없이 무시될 수 있다"는 말이 유명하다.

콘으로 전향을 말하는데, 신보수주의는 이번에도 리버럴 개입주의 liberal interventionism라는 앞뒤 안 맞는 이름 아래 자신을 숨긴다. 그러면서 여러 가지 망상적 외교·경제 정책과 개념 아래 잠복하고 있다. 이 모든 게 가능하게 된 것은 20세기 실제 역사에서 벌어진 앵글로-색슨 영역의 급속한 문맹화 때문이다. 아이로니컬하게도 세르비아를 공격하는 것을 돕고 완전히 틀린 이야기를 근거로 이라크를 침공하기 위한 위원회에 참여했던 히친스는 그가 말한 '객관성'을 자신에게 먼저 요구했어야 했다.[36] 어쨌든 객관성은 있는 그대로의 정확한 과학에서 나오며 경험적 증거에 반하는 이야기에 따라 달라질 수 없다.

히친스는 앵글로-색슨 학계의 탈진실적인 포스트모더니스트를 비난했는지 모르지만 서구 '지성주의'의 강화되는 자해행위와 아울러 거대한 지각변동을 감지한 유일한 사람은 결코 아니다. 일레이나 머서*는 자신이 쓴 한 논문에서 「왜 WASP** 사회는 시들어 가고 있는가」라는 제목의 짧지 않은 장章 전체를 남아공 백인 주민의 운명에 할애하고 있다. "아프리카너***들은 프로테스탄트-칼비니스트Protestant-

* Ilana Mercer: 남아프리카공화국 출신으로 미국에 거주하는 작가이자 사상가로 골수 자유주의자다. 주로 잡지《미국 보수(The American Conservative)》에 컬럼을 많이 기고한다. 그녀의 저서『트럼프 혁명: 창조적 파괴 분석(The Trump Revolutio The Donald's Creative Destruction Deconstructed)』은 널리 알려져 있다.

** WASP: 'White Anglo-Saxon Protestant'의 약자로 앵글로-색슨계 미국 신교도를 줄인 말이다. 흔히 미국 주류 지배계급을 뜻한다.

*** Afrikaners: 1652년 이후 남아공에 이주한 네덜란드, 프랑스, 독일, 덴마크, 노르웨이, 스웨덴 등 이민 온 백인과 그 후손들로 서부 독일어에서 변형된 Afrikaans를 제1 언어로 사용한다. 이들은 남아공과 나미비아에 가장 많이 거주하고 있다.

Calvinist 세계에 일어난 일을 완벽하게 보여 주고 있다. 그 세계는 발작성 마비를 일으켰고 그것은 치유가 불가능해 보였다."[37] 여기에는 치유가 없다. 치유는 현대 서구, 특히 앵글로-색슨 영역의 기본적 가치에 어긋나기 때문이다.

"사람은 사회 속에 살면서 사회로부터 자유로울 수 없다"는 레닌의 말은 확실히 옳았다. 오늘날 이런 자명한 진리는 정치적 이념의 경계를 초월해 마르크스주의, 자유주의 혹은 진보주의로 정의되지 않는다. 그것은 증명이 필요 없는 하나의 공리다. 그것은 머서가 WASP 사회의 쇠락을 가져왔다고 규정한 것의 배후에 있는 주요 요인이 자유주의라는 코렐리 바넷의 견해를 떠올리게 한다. 어떤 역사적 사실들을 나열하든 앵글로-색슨 세계이며, 학문 분야에서는 전체적으로 앵글로의 세계인 미국은 정파를 막론하고 자유주의의 전형이다. 문화 마르크스주의에서 전체주의에 이르기까지, 오늘날 복잡한 사회경제적 역학의 가시적 징후에 아무리 다른 이름을 갖다 붙여도 여러 가지 헷갈리는 이름으로 선전되어 온 앵글로-색슨의 정치경제 모델은 그저 정해진 길을 달려왔을 뿐이고 서구 금융 올리가르키oligarchy의 허술한 구조물에 불과하다는 사실을 계속 숨길 수는 없다. 서구의 금융 올리가르키는 더 이상 잘 이해하지도 못하는 세계의 원심력을 감당할 수 없다. 이렇게 된 것은 전 세계 실제적 힘의 균형을 형성하는 요인들을 전혀 안중에 두지 않은 천박한 공부 탓이다. 진지한 인생 경험이 거의 없는 사람들로 과포화된 '지적' 환경에서 이런 현상은 불가피하다. 소위 '엘리트' 교육을 받은 기득권층에 속한 이들 다수는 수상쩍은 학력을 가지고 있으며 그 학력의 일부는 대개 어떤 상황에서도 체계적 지식의 결정체를 구성할 수 없는 극히 천박한 기술과 과학적이라고 주장은 하지만 맥락이 결여된 사실들을 제공할 수 있을 뿐이다. 그들이 써먹을 수 있는 유일한 실용적 기술은 파벌 조성과 배제다.

엘리트 집단이 외골수 미국 기성 정치권의 양 날개 사이에 어떻게 정치권력을 배분할지 결정하려고 탐색하는 동안 미디어의 호들갑이 만들어 낸 코비드-19에 대한 과잉 반응과 그레타 툰베리를 간판으로 내세운 것은 미국 보통 시민들의 죽고 사는 문제에 대한 우려를 무색하게 만들었다. 미국 기성 정치권은 민주적 정당성이라는 허울을 유지하기 위해 대립하는 두 정치세력이 경쟁을 벌이는 것처럼 연기한다. 그럼에도 불구하고 이 두 정치세력은 이미 오래전에 어떤 가치도 생산할 수 없게 된 신자유주의 경제 모델에서 최후의 한 방울까지 돈을 짜낼 때는 서로 결탁한다.

감정을 그대로 드러내고 어떤 서사도 나름대로 의미를 갖는 포스트모더니스트 세계에서 옳고 그름이라는 관념 전체 그리고 인식할 수 있는 진실이라는 관념 전체는 무의미하다. 인식론적 폐쇄는 모든 게 진실이고 정당하며 동시에 모든 게 그렇지 않다는 정보 잡음information noise을 통해 나타난다. 그것은 다름 아닌 조지 오웰의 소설에 나오는 진실을 왜곡하는 언어의 세계나 언어는 "내가 의미하고 싶어 하는 것만 선택적으로 의미하고 그 이상도 이하도 아닌" 험프티-덤프티* 세계의

* Humpty-Dumpty: 특정 어휘의 의미를 말하는 사람이 마음대로 정하는 어법을 의미한다.

현대판이다.[38] 누가 언어의 의미를 선택하는 데 있어서 주도권을 갖고 무엇이 진실인지 결정하느냐는 어려운 문제는 풀렸다. 금융 올리가르키와 '좌파'와 '우파'의 자칭 지식인 계층이다. 이들은 결국 아무것도 예측하지 못한다. 왜냐하면 객관성은 가능하지도 않고 무의미하기 때문이다. 그래서 히친스가 언급한 대로 무엇을 진실이라고 내세워도 그것은 '관념'일 수밖에 없다.

미국 국무부

진정한 지식인의 첫 번째 특징은 자신이 가지고 있는 전문성의 한계와 그들이 내놓는 예측의 타당성을 알고 있다는 것이다. 자기가 알고 있는 것이 제한적이라고 생각하는 것은 훌륭한 지식인의 특징일 뿐만 아니라 도덕과 문화를 보여 주는 것이다. 미국 '지식인' 계층에는 이런 게 해당하지 않는다. 미국 지식인들은 진작에 정권이 바뀔 때마다 가장 높은 몸값을 제시하는 곳에 빌붙어 능력을 팔고 결코 교화될 수 없다는 것을 행동으로 보여 주었다. 이것은 결국 이와 같은 미국의 학문적 풍토에 대해 심각한 의문을 제기한다. 지난 30년 동안 다산성인 미국의 지정학자들과 지경학자들은 실질적인 성과로 따지면 놀랄 정도로 많은 실패의 기록을 남겼다. 그러나 사이비 학자답게 앞서거니 뒤서거니 선동을 일삼아 온 그런 사람들이 미국의 정책 수립에 발언권을 가지고 영향을 미치며 아인슈타인이 말한 정신이상의 개념 정의를 생생하게 보여 주고 있다.* 사실 일각에서는 실패가 업적으로 축하받는다! 미국의 군사적 판단력과 그것이 정책이나 군수산업이나 전쟁 같은 실질적인 문제에서 나타나는 방식은 헛수고와 상황 파악의 철저한 결핍을 보여 주는 완벽한 사례다. 내가 이전에 쓴 『군사적 우위의 상실Losing Military Supremacy』과 『군사 문제에서의 (진정한) 혁명The (Real) Revolution in Military Affairs』에서 폭넓게 설명한 바 있지만 상황 파악이 전투의 핵심이라고 해 놓고도 그렇다.

미국에서는 변호사나 예술가도 군사 문제에 관해 판단을 내리는 게 보통이다. 그들 중에 누구도 제대로 된 군사적 전문지식이 눈곱만큼도 없지만 그렇다. 군사적 전문지식을 갖추기 위해서는 그들이 다닌 대학에서는 절대 가르쳐 주지 않는 기술과 지식이 필요하다.

미국의 악의적인 의도는 말할 것도 없고 역량 부족에 대한 비판들 가운데 하나에서 다나 프랭크**는 미국의 외교 정책 분야 엘리트들과 지낸 경험을 서술하면서 암울한 발견을 전했다.

> 미국 의회의 외교 정책 가운데 많은 부분이 스물여섯 살 난 청년들이 입안했다는 것을 알고 기분이 좋지 않았다. 아무리 공부를 많이 했고 혹은

* 아인슈타인은 정신이상은 같은 일을 계속 반복하면서 다른 결과를 기대하는 것이라고 정의했다.

** Dana Frank: 미국 산타크루즈의 캘리포니아대학의 교수이자 역사학자. 수년 동안 온두라스의 인권과 미국의 외교 정책을 연구해 그에 관한 글을 여러 매체에 기고하고 관련 내용을 미국 의회에서 증언한 적도 있다.

아무리 좋은 의도를 가지고 있어도 그들 한 사람 한 사람이 미국과 전 세계와의 관계(상원에서는 그들이 세계의 절반만 맡을 수도 있지만)를 책임진다. 외교위원회에 근무하는 직원들을 제외하면 이들은 더 전문화되어 있고 전 분야를 담당한다. 결국 이 보좌관들이 입법책임자 및 수석보좌관에게 답을 내놓는 것이다.[39]

프랭크는 여기서 너무 아량을 보였는지 모르겠다. 미국 26세 젊은이가 미국 밖 세상사에 대해 전문적인 지식이 얼마나 떨어지는가는 무수한 증거들이 말해 준다. 미국 대학들은 모든 '순위조사'에서 전통적으로 상위권을 차지하고 있다. 그러나 각 대학이 주장하는 만큼 높지는 않다. 《포브스》가 조사한 순위에서는 미국 대학이 세계 대학 순위에서 선두권을 차지하고 있을지 모르지만[40] 2017년 퓨 리서치 센터 보고서에서는 미국 대학생들의 학업성취도가 다른 여러 나라 학생들에 비해 떨어지고 과학, 수학 그리고 독해력에서는 중위권에 속한 것으로 나타났다.[41] 정치인들의 순위를 매길 수 있는 척도는 없다. 그래서 우리는 결과를 놓고 실질적으로 측정하는 것에 의존할 수밖에 없다. 그런 사례들을 보라.

특히 외교와 국가 안보에 관련된 문제에서 대학은 세뇌 과정을 반영한다고 말할 수 있는 이념적 확신에 찬 인간형을 양성해 낸다. 그들은 무지해서 월스트리트의 금융적 음모들이 실물경제에 끼치는 것과 같이 현실과 관계 있는 거의 모든 사안에 판단을 내릴 능력이 없다.

2016년 필립 지랄디는 미국이 개입해 시리아와 리비아에서 일어난 폭력 사태를 설명하면서 "학살이 해당 국가의 수뇌부에 의해 자행되고 있다는 주장에 백악관이 부응하려고 했던 것"이 미국 주전론의 "주요 동인"이라고 지목했다. 펜타곤조차도 시리아를 공격하는 것이 미국의 국익에 정말 도움이 안 된다는 것을 알았을 때 이러한 주전론을 용인할 수 없었다.[42] 오바마 재임 중에 외교 정책을 주도한 미국 국무부는 2016년 오바마에게 시리아에서 "제대로 한번 해보자"고 건의해 남아 있던 평판마저 묻어 버렸지만 오바마는 아이로니컬하게도 노벨평화상을 수상했다. 중간 간부급 이상 외교관 51명이 서명한 서한에서 군사적 개입에 대한 논리로 제시된 것은 포스트모더니스트 서사를 팔아먹는 견강부회의 아주 좋은 예였다.

> 시리아에서 5년 동안 잔인한 전쟁이 벌어졌다. 이제 인명 손실과 고통을 끝내기 위해 개입할 도덕적 근거는 명백하고 확실하다. (···) 시리아에서 현상 유지는 재앙까지는 아니더라도 점점 더 심각한 인도주의적, 외교적 그리고 테러와 관련된 도전을 제기할 것이다.[43]

시리아, 이라크, 아프가니스탄에서 수백만 명의 인명 손실과 인도주의적 재난 그리고 1999년 유고연방에 대한 폭격 배후의 주요 동인이었던 국무부 직원들에게서 나온 도덕주의적 구실이 이렇다. 유고연방에 대한 폭격에서는 인도주의적 폭격이라는 용어가 처음 역설적으로 사용되었다.[44] 이 서한은 시리아 현장의 상황에 대한 이해를 크게 결여하고 있다는 것 외에 미국 엘리트들의 철저한 무능력을 잘 보여 주고 있다. 이 엘리트들이 바로 스물여섯이거나 그보다 좀 나이가 많은 사람들이다. 이들은 미국의 외교 정책을 개발할 뿐 아니라 정석대로 하지도 않는다. 프랭크는 다음과 같이 언급했다.

> 실제로 이런 보좌관들이 헌법에서 규정한 권력분립을 명백히 위반하며 국무부를 위해 일을 한다. 국무부는 상원 그리고 때로는 하원의 주요 부서에 일 년 임기의 무급 '연구직'을 파견한다. 이 보좌관들은 연구직을 끝내면 국무부 자리로 돌아간다.[45]

지금은 악명 높은 R2P(보호할 책임)*에 의해 운용되는 20세기와 21세기에 실행된 인도주의적 개입의 전체적인 개념은 미국의 도덕주의라는 오래된 눈가림 수법으로 감춰지고 용인된 아주 전형적인 제국주의적 특징을 지니고 있었다. 그러나 거기에는 반문화적 거부주의**, 노골적인 열광까지는 아니더라도 격앙, 근본적인 증오가 분명히 나타난다. 이런 감정들은 단연 미국적이며 보위가 말한 '가식파'인 미국 외교 정책 당국 버전에 딱 맞았다. 세계 어디서건 외교는 전통적으로 지성, 고도로 발달한 지적 능력 그리고 정교함과 관련이 있다. 그러나 지난 30년을 돌아보고 평가하면 미국의 외교, 혹은 오

* The Responsibility to Protect(R2P 혹은 RtoP): 2005년 세계 정상회의 때 유엔총회에서 채택된 결의안으로 대량학살, 전쟁범죄, 인종청소, 인도주의 범죄 등에 관한 내용을 담고 있다.

** counter-cultural rejectionism: 국가의 존재를 거부하는 정치적 입장.

늘날 뭐라고 부르든 상관없이 그것은 보편적으로 인정받고 숭상되는 이 모든 특성을 놀랄 만큼 빠르게 상실하며 외교의 최하 기준도 거의 만족시키지 못할 뿐만 아니라 지식인의 자질도 갖추지 못한 인력들을 양성해 냈다. 그들은 진지하게 고민하지 않는다. 진정한 외교적 수완을 보여 주는 수준에 오르는 것은 언감생심이다. 진정한 외교적 수완은 미국 같은 나라에 꼭 있어야 하지만 애석하게도 현실은 그렇지 않다. 유럽의 외교 능력 그리고 퇴보하는 유럽의 외교 정책 담당자들도 대개 그렇지 못하다.

국무부 관리 51명은 오바마가 시리아를 상대로 공습을 하지 않은 것을 비판하고 고통을 막기 위한 '도덕적 정당성'[46]을 주장한 서한에 서명했다. 이 수치스러운 서한은 미국의 세계관에 심각한 문제가 있음을 잘 보여 주는 사례다. 외교 정책 분야에서 오바마의 주요 참모 세 사람은 수전 라이스Susan Rice, 발레리 재럿Valerie Jarret, 사만사 파워Samantha Power다. 모두 서부 지역 명문대학 출신이지만* 그들 가운데 한 명도 명망 있는 모스크바 국제관계 대학MGIMO 같은 외교 분야의 전문적인 교육기관에서 자질을 형성하는 수준 높은 교육을 집중적으로 받은 적이 없다. 또 국가 안보보좌관을 지낸 수전 라이스를 비롯해 어느 한 사람도 세계 세력 균형 형성의 역학을 이해하는 데 중요한 문제들에 대한 기초적인 교육을 받지 못했다. 오늘날 미국에서 외

* 사만사 파워는 예일대학과 하버드 로스쿨을 나왔다. 이들 대학은 동부 지역에 위치해 있다.

교라고 하는 것의 이러한 부실함은 번스 대사* 같은 직업외교관들이 한두 번 지적한 게 아니다. 번스 대사는 미국 외교의 실패뿐만 아니라 외교의 군사화를 지적했다.[47] 오바마의 시리아 정책은 미국이 시리아에 노골적으로 대규모 군사적 개입을 하지 않았다는 점에서 '조심스러웠다'고 볼 수도 있었을 것이다. 그러나 지금까지 비밀로 분류되어 있는 웃음거리가 된 그 서한을 작성할 당시 거기에 서명한 51명의 국무부 관리들은 미국이 바샤르 아사드**를 제거할 자원이나 실질적인 군사적 수단을 가지고 있지 않다는 것을 이해하지 못했다. 미국 '외교관들'은 협상이 아니라 폭격을 원했다. 게다가 무력 외교를 위한 수단을 책임질 펜타곤은 처음부터 군사적 개입을 원하지는 않았다. 펜타곤은 반대 이유로 걷잡을 수 없는 대혼란을 야기할 수 있다는 합리적인 우려를 내세웠다.[48]

오늘날 미국 엘리트의 압도적 다수는 세계 정치에서 가장 중요한 요소인 세력 균형을 평가할 교육도 받지 못했고 기초적인 소양도 쌓지 못했다. 그뿐 아니라 그들이 지지하는 군사적 행동이 가져올 결과를 가장 평범한 수준에서 예측할 수 있는 능력도 없다. 미국 국무부나 미국 엘리트와 관료 집단을 양성하는 역할을 해 온 교육기관에 있는 많은 사람들은 '비행금지구역', '정밀타격', '군사 행동' 같은 유행어

* Robert Nicholas Burns: 2022년 4월 1일부터 주중 미국 대사로 재직 중인 직업외교관.

** Bashar al-Assad: 1965~. 안과의사 출신으로 30년을 집권한 아버지 하페즈 알-아사드(Hafez al-Assad)의 뒤를 이어 2000년에 대통령이 되었다.

들은 알고 있지만 그러한 유행어 뒤에 있는 정책을 실제 집행했을 때 나타날 다각적인 파생 효과에 대해 아는 사람은 아무도 없다. 5, 60년 전에는 대학과 대학원에서 철학, 정치학, 국제관계 혹은 법학을 전공하고 학위를 따는 것이 본격적으로 세계 정치 분야에 진출하기 위한 기초가 되었을 수도 있다. 이제 그것만으로는 어림없다. 의사결정을 하는 집단에서는 특히 그렇다. 그러나 이런 것이 바로 미국의 정책입안자와 지식인들의 지배적인 학력 배경이다.

이것은 국가를 운영하는 방식이 아니다. 러시아를 제외하고는 지구상의 모든 생명체를 말살할 수 있는 유일한 나라인, 핵무기를 가진 미국과 같은 나라에서는 말이다. 그러나 변호사, 언론인 혹은 정치학자 들이 끊임없이 정치권력과 미국 지식인 집단의 상층부로 도저하게 계속 진입하고 있다. 여기서는 전문가들의 의견보다는 아는 게 별로 없는 할리우드 유명 연예인의 말에 더 무게가 실린다. 제임스 캐머런 감독과 그의 부인이 매우 활발한 활동을 펼치고 있는 것처럼 이런 현상은 특히 기후변화 논의에서 두드러진다. 아카데미 남우조연상을 받은 모건 프리먼은 2017년에 유력 언론에 나와 마치 자신이 그런 사실을 가려낼 수 있다는 듯 러시아 정부가 미국 '민주주의'를 공격하고 있다는 메시지에 목소리를 보탰다.[49] 3년 전 20년 이상을 첨단국방과학기술연구소DARPA에서 근무한 재료과학 박사인 로버트 래티프Robert Latiff 예비역 소장은 2017년 내가 첫 번째 책을 쓸 때 했던 경고를 사실상 반복했다.

미국 엘리트 그룹에서는 진정으로 유능한 인재가 더 이상 나오지 않고 있다. 미국은 더 이전부터 제대로 된 정치인들을 양성해 내지 못하고 있다. 전문가가 시원찮으면 그들이 미국을 망친다. 그들 가운데 다수가 진짜 전문가가 아니기 때문에 배우, 코미디언, 스포츠맨, 음모론자 그리고 미디어에 나와 떠드는 선동정치가들이 전문가 자리를 차지하고 있다. 이제 강력한 네오콘과 사실상 거부권을 행사하고 의식적이든 아니든 이 공화정치를 끝장내려고 열심히 노력하는 리버럴 개입주의 기득권 세력이 '민주주의 사회' 혹은 그나마 남아 있는 것마저 위협하고 있다. 일반적으로 현재 미국의 엘리트와 그 옆에 빌붙어 있는 이른바 전문가들은 미국의 중요한 이익을 대내외적으로 배신해 왔다. 그들의 참담한 실패에 특히 그리고 가장 크게 작용한 것은 군사력의 속성, 그리고 전쟁과 그 결과에 대한 몰이해다. 대부분의 전쟁사가 승리주의 신화인 나라에서 그렇지 않을 수가 없었을 것이다.[50]

미국의 엘리트들이 전쟁에 관해 알고 있는 대부분은 영화와 TV에서 유래한다는 결론은 차치하고 래티프의 경고는 그가 미국의 정치 지도자들이 "사실보다는 감정과 정치적 편의에 따라 행동한다"[51]고 언급했을 때 더욱 불안하게 느껴졌다. 대내외 정책에서 지난 20년 동안 미국이 감정에 치우친 행동을 한 것은 미국이 합리적인 사고를 하지 못하는 것과 미국의 무력감을 나타내는 반증이다. 그것은 국경 밖에서 일어나는 일과 심지어는 국내에서 벌어지는 일에도 제대로 대처하지 못하는 무능함 때문이다. 이런 현상은 미국에서 오래전에 쇼가 되고 보다 정확히 말해 서커스가 된 정치적 담론의 본질적 특징이다. 어떤 정치평론가들은 이런 정치적 담론을 다른 용어로 표현한다. "그것은 미친 짓, 정신 나간 짓, 제정신이 아닌 드라마다."[52] 그것은 후진국, 바나나 공화국의 자멸 경쟁, 혹은 미켈란젤로 안토니오니 감독의 반문화 영화 〈자브리스키 포인트〉*에 나오는 길게 이어지는 폭발 장면의 복사판 같은 것이다. 이 영화에서 폭발은 자신을 미국 엘리트들의 부속물이라고 생각하는 사람들의 유일한 선택지이다. 그들 중에 아무도 공부하지 않고 공부한 적도 없기 때문에 그들이 말하는 '선진' 경제의 개념이나 지정학적 혹은 지경학적 정책의 장점에 대한 논의에 지적인 내용은 아무것도 없다. 지경학에서 경제와 전쟁에 이르는 주제에 대한 억지스러운 그리고 기본적으로 학문적인 형식과는 동떨어진 모호한 이론들을 양산해 내는 것 외에도 그런 서구 지식인들, 그중에서도 특히 미국 지식인들은 한편에서는 비판적 인종 이론**과 퀴어 이론***의 옹호자로 두각을 나타내고 있다(왜 이런 이론들이 조장되는지 그 이유가 의심스럽고 이런 것들이 용인되도록 하는 상투적 수법에 대해서는 더 묻고 싶은 게 많지만). 다른 한편에서 미국 지식인들은 원칙이나 도덕성이 없는 인간임을 보여 주며, 그들은 금융과 기업의 수혜자

* Zabriskie Point: 1970년에 개봉된 영화로 당시 미국의 반문화적 정서를 보여 주고 있다. 이 영화의 마지막에는 여러 앵글로 잡은 길고 반복적인 폭발 장면이 있다.

** Critical Race Theory: 법, 정치 사회적 운동, 미디어 등은 인종과 민족이라는 개념을 어떻게 형성하고 이런 것들은 인종과 민족에서 어떤 영향을 받는지 연구하는 학문 분야.

*** 생물학적 성 정체성과 사회·문화적 성 정체성의 일치에 대해 의문을 제기하는 이론.

들과 함께 자유방임 경제의 잔학 행위를 그대로 방치하고 있다. 이런 상황에서는 적절한 배당이 보장될 때만 진실이 있다.

도덕적 타락

순수하고 좋은 의도로 1960년대에 시작된 것이 도덕적 타락과 위선으로 변했다. 서구 상류층의 진정한 소아성애는 이제는 확고하게 자리를 잡은 현상이며 제프리 엡스타인 사건으로 극명하게 증명되었다. 제프리 엡스타인 사건은 미성년자와 성관계를 갖는 데 탐닉하는 서구 지식인들과 권력자들의 전통이 사라지지 않았다는 것을 보여 주었다. 1977년 프랑스 지식인들이《르 몽드》에 발표한 동의 연령* 공개서한은 열세 살 난 아동이 성관계에 동의하는 한 미성년자(13세)와 성인 간의 섹스가 용인될 수 있다는 태도를 보임으로써 소아성애에 대한 견해에 변화를 모색한 최초의 사례였다. 말할 필요도 없이 여기에 서명한 지식인들과 그런 성관계를 지지한 사람들 중에 포스트모더니즘의 창시자 가운데 하나인 자크 데리다**를 비롯해 많은 사람이 포함된 것은 더 이상 놀라운 일이 아니다. 1968년에 있었

* age of consent: 법적으로 자의에 의해 성관계에 동의할 수 있다고 보는 연령.

** Jacques Derrida: 1930~2004. 질 들뢰르, 미셸 푸코와 더불어 가장 저명한 프랑스의 포스트모더니즘 철학자.

던 아동들과의 '성 경험'과 관련된 숨겨진 문서들이 2001년 프랑스에서 공개되었을 때《가디언》은 1968년 프랑스 '혁명'에 대해 다음과 같이 보도했다.

> 68년의 바리케이드로부터 탄생한 진보 성향의《리베라시옹》신문은 4개 면을 어제 있었던 이슈에 할애했다. 이 신문은 70년대에 프랑스 좌파가 "부모가 섹스를 할 때 침실 방문을 열어 두어야 하느냐를 놓고 매우 진지한 토론"을 벌인 것을 지적했다. 소아성애가 68년 5월에 생긴 것은 아니라고《리베라시옹》의 편집국장 세르쥬 쥘리는 말했다. 그는 "기존의 도덕적 질서는 적"이라고 말했다. "68년 5월 이후에 일어난 문화 혁명은 여러 가지 면에서 사회적 승리였다. 그러나 아동의 성적 능력에 대한 담론은 때로 범죄에 해당하는 행위를 합리화하는 데 이용되었다."[53]

1960년대의 반문화가 그 안에 심각한 소아성애적 요소를 가지고 있었다는 사실은 오늘날 서구 권력자들과 지식인 엘리트에 관한 논의가 이뤄질 때마다 논점을 벗어난 것으로 배제되었다. 동성애에 탐닉하고 언젠가는 소아성애를 합법화하겠다는 방향으로 서서히 나아가는 유럽에서 이 문제가 논의될 것으로 보인다. 결국 엡스타인이 미국에서 벌인 행각들이 드러났고 엡스타인은 미국에서 구속되었다. 그러나 엡스타인이 자살을 당한* 이후 그가 벌인 범죄행위의 전모, 그가 미국 상류층 인사들과 어느 정도 깊고 넓게 관계를 맺어 왔는지는 미궁에 빠질 수도 있다.《아메리칸 컨서버티브The American Conservative》의 폴 브라이언은 다음과 같이 썼다.

> 제프리 엡스타인은 어두운 성범죄자들의 리플리**다. 정신이 아뜩해질 정도의 접촉 인물 명단에는 헨리 키신저, 빌 클린턴, 모하메드 빈 살만 등이 들어 있다. 음흉하게 추파를 던지는 금융인이자 열렬한 우생학 지지자로 알려진 리플리는 거의 종신형에 해당하는 실형을 죽음으로 면했다. 리키 제바이스Ricky Gervais가 골든 글로브 시상식에서 언급한 것을 제외하면 미디어와 할리우드 연예계는 이런 엄청난 이야기에 별로 관심을 보이지 않고 있다. 엡스타인이 사귄 할리우드 유명 인사는 수없이 많다. 망신살이 뻗친 케빈 스페이시도 그중 한 사람으로 그는 엡스타인의 자가용 제트기를 타고 엡스타인이 소아성애를 즐긴 섬을 여러 차례 방문했다. 성적 학대 혐의로 현재 재판받고 있는 하비 와인스타인도 마찬가지다.[54]

노골적인 성적 욕망과 오늘날 포르노그래피라고 할 만한 것에 대

* 저자는 엡스타인이 감옥에서 자살한 것이 아니라 자살로 위장한 살해를 당한 것으로 보고 있다.

** The Talented Mr. Ripley: 패트리셔 하이스미스가 1955년에 발표한 소설의 제목이자 주인공의 이름으로 1960년 〈태양은 가득히(Plein soleil)〉와1990년 〈재능 있는 리플리씨(The Talented Mr. Ripley)〉로 만들어졌는데, 여기서 각각 알랭 들롱과 맷 데이먼이 리플리 역을 맡아 널리 알려진 캐릭터다. 리플리는 현실과 허구를 오인하여 범죄를 저지르고도 죄의식을 느끼지 않는 반사회적 성격장애자, 소시오패스를 상징한다.

한 억제력의 결핍은 수천 년 동안 인류와 함께 존재해 왔다. 카마수트라 혹은 행운과 활력을 가져다준다는 남근 상징물과 함께 폼페이에 널려 있는 노골적인 성교 장면들만 봐도 그렇다. 폼페이 부잣집 벽에 그려진 일부 노골적인 프레스코화들은 너무 야해서 지금도 소장하고 있는 박물관에서 공개전시를 하지 않고 있다. 일부 더할 수 없이 변태적인 것들을 포함해서 오늘날 포르노그래피는 현대 미디어의 발전 덕분에 전례를 찾아볼 수 없는 정도로 성장했다. 세계 도처에서 대규모 소아성애 조직이 적발되었다는 뉴스가 주기적으로 터져 나온다. 할리우드 유명 인사뿐만 아니라 지식인을 자처하며 예술가인 척하는 사람들, 그리고 자금 지원을 통해 자신들에게 봉사하도록 그들을 매수하는 정치 엘리트들에게 소아성애는 가장 흥미로운 주제였다. 이것을 깨닫기 위해서는 서구의 "예술적 재능이 있는 사람들" 그리고 권력을 가진 사람들 사이에서 높은 평가를 얻고 있는 나보코프의 소설 『롤리타』를 보는 것으로 족하다. 미국뿐만 아니라 유럽의 특권층 사이에서 그렇다. 제임스 핑커튼*은 그들을 다음과 같이 정의한다.

우리의 집단적 양심에 깊이 상처를 입힌 엡스타인 사건에 대해 말하자면 8월 10일 메트로폴리탄 교정 센터**뿐만 아니라 더 큰 사회적 차원

* James Pinkerton: 1958~. 미국의 칼럼니스트, 정치분석가, 작가.

** Metropolitan Correctional Center: 제프리 엡스타인이 구금되어 있다 2019년 8월 10일 자살한 교도소.

에서 무엇이 잘못되었는지 철저히 조사하는 것으로 우리는 개혁을 시작할 수 있다. (…) 우리가 이렇게 만연한 특권적 면책을 뚫고 들어가지 못한다면 어떤 일이 벌어질지 우리는 알고 있다. 그것은 더 많은 음모론, 더 분노에 가득한 불신, 그리고 아마 머지않은 장래에 더 심각한 국가기능의 붕괴를 맞게 될 것이다.[55]

오늘날 서구의 이른바 특권 계층 모두를 변태성욕자나 노골적인 소아성애자로 싸잡아 매도하는 것은 매우 부당할 것이다. 그러나 오래 이어지는 러시아 게이트 이야기가 생생하게 보여 주듯 미국의 주류 언론에 종사하며 미국을 대표해서 발언할 수 있다고 생각하는 많은 사람들이 거짓이라고 분명히 알고 있는 것에 대해 이의를 제기하지 않고 있다. 뿐만 아니라 유리 드미트리예프*같이 이미 죄상이 밝혀졌고 유죄판결까지 받은 소아성애자를 푸틴의 '탄압'에 의한 희생자라며 지원하고 있고 교육을 제대로 받은 적이 없는 그를 '역사가'라고 부른다.[56] 핑커튼은 "이 고질적인 면벌부免罰符를 뚫을 수 있다"는 환상을 가졌을지 모르지만 오늘날 자유언론과 과학적 탐구에 대한 환상에 작별을 고하고 음모론과 집단 히스테리의 시궁창에 빠져있는 미국에서 "특권적 면책"을 뚫고 들어가는 것은 현실적인 제안

* Yuri Dmitriev: 모스크바 북부 카렐리아(Karelia) 지역에서 스탈린 시대에 일어난 학살을 추적 조사한 지역 역사가이자 인권운동가. 소아 포르노 제작 혐의로 기소되었다가 무죄 석방되었고 이후 성폭력 혐의로 기소되어 징역 15년의 중형을 선고받고 복역 중이다.

이 아니다. 사소하고 복잡한 지정학적 이론에서부터 타락한 예술과 문화 그리고 최근에 등장한PC '학'*에 이르기까지 서구의 전반적인 문화적, 지성적 환경은 앤디 워홀의 〈캠벨 수프 캔〉과 비슷하다. 그것은 '가식파假飾派'에 불과하며 장구한 역사적 관점에서 볼 때 15분짜리 명성으로 끝난다.

서구 엘리트의 도덕적, 지적 타락은 우연이 아니다. 그것은 자유주의의 위기와 마찬가지로 체계적이다. 면책을 "뚫고 들어가는 것"은 도움이 안 된다. 너무 늦었다. 그리고 핑커튼이 질겁을 하며 쓴 "국가 파탄"은 더 이상 앞으로 닥칠 일이 아니라 이미 닥쳐 있다. 우리의 현실을 형성하는 초기의 역사적 힘에 관한 마르크스주의적 주장을 인용할 수 있고 이런 주장은 여러 가지 중요한 측면에서는 진실이지만 모두 진실인 것은 아니다. 미국 그리고 일반적으로 서구의 파워 엘리트와 자칭 지식 엘리트들은 인간 본성을 규정하는 모든 특징 중에서 가장 야비하고 혐오스러운 것을 우선시했다. 그렇게 함으로써 그들은 진실에 관한 모든 관념을 거부하고 그들이 섬겨야 하는 사람들 대부분을 배신했다. 그들은 자신을 가장 높게 평가해 주는 글로벌 올리가르키에게 몸을 팔았다. 그 올리가르키는 워싱턴 D.C.에서 권력의 회랑을 지배하고 있다. 그러는 가운데 그들은 그들 자신의 발전을 억제할 뿐 아니라 미국민

* PC'science': 여기서 PC는 political correctness, 즉 정치적 올바름을 의미한다. PC학은 정치적 올바름의 잣대로 모든 것을 관찰하고 분석 · 평가하는 것을 의미한다. 저자가 science(학)에 따옴표를 쓴 것은 이러한 학문 혹은 방법론을 냉소적으로 보고 있음을 나타낸다.

다수를 완전히 배신한다. 한때 자랑스러웠던 미국이라는 공화국은 국민 대다수의 노동과 열망에 의존했었다. 이제 더 이상 그렇지 않다. 게다가 지금은 현대적인 글로벌 통신망을 통해 미국 지식인들은 러시아, 중국, 이란 또는 전 세계 다른 여러 나라들의 최고 지성들에 비해 터무니없이 무능하고 진부한 것까지는 아니더라도 유약하고 미덥지 못한 인상을 주고 있다. 게다가 그들은 가식적인 면모를 드러내고 있으니 아무리 감동을 주려고 해도 먹히지 않을 것이다.

미국이 통일된 국가로 살아남기 위해서는 현실에 기반을 둔 완전히 새로운 서사가 필요하다. 그리고 미국의 정책을 담당하는 엘리트들은 그들이 소문대로 그들을 지지하는 급진 좌파와 그 세력이든, 혹은 명목상 보수주의자 내지 보수적인 사상이 철저하게 주입된 우파 세력이든 상관없이 미국의 실질적인 국익을 만들어 내거나 새로운 서사를 창조할 수 있는 능력이 전혀 없다. 왜냐하면 미국은 미국의 원형이었지만 현실적으로 완전히 구현돼 본 적이 없는 것들이 파편화하는 과정을 겪고 있기 때문이다. 완전히 잘못된 이상으로 이루어지기 쉬운 정치적 신념이나 강령은 국가의 성장을 독려하는 데, 가장 중요하게는 국가의 성장을 유지하는 데 충분하지 않다. 그들을 믿었던 사람들은 역사의 무대를 떠나야 하겠지만 오늘날 미국의 엘리트와 유럽에 있는 그들의 추종자들은 레닌의 명언과는 반대로 사회로부터, 특히 그들이 배신한 사회로부터 자유로울 수 있다는 것을 의심의 여지 없이 증명해 보이고 있다.

이것은 이제 더 이상 마르크스주의, 자유주의, 보수주의 혹은 서구의 지식인들이 그토록 만들어 내기 좋아했던 다른 어떤 주의의 문제가 아니다. 그것은 임종의 극한 상황에 처한 서구의 물리적 생존 문제다.

07 군비경쟁의 패배자

"전함은 경제학 교과서에 나오지 않는다. 가격이론에서는 전함이나 범죄 부문은 포함되지 않았던 게 확실하다. 그리고 아마 부채에 관한 내용도 없었을 것이다."
— 마이클 허드슨[1]

정책을 팔아먹는 지경학

에드워드 루트와 같은 지경학 이론가들은 지경학을 '다른 수단에 의한 전쟁'으로 규정했다. 그러나 그들은 사실상 실제 움직이는 전쟁에 대한 고려를 별로 하지 않고 그렇게 규정했다. 오늘날 세계 경제를 이야기할 때 서구 경제학자와 정치 '학자들'의 관심 범위는 통화주의, 월스트리트의 주가지수, '녹색' 에너지와 전기자동차 분야의 '유행하는 기술', 그리고 석유에 국한되어 있다. 미국 달러의 지배력이 세계 최대로 추정되는 미국 경제의 증명되지 않은 경쟁력과 생산성이 아니라 주로 명실상부한 미국의 군사력에 달려 있다는 사실은 미국 주류 경제학자 누구에게나 문화적 충격을 줄 수 있을 것이다. 미국의 군사적 우위는 당연한 것으로 받아들여지거나 아니면 완전히 무시되거나 둘 중 하나다.

그러나 이러한 관점에는 허점이 있다. 첫째, 미국 경제는 주류 경제학자들 다수가 생각하는 것보다 작고 덜 선진적이다. 둘째, 오늘날 미국의 주요 수출 품목은 인플레이션이며 달러를 세계 기축통화로 유지하기 때문에 인플레이션을 수출하기 위해서 미국으로서는 여러 가지 경쟁력 있는 상품이 필요하지 않다. 사실 달러 인쇄기를 지탱하는 핵심 요소인 군사적 전능함의 신화를 유지하는 한 어떤 제품도 그다지 필요하지 않다. 사실 미국의 군사적 전능성의 신화를 제거하면 미국 경제는 거의 붕괴될 것이다.

이것이 바로 지금 진행되고 있는 과정이다.

물론 경제학자, 정치학자 그리고 정치인 들은 미국 군사력의 역할에 대해 알고 있다. 하지만 이런 지식은 피상적이고 래티프 장군이나 다른 전문가들 말로는 주로 할리우드 영화나 TV 드라마 같은 오락물을 통해 배운 것이다.[2] 미국의 군사력은 무소불위라는 신화가 먹혀들도록 하는 데 일조한 톰 클랜시의 군사 소설과 논픽션에 대해 언급하면서 로저 톰슨* 교수는 다음과 같이 말했다.

> 미국인들은 클랜시의 글을 너무 신뢰한다. 그리고 그런 현상은 클랜시

* Roger Thompson: 캐나다 국방본부의 연구원을 지냈으며 현재는 한국 경희대 후마니타스 칼리지의 조교수로 재직하고 있다.

가 소설에서 논픽션으로 장르를 바꾼 이후 더 심해진 것 같다. 그 결과 수백만 명의 사람들이 단 하루도 참전한 적이 없는 전직 보험영업사원* 한테 전쟁과 미군에 대해 아는 것 대부분을 배웠다.[3]

미국 달러의 지배적 위치는 공군이 보강된 미 해군 항모전단 그리고 해군이 보강된 미 공군과 동전의 앞뒤를 이룬다. 사실 이 두 가지를 다 죽이지 않고는 끊어 버릴 수 없는 탯줄로 연결되어 있다. 달러와 군사력의 공생적 관계는 과거 제국주의와 포함외교砲艦外交 시대부터 발달·진화해 왔다. 하나가 죽으면 다른 것도 죽는다. 무력은 식민지 종주국의 이익을 돕고 유지해 왔다.

군사적 갈등을 경제적 갈등으로 변형하는 것을 지경학으로 간주하는 오류는 1984년에서 1988년 사이 페르시아만에서 있었던 '유조선 전쟁'** 초기에 명백해졌다. 루트왁이 현대 지정학을 지경학과 분리하려고 시도하기 약 2년 전 일이다. 그러나 1990년대에 와서 지정학은 단순한 '지리적' 문제 중심에서 벗어나 더 광범위한 의미에서 국가 안보의 대부분 측면을 다루는 학제간 연구 혹은 마이클 린드*** 가 말한 "국가 안보와 세계 경제에 관한 논의를 상대적 국력에 관한

* 밀리터리 픽션의 대표 작가로 유명한 톰 클랜시(Tom Clancy)는 1969년 대학 졸업 후 1980년대 초까지 보험업에 종사했다.

** Tanker War: 1984년부터 1988년까지 페르시아만과 호르무즈 해협에서 유조선을 비롯한 상선의 항행을 둘러싸고 미국을 비롯한 나토 국가들이 이란-이라크와 벌인 전쟁.

*** Michael Lind: 1962~. 미국의 작가이자 학자. 여러 저서에서 미국의 민족주의적 민주주의의 전통을 옹호했다. 현재 텍사스 대학에 교수로 재직하고 있다.

단일한 논의로 통합한 것"으로 진화했다.[4] 군사력을 기반으로 하는 국력이라는 틀 밖에서 경제, 문화 그리고 안보에 관한 합리적인 토론을 하는 것은 아예 불가능하다. 바로 그 지점에서 '유조선 전쟁'이 등장한다.

유조선 전쟁은 피비린내 나는 이라크-이란 전쟁의 부수적 사건이었다. 이때 소련과 미국 해군은 이란과 이라크 양측 사이의 공격으로부터 유조선의 항행을 보호하려는 노력으로 호위 작전을 수행하지 않을 수 없었다. 한 미 해군 관측통은 다음과 같이 썼다.

> 극심한 종교적, 정치적 악감정으로 치열해진 이란-이라크 전쟁은 20세기에 벌어진 가장 긴 전쟁 가운데 하나였고 1987년에는 페르시아만으로 확대되었다. 유조선을 보호해야 하는 걸프 지역의 나토와 소련 해군은 이란과 이라크의 여러 가지 위협으로부터 가해지는 신구 도전에 직면했다.[5]

그런 이유로 유조선 전쟁에서 호위 작전을 전개하는 데는 상당한 규모의 해군 자산이 동원되었다. 거기에는 탁월한 성능을 가진 것으로 드러난 대공 미사일과 대함 크루즈 미사일을 비롯한 다양한 공격무기에 대한 방어 수단이 포함되었다. 사실 일상적인 호위 및 억지 작전과는 달리 작전 과정에서 양측에 적지 않은 사상자가 발생했다. 특히 1988년 5월 17일 이라크의 대함 미사일이 올리버 해저드 페리급* 호

* Oliver Hazard Perry-class: 배수량 4000톤급 소형 유도미사일 호위함.

위함인 스타크호USS Stark를 타격했다. 최악의 표적 오인으로 인한 피격이었다. 승조원 29명이 사망했다.* 긴장이 고조되면서 더 큰 비극을 피해갈 수 없었다. 미 해군의 타이콘데로가급** 순양함 빈세네스호USS Vicennes가 이란 항공의 655편 제트 여객기를 격추해 탑승한 승무원과 승객 290명 전원이 사망했다.*** 이런 사건들은 페르시아만에서 일어난 진짜 전쟁의 일부 에피소드에 불과했다. 누가 봐도 전쟁 전체는 루트왁의 정의에 따르면 지경학적 사건의 고전적 사례였다. 물론 이것은 기본적으로 지정학적 사건이기도 하다.

이러한 분쟁에 미국이 개입한 주된 이유는 두 가지다. 당시 국방장관이던 캐스퍼 와인버거는 미국의 개입을 주로 '항행의 자유와 안전' 확보 그리고 '걸프 지역에서 소련의 영향력 약화'라는 지정학적 문제로 보았다. 다른 하나는 순수하게 지경학적인 것이었다.[6] 합참의장인 윌리엄 J. 크로우 주니어William J. Crow Junior 제독은 쿠웨이트가 자국 유조선의 선적을 변경해 형식적으로 미국 선박으로 만들고 쿠웨이트가 이전에 용선한 소련 유조선을 돌려주겠다고 요청한 데 대해 다음과 같이 말했다.

* USS Stark는 이라크 공군의 미라지 F1이 발사한 엑조세 대함 미사일 두 발을 맞았다. 저자는 표적 오인 발사로 피격당했다고 기술했지만 표적 오인이 아니라 Stark의 방공 레이더가 미사일을 추적하지 못했다. 그리고 사망자는 29명이 아니라 37명이었으며 부상자는 21명이었다.

** Ticonderoga-class: 배수량 9,000톤 이상의 다목적 유도미사일 순양함.

*** 이것은 명백한 표적 오인에 의한 격추였다. 빈세네스의 이지스 방공망은 이란 여객기를 당시 이란 혁명 수비대가 운용하고 있던 미국제 F-14 톰캣으로 오인했다. 이 피격으로 사망한 사람들 가운데는 어린이도 66명이나 되었다.

선적 변경을 하는 것은 미국이 이 지역에서 방어 능력을 보완할 때까지는 시간이 오래 걸리는 일이 될 것이다. 그렇다면 내 결론은 우리가 페르시아만으로 진출하는 것이다. 항행의 자유 때문이 아니라, 소련이 그곳으로 진출하는 것을 원치 않기 때문이 아니라 그것이 우리에게는 대아랍 정책을 바로잡고 이 지역에서 상당한 진전을 이룰 최선의 기회이기 때문이다. 의회가 거꾸로 가고 있지만 우리는 이 지역에서 우리가 관리할 수 있는 한 최강의 유대 관계를 형성하는 것이 절대적으로 중요하다.[7]

형식적 의미에서뿐만 아니라 '다른 수단에 의한 것이 아닌' 고전적인 의미에서 '지경학적' 전쟁의 이유가 있다면 크로우는 페르시아만에 관련된 미국의 이해득실을 분명히 이해하고 있었다. 하지만 그때 와서는 선적 변경을 선호한 와인버거 측 인사들도 지정학과 전투 능력은 불가분의 관계에 있다는 것을 알고 있었다. 1987년 상원 외교위원회에 출석한 아마코스트 국방 차관보는 알아듣기 쉬운 말로 고전적인 지정학과 세력 균형을 설명했다. 그것은 결국 기존의 중요한 경제적 이익과 그것을 지킬 준비를 갖추고 있는 전투 능력을 중심에 두었다.

소련이 이란-이라크 전쟁으로 만들어진 기회를 페르시아만 진출에 이용하려고 노린다는 증거가 많습니다. 소련의 이 지역 진출은 오랫동안 상당히 제한적이었습니다. 서구 세계와 일본의 경제적 안정에 필수적

> 인 이 지역의 전략적 중요성은 소련도 우리만큼 분명히 인식하고 있습니다. 대다수 걸프 지역 국가 정부들은 소련과 소련의 정책을 의심스러운 눈으로 바라보고 있으며 소련이 이 지역에서 중요한 역할을 하는 것을 전통적으로 거부해 왔습니다. 그러나 전쟁이 길어지고 점점 치열해지면서 소련이 걸프협력회의Gulf Cooperation Council 국가들의 불안감을 이용해 외교적, 경제적 그리고 군사적 관계 강화를 압박할 수 있는 계기가 조성되고 있습니다. 그들은 그들이 최종적으로 제안받은 것 이상으로 쿠웨이트의 석유 운송을 보호할 책임을 떠맡을 준비를 하고 있습니다. 만약 우리가 철수한다면 그들이 기다렸다는 듯이 우리가 있던 자리를 차지한다는 것을 생각해야만 합니다.[8]

그것이 전쟁이라면 그것은 "군사적 수단을 대체하는 것"에 의존하는 것이 아니라 바로 그 군사적 수단을 집행하는 전통적인 전쟁이다. 미 해군이 쿠웨이트 유조선들을 호위하는 작전명이 '어네스트 윌 Earnest Will'이었다. 이 작전이 최고조에 달했을 때 페르시아만에 배치된 미 해군력은 전투함 30척에 달했다. 그리고 다른 서방 국가들의 추가적인 지원도 있었다.[9]

시계를 빨리 돌려 그때부터 25년 후로 가 보자. 다른 수단에 의한 단독 전쟁이라는 지경학의 짧았던 환상은 사라지고 국민국가 활동의 전 부면에서 벌어지는 거대한 세력 경쟁이라는 잘 알려진 개념이 다시 등장했다. 이것은 경제, 심리, 문화, 군사 등 모든 분야를 망라하는 전면적인 전쟁이다. 여기에는 미국이 전 세계에서 직접 혹은 다른 나라를 대신 내세워 실제 활발하게 교전을 치른 열전이 포함된다. 따라서 '지경학'이라고 하는 것은 미국의 고위 관료들이 인류의 여명기 이래 전통적으로 사용해 온 전쟁의 수단들을 호도하려고 만들어 낸 두루뭉술한 유행어일 뿐이다. 몇 가지 예를 들면 여기에는 대규모 군사 작전, 파괴 공작과 심리전 등 정규, 비정규적 수단들이 포함된다.

어떤 이유나 필요 없이 문제를 복잡하게 만들고 키우기를 좋아하는 미국 이론가들의 성향은 잘 알려져 있다. 러시아의 대중 군사 문제 격월간지《조국의 병기창Arsenal of Fatherland》의 편집장인 전직 러시아 공군 간부 알렉세이 레온코프Alexey Leonkov는 미국은 몇 가지 선진 전략에서 세계 선두에 있지만 그런 전략들이 현실에 부딪혔을 때 살아남을 수 없다는 한 가지 문제가 있다고 노골적으로 말했다.[10]

나는 미국 고위 관료 집단과 자칭 지식인 계급에 속한 이론가들의 부실함이, 이미 허약한 미국 엘리트 집단이 점점 더 긴박해지는 전략적 현실을 회피하게 만드는 한 가지 요인이라고 수년 동안 이야기해 왔다. 지경학이 강대국의 세력 경쟁과 대치를 조망하는 주목받는 관점이나 시각일지는 모르지만 21세기에 세계를 움직이는 역학관계를 규정하는 문제들과는 전혀 무관하다. 이러한 역학관계는 급변하는 세계가 이대로 살아남을 것인지, 그리고 살아남는다면 세계적인 격변과 혼란을 무사히 겪고 난 이후의 세계는 어떤 모습이 되어야 할지를 결정하려고 할 때 미국, 중국 혹은 러시아가 협상 테이블에 올려놓을 파괴의 수단이 의미하는 것과 전적으로 관계가 있다. 이런 문제를 놓고 벌이는 싸움은 그것이 실제 협상 테이블에서 일어나든 아니면 여러 가지 투쟁에서 일어나든 누가 더 많은 힘과 단호함을 가지고 있느냐에 달려 있다. 이때의 힘은 월스트리트의 지수나 군사비 지출의 규모로 측정되지 않는다. 그것은 싸움의 당사자들 각자가 재래식 전쟁, 즉 비핵전쟁에서 자신의 생존을 보장할 뿐만 아니라 상대방을 확실히 패배시킬 수 있는 능력에 달려 있다.

무기와 기동력의 역할

군사 문제에서의 실질적인 혁명은 내가 이전에 같은 이름의 책에 쓴 것처럼 흔히 이야기하는 일련의 가설들과는 반대로 제2차 세계대전 이후 미국이 누려 온 패권의 기반이 무너졌다는 것을 확실히 보여 주었다. 미국이 군사적으로 전능하다거나 세계 금융과 경제의 미래에 대한 대안적 관점을 가지고 있다는 데 의문을 품는 나라들을 응징할 수 있다는 믿음이 사라진 것이다. 이런 세계에서 달러는 이미 인간 노동의 가치를 측정할 수 있는 유일한 수단이 아니다. 오늘날 미국이 위기에 처해 있다고 생각하지 않는 사람은 거의 없다. 미국이 맞닥뜨린 이런 위기의 핵심은 싸움에서 이길 수 없는 탓에 미국의 세계주의적 의제가 먹히지 않고 있다는 것이다. 미국이 이기려고 하지 않기 때문에 그렇다고 말하는 게 아니다. 미국은 경제제재, 법적 소송 그리고 방해 공작에서 폭격과 침공에 이르기까지 가용한 모든 수단을 동원해 이기려고 한다. 그러나 이런 노력으로 거둔 성과는 보잘 게 없다. 이런 '혼성' 전쟁이 기아에서 직접 살상에 이르기까지 전 세계 많은 사람들에게 엄청난 고통을 안겨 준 것은 분명하다. 그 한 가지 예로 이란에 대한 경제제재를 들 수 있다. 미국은 친이스라엘 단체의 로비와 이란을 굴복시키지 못하는 자신들의 무능력을 아직도 인정할 수 없는 미국 파워 엘리트들의 이란에 대한 강박증 등 여러 이유로 이란에 대해 경제제재를 가하고 있다. 2019년 세계은행은 이란에 대한 경제제재의 효과에 대해 다음과 같이 보고했다.

> 식료품에서 인플레이션이 특히 높게 나타났으며(예를 들면 4월 기준 육류는 전년 같은 기간 대비 116퍼센트 상승), 농촌 지역 주민들에게 과도하게 영향을 주었다(예를 들면 2019년 8월 물가는 전년 같은 기간 대비 농촌 지역 46퍼센트, 도시 지역은 41퍼센트 상승).[11]

주민들을 굶주리게 하고, 솔레이마니 장군 같은 정치·군사 지도자들을 암살하고, 합법적 정부를 유혈사태로 전복시키는 것, 이런 게 미국이 말하는 '민주주의의 확산'과 '법에 기반한 질서'를 유지하기 위해 무기고에서 꺼낼 수 있는 수단들이다. 이런 것들은 지경학같이 지식을 가장한 이론과는 아무 관련이 없으며 클라우제비츠가 말한 전쟁의 주요 목표, 즉 "적들이 우리의 의지를 따르도록 강제하는 것"[12]을 성취하기 위해 만들어진 노골적인 실력행사와 관계가 깊다. 미국이 볼 때는 세계 대부분이 적이다. 어떤 나라가 더 독립적이고 강력해지려고 하면 미국 엘리트들은 그 나라를 점점 더 적대적으로 생각한다. 순수하게 경제적인 것만 생각해 봐도 세계 시장에서 미국의 경쟁자들인 그런 자주적인 나라들은 현대 미국으로는 용인할 수 없는 대항 세력을 구성하는 요소들 가운데 하나일 뿐이다. 미국 스스로 세계에서 가장 강력한 국가라는 자기망상에 빠져 있기 때문에 대항 세력이 그렇게 보일 뿐이다. 미국의 엘리트들이 스스로 세계 최고라고 느끼고 싶은 욕망을 만족시키기 위해 수백만 명이 죽임을 당하고 아사하고 살던 곳에서 쫓겨난다면 그것은 엘리트들을 위한 것이지 절제된 외교 정책을 지지하는 보통 수준의 미국인을 위한 게 아니다. 선거 때마다 보통 미국인에게는 절제된 외교 정책을 채택하겠다고 약속했지만 그런 약속은 한 번도 지켜지지 않았다. 미국이 특히 좋아하는 베네수엘라에 관한 '최대 압박' 전략의 비인간적 행위를 설명하면서 대니얼 라리슨은 다음과 같이 기술했다.

> 전면적인 제제는 통상 가장 힘없고 약한 정치적 반대자들에게 고통을 주고 정부의 권력 장악력을 강화한다. 이런 일이 이전에 여러 차례 일어났고 이런 비인도적인 전략을 채택할 때마다 벌어졌다. 이런 일이 벌어지는 이유는 이해하기 어렵지 않지만 정책입안자들은 그것을 애써 모른 체하는 것 같다.[13]

이러한 무지와 무능은 제2차 세계대전 이후 미국이 써 온 상투적인 수법의 기초이자 주요 동인이다. 완전히 잘못된 교훈을 배우고 적용해 한 세대의 생애에 해당하는 70에서 75년이라는, 역사적으로 볼 때 아주 단기간에 가장 유리한 조건에서 미국 사회를 급격히 퇴보시키는 결과를 가져왔다.

미국은 전 세계 실물경제 부문, 특히 소비재 같은 일상적인 분야에서 점점 더 경쟁력을 잃고 있고 복잡한 기계 제작, 민수용 항공기 제작 그리고 조선 같은 분야에서도 경쟁력 우위와 역량을 상실해 왔다. 그리고 2020년 표면적으로는 사우디와 러시아 간 석유 분쟁의 결과로 에너지 순수입국으로 주저앉았다. 이런 상황에서 전통적으로 써 오던 협박과 미국 '동맹국'들의 손목을 비트는 것 말고 미국이 쓸 수 있는 유일한 수단은 군사력이다.

물론 여기에 오늘날 미국의 주요 문제가 있다. 미국은 군비경쟁에서 지고 있다. 미국이 일반 대중이 알 수도 있는 전통적인 방법, 즉 제2차 세계대전에서 소련이 나치 독일의 생산력을 능가했을 뿐만 아니라 독일군과 그 동맹국 군대를 전장에서 쳐부수고 독일 의사당 위에 붉은 깃발을 매달아 올리며 전쟁을 끝냈던 것과 같은 방식으로 지고 있는 게 아니다. 이런 방법은 가시적이며 매우 실체적인 승리다. 그러나 핵무기 시대의 군비경쟁은 완전히 다른 문제다. 안 쓰이길 바라지만 오늘날 전쟁에서 무기는 필요에 따라 재래식 무기와 핵무기용 두 가지를 다 쓸 수 있기 때문이다.

미국제 토마호크 지상공격용 미사일TLAM은 두 가지 용도로 쓰일 수 있는 무기체계다. 즉 재래식 탄두와 핵탄두를 다 장착할 수 있다. 러시아제 3M14 칼리바 지상공격용 미사일도 같은 용도로 쓰일 수 있다. 이 두 미사일은 재래식 무기를 동원한 전투에서 실제로 많이 사용되었다. 그러나 미제 TLAM은 핵탄두를 장착하는 데 중요한 문제가 있다. 여기에 장착할 수 있는 W80 핵탄두는 퇴역했고 미사일 자체는 위협적 핵무기라기보다는 2018년 4월 14일 시리아에서 있었던 것처럼 다소 효과적이고 제대로 훈련된 방공망의 손쉬운 표적이 되었다. 그 당시 70퍼센트의 TLAM이 시리아 방공망에 의해 요격되었다.[14] 이런 사건들은 미국 대중에게 거의 알려지지 않고 지나갔다. 시리아에서 미국 최고의 원격 발사 무기의 취약성에 대한 곤란한 뉴스가 흘러나오는 것을 막기 위해 정보 조작을 이용한 대대적인 선전 캠페인으로 대중의 관심을 다른 데로 돌렸다.

이런 사실은 정말 훨씬 더 심각한 사건, 즉 미국의 전쟁에 대한 접근 방법 전체의 쇠퇴와 뒤이은 붕괴 그리고 그와 함께 전 세계 세력 균형의 극적인 변화를 예고하는 신호였다.[15] 전체적으로 볼 때 2018년은 장단기적으로 미국의 국력에 좋지 않은 해였다.

미국이 생각하는 전쟁 개념의 대부분은 국가 간의 경쟁에 실제로는 적용할 수 없다는 사실은 적어도 지난 수십 년 동안 여러 차례 지적받았다. 2003년 극도로 준비가 안 되고 사기가 저하된 그리고 뇌물이 만연한 사담 후세인의 군대와 싸운 두 번째 전쟁은 1991년 '사막의 폭풍' 작전처럼 정서적 희열과 최고의 자신감을 효과적으로 불어넣어 주진 못했다. 하지만 기술과 작전 면에서 급변하고 있는 전쟁 패러다임에 대한 인식을 방해한다는 점에서 오도된 그러나 여전히 중요한 역할을 했다. 2018년 3월 초 블라디미르 푸틴이 연방의회에서 역사적인 연설을 하고 극초음속 대함 미사일에서 핵추진 크루즈 미사일인 부레베스트닉* 같은 순항거리가 무한대인 전략무기에 이르기까지 러시아의 새로운 무기들을 공개하기 이전에도 지난 50년 동안의 기술적 발전을 애써 추적해 온 사람이라면 누구라도 '미국식 전쟁 방식'이 거의 끝났다는 것을 분명히 알 수 있었다.

로스 로페스 케라부오리 미 예비군 육군 중령**의 설명은 군사 전문가들 사이에서 베트남 전쟁 이후 미국의 전쟁 방법으로 알려진 것에 관해 1978년 리처드 파입스***가 설명한 것과 유사한 양상의 결정이 역사적으로 계속해서 이루어지고 있음을 잘 보여 준다.

> 전략적 관점에서 미국의 전쟁 방식은 전략적인 정책의 승리와는 별도로 속전속결의 군사적 승리를 추구한다. 희망했던 정치적, 군사적 결과가 항상 같은 선상에 놓여 있는 것은 아니다. 자세히 들여다보면 이런 전쟁 스타일은 역사적 교훈과 문화적 차이에 대한 미국의 과소평가가 종종 평화와 그에 선행한 군사 활동이 단절되는 결과를 낳았다는 게 드러난다. 전쟁의 전략적 수행 방법 역시 억지력과 제한적 목표를 달성하기 위한 전쟁 같은 대안적 국가 전략을 포함한다. 이런 모델을 분석해

* 9M730 Burevestnik: 핵탄두 장착이 가능한 핵추진 크루즈 미사일로 현재 프로토타입을 만든 단계에 와 있다. 이 미사일은 2018년 3월 1일 푸틴 대통령이 발표한 러시아의 6대 신종 전략무기 가운데 하나다. 이름은 쇠바다제비를 의미한다.

** Rose Lopez Keravuori: 2023년 현재 육군 준장으로 미 육군 아프리카 사령부의 정보차장으로 근무하고 있다. 아프가니스탄과 이라크 그리고 발칸반도의 평화유지군으로 참전했다. 미 육군사관학교를 졸업했으며 옥스퍼드 대학에서 국제관계학 석사학위를 받았다.

*** Richard Edgar Pipes: 1923~2018. 폴란드 출신 유대계 미국인으로 하버드 대학에서 러시아 역사를 가르치며 러시아 연구소장을 역임했다.

> 보면 미국식 전쟁 방식은 하나도 비범해 보이지 않는다. 오히려 미국의 전쟁 방식은 이중적이다. 하나는 미국 고유의 특성들이 무력 사용을 규정하는 교전 스타일을 비롯한 전술적인 '전투의 방식'이며 다른 하나는 4년마다 바뀌는 정치적 시스템의 분위기에 맞춘 전략적인 '전쟁의 방식'이다. 4년마다 바뀌는 정치 시스템은 전술적 승리를 전략적 성공으로 바꾸는 데 항상 도움 되는 것은 아니다.[16]

미국이 국민국가 간의 전쟁과 그 결과가 어떤 것인지 모른다는 사실은 미국이 치른 전쟁을 다룬 비평들이 항상 놓치고 있는 부분이다. 마지막으로 전쟁다운 전쟁을 치른 것이 1860년대인 나라로서는 본질적이고 자연스러운 특성이다. 고인이 된 리차드 파입스는 다음과 같이 정확히 알고 있었다.

> 미국은 미국의 인명 손실을 최소화하면서 속전속결로 전쟁에서 승리하기를 원한다. 기술적 우위에 극단적으로 의존하는 미국 전쟁의 특성은 자국의 사상자에 대한 극도의 민감성과 짝을 이룬다. 적국의 사상자에 대한 무관심 역시 마찬가지다.[17]

케라부오리는 미국의 '역사적 교훈과 문화적 차이에 대한 저평가'에 대해 말할 때 관대하다. 사실 미국의 전쟁 방식에 관해 설명할 때 사람들은 불가피하게 기술적, 전술적, 작전적 그리고 전략적 현실을 무시하는 것과 함께 이런 게 정확히 말해 미국식 전쟁 방법이라는 결론에 도달할 수밖에 없다. 미국의 기술적 우위는 소련의 붕괴 덕분에, 즉 주로 냉전과 상관없는 러시아 자체의 내적인 역학과 문제들 때문에 최소한 지난 50년 동안 확실했다. 이런 상황 때문에 미국은 1990년대의 암울한 군사-기술적 현실을 제대로 보지 못했고 그에 따른 합당한 대가를 치르는 것도 지연되었다.

그러나 이러한 현실은 2010년대에 와서 대가를 치른다. 마음먹은 대로 할 수 있었던 20년을 생각하면 미국은 정치적 자산을 허비하고 군사력과 기술력의 심각한 한계를 드러냈다. 이것은 전략적 실책이었다. 왜냐하면 초강대국은 대외적으로 선언한 잠재력(혹은 군사력)을 그에 상응하는 결과와 맞출 필요가 있기 때문이다. 캐나다 국방부에서 분석가로 오래 근무한 패트릭 암스트롱은 "미국의 적대 세력은 대부분은 하찮은 존재들이었다"[18]고 말했다. 암스트롱은 더 나아가 미국의 전쟁 방식에 대해 베트남전 참전 용사 프레드 리드가 말한 간결하면서도 냉소적인 정의를 소개했다. "미국 군대의 통상적인 절차는 미국의 국력을 과대평가하고 적을 과소평가하며 미국이 벌이는 전쟁을 오해하는 것이다."[19]

군사이론은 전쟁 승리를 향해 집적된 실질적인 결과로 가는 길을 제시할 수 있을 때만, 더 전문적 용어로 말하면 전쟁의 정치적 목적을 성취할 때만 유용하다. 제2차 세계대전 이후 미국은 그렇지 못했다. 2015년 당시 미 해군을 위한 실용적인 발진기지라는 첨예한 문제, 특히 미 해군 군사력의 기반인 항공모함의 역할에 관한 문제를 논의할 때 제임스 그리핀 예비역 대령은 항공모함에 대해 전직 해군 대령 로버트 C. 루벨의 견해를 인용해 말했다. "[항공모함들]은 크고 당당하다. 그것들은 시각적으로 매우 훌륭하다."[20] 현대 항공모함이 거대하고 장려하다는 것을 부인하는 사람은 아무도 없다. 하지만 이미 1980년대에 그런 항공모함이 소련과의 실제 재래식 전쟁에서 생존할 수 없는 상황이 된 마당에 그런 시각적 효과에 천문학적인 돈을 쓰는 것을 찬성하는 주장의 분별력까지는 아니더라도 타당성에 대해서는 의문을 제기하지 않을 수 없다. 오늘날 군사 분야의 혁명적 발전으로 항공모함은 현대전에서 살아남을 수 없다.

가장 현대적인 대공 미사일 방어 시스템을 가진 값비싼 호위함대로도 항모전단 전체가 이목을 끄는 표적이 되는 것을 막을 수 없다. 정서적인 관점에서는 이해할 수 있지만, 2019년에 당시 미 해군대학에서 강의하던 루벨은 여전히 항공모함에 대한 관대한 태도를 보여주었고 전투에서의 효율성보다 다른 이유로 이 군함들을 유지하라고 계속 주장했다.

> 평시에 그리고 국지전의 경우 항공모함은 매우 유용하다. 그런 이유 때문에 지역 통합군 사령관들*이 항공모함을 많이 요구하고 있다. 항공모함들은 체스판의 퀸처럼 전 세계를 이동하며 재난과 국지적인 침략 그리고 위협과 지원의 수단으로 세를 과시할 수 있다. 항공모함은 크고 인상적이며 장려하다. 그래서 비용과 추정되는 취약성에도 불구하고 능력이 있는 나라들은 항공모함을 건조하거나 구매한다. 존재감을 놓고 경쟁하는 세계 무대에서 정당성의 문제는 비용과 정치적 효과 사이에

서 판가름 된다. 항공모함들은 또한 높은 다목적 전투 수행 능력을 지니고 있다.[21]

이른바 연안해군**의 방어 능력의 획기적 개선을 생각할 때 '정치적 효과'를 위해 첨단 전쟁 능력을 유지한다는 것은 기껏해야 모호한 이유가 될 뿐이다. 연안해군은 공군과 대공 방어망의 보호 아래 작전을 하고 있으며 앞으로도 그럴 것이므로 현대 미국 항공모함의 전력 투사 및 해상 통제 작전의 효과, 즉 정치적 효과는 감소할 것이다. 군사력이 같거나 비슷한 나라와 교전할 때 이런 상황은 극적으로 달라진다. 오늘날 미국 항공모함은 핵전쟁의 문턱으로 가는 통로가 될 수 있는 하나의 관문 같은 무기체계다. 왜냐하면 미국 항공모함은 러시아나 중국 같은 나라와 전쟁할 때 심대한 타격을 주기 전에 탐지, 추적되고 격침될 것이기 때문이다. 항모전단*** 전체가 괴멸되었다는 뉴스가 전해지자마자 미국 국내에 전개될 위기가 어느 정도일지는 오직 추정해 볼 수 있을 뿐이다.

* Geographic Combatant Commanders: 미군의 지리적 편제로 아프리카 사령부, 중부 사령부, 유럽 사령부, 인도-태평양 사령부, 북부 사령부, 남부 사령부, 우주군 사령부 등 8개 지리적 구분에 의해 나눠진 전투 사령부로 보통 4성 장군이 지휘를 맞는다. 미군에는 여기에 사이버 사령부, 특수전 사령부, 전략군 사령부, 수송 사령부 등 기능적으로 나눠진 4개의 지휘체계가 있다.

** Green Water Navy: 대양해군(Ocean Navy)과 구분되는 개념으로 자국의 영해를 방어하는 것을 주요 작전 목표로 한다.

*** Carrier Battle Group: 항공모함을 중심으로 순양함, 구축함, 잠수함 등 호위함대로 구성된 전투 단위.

이것은 새로운 문제가 아니다. 전 해군 작전사령관 엘모 줌왈트 제독은 1970년대 초에 이미 이 무시무시한 시나리오를 예상했다. 과거 해군 조종사였던 루벨도 어쩔 수 없이 그런 사실을 시인할 수밖에 없었다.

> 점점 더 전 세계 군대에서 미사일이 주요 공격 무기가 되고 있다. 해군 함대는 그러한 가정을 전제로 해야 한다. 극초음속 미사일이 확산하는 상황에서는 특히 그렇다. 일단 항공모함이 해군의 '주력 공격 무기'라는 부담을 떨쳐 버리면 항공모함을 더 혁신적인 작전 개념에 맞게 배치할 수 있을 것이다. 그리고 필요한 항공모함의 숫자와 유형은 다른 기준에 맞추게 될 것이며 숫자도 달라질 것이다. 결과적으로 이렇게 하면 해군은 예상되는 기술적, 지정학적 그리고 예산상 여건에 부합하게 될 것이다. 최종적으로 따져 보면 항공모함이 피격에 취약하냐 아니냐는 쓸데없는 논쟁도 미연에 방지할 게 틀림없다.[22]

미국의 대형 항공모함은 장거리 극초음속 대함 미사일의 등장으로 현대전의 유용한 무기체계로서의 수명을 다했다. 내가 수년간 주장해 왔듯이 극초음속 미사일의 등장은 전쟁의 양상을 돌이킬 수 없이 바꾸어 놓았고 미 해군의 배수량 10만 톤 급 거대 항공모함을 더 이상 실전에서 쓸모없으면서 매우 값비싼 희생양 같은 존재로 만들었다. 마하 9의 속도를 낼 수 있는 공중발사 탄도 미사일 킨잘Kinzhal 같은 러시아의 현대 극초음속 무기는 사정거리가 2,000킬로미터에 달한다. 미국의 기존 미사일 방어 시스템으로는 요격 불가능하다. 기본적인 계산으로도 이런 종류의 미사일 한 발을 요격하기 위한 방어무기체계를 갖추는 일이 얼마나 버거운 일인지 알 수 있다. 이런 미사일이 한꺼번에 4발에서 6발이 발사되면 전자적 방어 수단*부터 요격 미사일에 이르기까지 항모전단 전체가 가지고 있는 방어무기를 총동원해도 사실상 요격이 불가능하다.[23] 무시무시한 무기인 킨잘은 2017년 말 실전에 배치되었다.

2020년 10월 7일 처음 공개적으로 시험발사를 한 지르콘Zircon 3M22 미사일의 배치도 확실시되고 있다. 다양한 장소에서 발사할 수 있는 이 미사일은 해전과 지상전의 셈법을 완전히 바꾸어 놓고 있다. 러시아 대함 미사일 일부는 지상 공격용으로도 쓰일 수 있는데 대다수 미사일의 사정거리는 호크아이E-2C/D Hawkeye 같은 공중 조기경보기를 포함하여 항공모함 탑재기들의 작전 반경을 훨씬 능가한다. 예를 들면 호크아이에 탑재된 신형 AN/APY-9 레이더로 SM-6 같은 대공 미사일을 (구축함 같은) 발사대의 사정거리 범위 너머까지 유도하는 합동 교전 능력CEC**을 이용하여 재래식 대함 미사일을 요격하는 것을 이론적으로 계산할 수 있겠지만 극초음속 무기체계에 대해서는 무슨 수를 써도 달라질 게 없다. 왜냐하면 마하 3.5의 SM-6 미

* soft kill: 적의 공격 무기를 전자적 방어 수단을 통해 회피하거나 무력화하는 것.

** Cooperative Engagement Capability: 통합사격 통제 시스템을 갖춘 대공 미사일 방어 체계로 이지스 구축함과 조기경보기 지상 레이더 기지에서 실시간으로 적 항공기와 미사일을 탐지 추적하고 요격 명령을 내릴 수 있는 능력을 의미한다.

사일은 종말 단계를 포함해 순항 속도가 거의 세 배나 빠른 표적을 요격하도록 설계되지 않았기 때문이다. 레이더가 극초음속 미사일로 대공 미사일을 유도하는 것은 고사하고 탐지와 추적 가능성에도 의문이 제기되고 있다.

러시아 국방부 장관 세르게이 쇼이구는 항공모함의 역할에 대해 솔직히 말했다. "우리는 항공모함이 필요 없다. 우리는 항공모함을 격침할 무기가 필요하다."[24] 첨단 방공 시스템, 전투기와 장거리 대함 미사일을 러시아로부터 이미 공여받았거나 공여받을 나라들의 연안과 대양 해역에서 미국 항모전단을 제거하겠다는 것을 예고하는 것이다. 현재는 미사일과 미사일 관련 기술의 확산을 제한하려는 국가들 간의 비공식적인 정치적 양해각서인 미사일기술통제체제MTCR* 에 의해 대함 미사일의 사정거리는 300킬로미터로 제한되어 있다.[25] 그러나 1990년대 중반 이후 이러한 합의는 여러 가지 면에서 미국과 나토의 군사행동에 의해 대부분 의미를 상실했으며 미사일 기술 확산 문제를 더 광범위한 세계 안보 의제의 전면으로 부각시켰다. 왜냐하면 미국을 자국 안보에 대한 위협으로 간주하는 많은 나라들이 미국에서 반접근-지역 거부A2/AD*라고 명명한 전략에 대비할 무기를

* Missile Technology Control Regime: 대량살상 무기의 확산을 막기 위한 다자간 양해각서로 미사일의 탄두 중량 500kg, 사정거리 300km 이상의 미사일과 그 기술의 수출을 규제한다. 현재 G7을 비롯해 35개국이 가입하고 있다. 그러나 사정거리 자체를 규제하는 것이 아니라 그런 미사일의 수출을 금지하는 것이기 때문에 여기서 대함 미사일의 사정거리를 300km로 제한하고 있다는 저자의 기술은 잘못된 것이다.

구하고 있기 때문이다. 극초음속 무기가 결국은 확산할 것이라는 루벨 대령의 생각은 맞다. 러시아제 P-800 오닉스Oniks 같은 극초음속 대함 미사일은 이미 국제 무기 시장에서 인기 품목이며 수요는 계속 늘어나기만 할 것이다. 들리는 바에 따르면 2009년 시리아는 러시아로부터 약혼트Yakhont 미사일(사정거리를 300킬로미터로 조정한 오닉스 미사일) 72발을 구매했다. 그리고 2016년에는 그 미사일로 ISIS의 지상 목표물을 공격한 바 있다.[26]

이런 무기체계들도 제대로 개발되면 페르시아만과 같이 중요한 지역에서 세력 균형을 바꿔 놓을 수 있으며 미국 군사력의 투사—무방비 상태의 적을 궤멸시켜 석기시대로 돌아가게 하는 것을 완곡하게 표현—를 지극히 취약하게 만들 수 있다.

그러나 한 예로 이란은 무방비 상태의 나라가 아니다. 미국이 신중하지 못하게 이란의 솔레이마니 장군을 암살해 이란이 이 지역의 나토와 미군 기지를 공격하도록 만든 이후 나토군이 체험적으로 알게 되었듯이 이란은 가장 가혹한 경제제재에도 불구하고 오히려 더 강경한 태도를 나타내고 있다. 중거리 탄도 미사일같이 만만찮은 무기체계의 사정거리 안에 있다는 것을 알고 나토군은 충격을 받았다.

* Anti-Access/Area Denial: 사정거리가 긴 무기체계를 이용하여 적이 작전구역으로 들어오지 못하도록 접근을 차단하고 작전구역 안에서 적의 군사행동을 저지하는 전략을 의미한다. 이런 전략에는 필수적으로 사정거리가 긴 무기체계가 필요하다. 주로 강한 상대와 교전 상황에서 약자가 더 강한 군사적 수단을 가진 나라를 상대로 채택하는 전략이다. 예를 들어 중국은 2000년대 중반부터 미국을 비롯한 적성 국가의 함정이 중국 연안 1,000km 해역 안으로 접근하지 못하게 하는 반접근-지역 거부 전략을 표방해 왔다.

그 결과 이라크에 주둔하고 있던 덴마크 부대 같은 나토 파견대는 보복 미사일 공격의 표적이 된 이후 안전한 쿠웨이트로 이동했다.[27] 이란의 보복은 여러 가지 차원에서 교훈적이었다. 그것은 미국의 미사일 방어 기술의 무기력함을 보여 주었다. 미국의 미사일 방어 체계는 이란의 탄도 미사일을 한 발도 요격하지 못했다. 그보다 앞서 2019년 9월 14일 미국(그리고 사우디)의 방공망이 예멘의 안사르 알라(일명 후티)의 드론이 아람코 정유공장을 공격해 심각한 피해를 주는 것을 막지 못한 당혹스러운 사건이 있었다. 그러나 사우디 군대의 숙련도가 떨어진다는 것은 잘 알려져 있다고 하더라도 공격받는 동안 설상가상으로 미국의 방공망 운영자들이 현지에 있었다는 것은 엄연한 사실이다.《워싱턴 포스트》가 다음과 같이 보도한 것은 당연했다.

> 수년 동안 사우디아라비아는 미국 무기의 주요 수입국이었다. 그런 관계는 트럼프가 취임한 이후 더 강화되었다. 미국 지도자는 석유로 부를 축적한 사우디아라비아 정부에 더 많은 무기를 구매하라고 압력을 넣었고 사우디아라비아는 트럼프 취임식 몇 달 뒤에 1,100억 달러의 미국 무기를 구매하겠다고 약속했다. 사우디 정유시설에 대한 치명적인 공격이 사우디 왕국을 당혹스럽게 한 이번 주말 이후 일부 관측통들은 사우디 정부가 미국에 손을 내밀어 어떤 보호를 받았는지 궁금해하고 있다.[28]

미국과 러시아의 방공 시스템을 비교하는 것은 당연하고 거부할 수 없는 일이 되었다. 시리아의 히메이밈* 군사기지에 배치된 이후 거의 5년 동안 러시아제 방공 시스템, 즉 미사일 기지와 전자전 수단은 엄청난 숫자의 드론, 로켓 그리고 미사일을 요격하며 5년 동안 지속된 이 기지에 대한 공격을 막는 데 대단히 효과적임을 증명했다. 《워싱턴 포스트》는 같은 기사에서 다음과 같이 언급했다.

> 블라디미르 푸틴 대통령은 토요일 공격에 대해 조롱 섞인 반응을 보였다. 월요일 튀르키예에서 있었던 한 행사에서 푸틴은 사우디아라비아에 이란과 튀르키예가 했듯이 러시아제 S-300이나 S-400 미사일 방어 체계를 구매할 것을 제안했다. 푸틴은 "그 시스템들은 사우디아라비아의 모든 기반 시설들을 믿음직하게 지켜 줄 것"이라고 말했다. 이 행사에 참석한 하산 로하니 이란 대통령이 푸틴의 말을 듣고 활짝 웃는 모습을 보였다. S-400 방공 시스템은 실제 상황에서 실험되지 않았다. 그러나 이 시스템은 패트리어트 시스템보다 저렴하고 최소한 서류상으로는 사정거리가 길고 다양하게 운용될 수 있다는 점에서 기술적 제원이 미국제보다 낫다.[29]

여기서 군사적 무지와 방자함이 제대로 나타났다. 왜냐하면 기자가 방공 시스템은 각기 다른 사정거리와 고도를 커버하는 다양한 방

* Khmeimim: 시리아의 바셀 알아사드(Bassel Al-Assad) 국제공항이 있는 곳으로 시리아 주둔 러시아 공군이 이 공항의 활주로를 공유하고 있다.

공망으로 중첩될 수 있다는 것을 모르는 것 같기 때문이다. 기자는 또 S-400이 "실제 상황에서 실험되지 않았다"고 잘못된 주장을 하고 있다. 소련/러시아가 방공망을 실전에서 사용한 경험은 미국과 비교가 안 될 정도로 많다. 미국과 러시아 방공 시스템의 기술적 그리고 운용 개념의 차이는 사우디에서 적나라하게 드러났다. 비교 결과는 방공에 대한, 더 나아가 전쟁 전체에 대한 미국의 접근 방식에 유리하지 않은 것으로 나타났다. 주목할 만한 것은 아랍에미리트연합의 군주들 가운데 한 사람이 2000년대 초 러시아로부터 판찌르Pantsir S-1 방공 시스템 70기를 구입해 최근에 그것들을 업데이트하는 데 아무 문제가 없었다는 것이다.[30] 미국의 달러를 환류시키고 미국의 재고 무기들을 구매해 온 사우디아라비아는 미국 아니면, 기껏해야 영국이나 프랑스 외에 다른 무기 공급 국가를 선택할 수 있는 자유가 없었다.

일반적으로 방공망 부문에서 미국이 러시아에 뒤지고 있는 격차는 양과 질 면에서 엄청나다. 러시아는 모든 가능한 공중 목표물 하나하나를 요격할 수 있는 통합 방공망을 구성하는 매우 다양한 방공 무기체계를 생산하고 있다. 그러나 미국의 일반적인 무기체계, 특히 방공 무기체계는 그 효율성 면에서 많은 합리적 의문을 불러일으키고 있다. 시리아같이 현대적 미사일 기술 '확산'의 수혜국이 될 수 있는 나라와 상대하는 것을 고려하면 특히 그렇다. 이란은 자신들이 개발한 최신 탄도 미사일이 고정 표적뿐만 아니라 항공모함 같은 이동 표적도 타격할 수 있다고 주장했지만 그게 사실인지는 두고 볼 일이다. 그러나 분명한 것은 이란이 인명을 대량 살상하고 걸프 지역에 배치된 미국과 나토의 전략 자산을 파괴할 수 있는 현대적 탄도미사일을 대량 보유하고 있으며 이런 미사일들 대부분은 요격되지 않고 표적을 타격할 것이라는 사실이다. SU-30SM이나 SU35 같은 최신식 전투기에다 S-400 같은 현대식 방공 시스템, 그리고 배스티언Bastion(P-800 오닉스 미사일을 이용한 연안 방어 시스템)의 등장은 이 지역의 세력 균형을 바꿔 놓으며 미국 함대가 페르시아만뿐만 아니라 인도양에서 이란 해역에 접근하는 것을 극도로 위험하게 만들고 있다.

이란이 그런 무기체계를 획득하는 것은 더 이상 추측의 문제가 아니다. 왜냐하면 이란에 대한 무기 금수조치가 2020년 10월 18일에 만료되기 때문이다. 미국의 마이크 폼페이오 국무장관이 이란과 군사적 협력을 재개하려는 나라에 대해 엄포를 놓은 이후 사우디와 미국의 움직임이 분주해졌다. 그러나 《워싱턴 타임스》는 다음과 같이 인정하지 않을 수 없었다.

> 이란에 대한 국제사회의 태도에 대한 미국 정부의 영향력이 약해지면서 다른 나라들이 미국 정부의 경고를 의식할 것인지 의문이 제기되고 있다. 올 초 이란에 대한 무기 금수조치를 연장하려는 미국의 노력은 UN에서 좌절되었다. 이란에 대한 국제사회의 경제제재 조치를 재개하려는 미국의 압력은 다른 나라들에 의해 무시되었다. 이란에 대한 제재는 이란이 핵무기 개발계획을 포기하는 대가로 경제적 지원을 제공하

기로 한 2015년에 체결된 획기적인 합의*로 해제되었다.[31]

이란에 대한 무기 금수조치가 해제되었다고 해서 러시아나, 브라모스로 알려진 P-800 오닉스의 복제품을 운용하는 인도, 혹은 중국이 곧바로 이란의 재무장에 나서는 것을 의미하지는 않는다. 시리아에서 러시아와 이란이 사실상 군사적 동맹관계를 유지하고 있고 이란이 중국으로부터 4,000억 달러의 대규모 투자 유치 계획을 체결했음에도 국가 이익과 정책의 문제는 달라지지 않는다. 그러나 러시아나 중국이 이란을 우호적인 국가뿐만 아니라 하나의 시장으로 보았고 지금도 그것은 분명하다. 게다가 이란은 러시아제 무기를 필요로 한다. 이란은 무기를 계속해서 사들이겠다는 것을 부인하지만 정확히 말해 이란이 무기 구매 계획의 구체적인 내용을 놓고 러시아와 계속해서 협상을 벌이고 있다고 믿을 만한 이유는 적지 않다.[32] 이미 2019년 11월 펜타곤은 이란이 금수조치가 풀리면 구매할 수 있는 러시아의 첨단 무기체계에 대해 알아보고 있다고 경고했다.[33] 워싱턴 D.C. 권력 최상층부에 있는 가장 부패하고 무식한 네오콘 주전론자와 이스라엘 우선주의자 들의 오랜 목표는 이란을 공격하는 것이다. 미국이 이란을 공격해 국가적 자살행위를 감행한다면 러시아와 중국

* Joint Comprehensive Plan of Action: 2015년 6월 14일 오스트리아 빈에서 오바마 행정부의 주도로 이란과 유엔 안보리 상임이사국 5개국에 독일을 더한 6개국 사이에 체결된 포괄적 공동행동 계획. 2018년 5월 미국은 이 협약에서 일방적으로 탈퇴했다.

이 미국의 도발을 무력화할 수 있는 무기체계를 획득하도록 이란을 지원하리라는 것은 충분히 논리적이고 예상할 수 있는 일이다. 그렇게 되면 이란은 페르시아만과 호르무즈 해협을 완전히 봉쇄할 것이고 미 해군의 항모전단은 독 안에 든 쥐가 될 수도 있다.

금수조치가 해제된 다음 날 이란 국방부 장관 아미르 하타미는 이란과 러시아 그리고 중국이 이미 금수조치 해제 이후의 군사적 협력에 합의했으며 실제로 모스크바와 테헤란 사이에 '이란 공군의 발전'에 관한 '매우 중요한' 협정이 체결되었다고 확인했다.[34] 군사 전문가들은 누구나 이것이 테헤란의 한정된 자원을 고려할 때 S-400 미사일보다 SU-35나 SU-30(2)가 먼저 이란에 인도될 가능성이 높은 것으로 보고 있다. 하타미는 또 모스크바에서 열린 'Army-2020' 무기박람회를 참관했을 때 S-400에 특별한 관심을 보였다.[35] 이것은 펜타곤, 이스라엘 그리고 사우디아라비아로서는 최악의 시나리오다. 왜냐하면 이 두 전투기는 걸프 지역 전체의 제공권을 장악할 수 있으며 네트워크 중심 작전을 수행할 수 있을 뿐만 아니라 마하 3.5의 고고도 초음속 대전파* 대함 미사일인 X-31**을 비롯해 다양한 대함 미사일을 장착할 수 있기 때문이다.

이란이 구매하고 싶어 하는 특정한 군사기술이나 이미 체결된 계

* anti-radiation: 적의 레이다에서 방사되는 전자파를 추적하는 것을 의미한다. 이러한 기술을 이용한 미사일을 Anti-Radiation Misssile, 줄여서 ARM이라고 한다.

** 이 미사일은 미그29, 수호이27 등 전술 항공기에 장착할 수 있는 공대지 또는 공대함 미사일로 능동 레이더 유도 기능, 즉 적이 발사한 레이더를 추적하여 유도하는 기능을 가지고 있다.

약에 들어가는 비용을 조달할 방법이 어떤 결과를 가져오든 한 가지 사실은 더 이상 부인할 수 없다. 즉 미국이 러시아는 고사하고 중국을 공격했을 경우 감수해야 하는 것과 같은 파국적인 손실을 보지 않고 무소불위의 군사력을 가지고 있다는 이미지를 이론적으로나마 '회복'할 수 있었던 마지막 나라, 즉 이란을 공격할 수 있는 여지가 정말 빠르게 사라지고 있다는 것이다. 다른 나라들이 미국을 힘이 있는 나라로 여겨 계속해서 미국의 뜻을 따르도록 할 가능성은 점점 희박해지고 있다.

그러나 무리하게 오지랖을 떠는 '초강대국'에게 악재는 그것으로 그치지 않는다. 엎친 데 덮친 격으로 미국은 가장 중요한 수출 품목인 무기를 협박, 강요 그리고 널리 알려진 시각효과를 통해서만 외국에 팔 수 있다. 그런데 시각효과를 일으키는 군사적 선전 수단의 효용성은 갈수록 떨어지고 있다. 왜냐하면 선전도 어느 정도 현실에 기반을 두어야 하기 때문이다. 무기는 선전한 만큼 성능을 발휘해야 하고 군사적 승리는 비록 명백히 약한 나라를 상대로 거둔 것이라고 해도 유리하고 명예로운 정치적 해결, 즉 전쟁의 정치적 목표로 귀결되어야 한다. "결과는 가장 온전한 기준이기 때문에 결과로 사건을 판단하는 게 옳다"[36]는 클라우제비츠의 말이 지상의 기준이 되어야 한다.

미국은 지금도 잠수함, 위성, 컴퓨터 등 삼류 국가들을 상대하는 전장에서 승리하기 위해 사용하는 무기체계를 계속 생산하고 있다. "우리가 장난하는 게 아니라는 것을 세계에 보여 주기 위해 작고 형편없는 나라를 하나 골라 벽에 내던지는" 레딘 독트린* 의 개념은 더 이상 먹히지 않는다.[37] 사실 그것은 처음부터 효과가 없었다. 미국이 21세기 들어 모든 전쟁에서 패배했다는 것은 논쟁거리조차 되지 않는다. 그것은 엄연하고 명백한 사실이다. 그 '작고 형편없는 나라들'은 미국의 '사업'에 도움이 되기 위해 '벽에 내던져지길' 원치 않았다. 그들은 저항했다.

오늘날 미국의 군사적 상황 그리고 기술과 작전 양 측면에서 미국 군대가 겪은 수많은 실패를 보면 이 난제에서 벗어날 길이 없다는 결론을 내리지 않을 수 없다. 왜냐하면 미국은 조작까지는 아니지만 극도로 허세를 부리는 '역사상 가장 뛰어난 군사력'이라는 이미지를 유지할 만한 자원도 매우 부족하기 때문이다. 역사적으로 거슬러 올라가면 러시아인들, 독일인들 그리고 프랑스인들이 그런 '역사상 가장 뛰어난 군사력'이라는 주장에 이의를 제기할 것이고 베트남 사람들도 한마디 하려고 할지 모른다. 로마인의 직계 후손인 이탈리아 사람들은 말할 것도 없고 그 뒤를 이어 그리스인들도 영광스러웠던 고대 그리스를 언급하게 될 것이다.

자신들의 군사적 위대함에 대해 끊임없이 떠들어 대지만 막상 전투에 나설 때는 오랫동안 그리고 깊숙이 숨겨졌던 미국의 열등감이

* Ledeen Doctrine: 미국의 네오콘인 마이클 레딘(Michael Ledeen)이 1990년에 "미국이 장난이 아니라는 것을 세계에 보여 주기 위해 10여 년에 한 번씩 작고 형편없는 나라를 하나 골라 벽에 내던질 필요가 있다(Every ten years or so, the United States needs to pick up some small crappy little country and throw it against the wall, just to show the world we mean business)"라고 말했다며 네오콘 논객인 조나 골드버그(Jonah Goldberg)가 지어낸 말.

드러난다. 물론 러시아, 중국 혹은 프랑스가 그렇듯이 선전기관들은 자국을 치켜올리고 다른 나라들을 깎아내리는 게 상례다. 선전이 하는 일이 대부분 그런 것이다. 러시아가 시리아에서 선전하고 블라디미르 푸틴이 2018년 3월 연방의회에서 역사적인 연설을 한 것은 말할 것도 없고 러시아가 크림반도를 되찾은 이후 미국이 러시아의 군사력에 대해 보이는 반응은 때로 주체할 수 없는 히스테리 수준이었다. 그와 같은 반응은 러시아인 다수가 미국의 군사-정치 지도자들의 정신 상태까지는 아니더라도 합리성에 의문을 제기하도록 만들었다. 다보스나 워싱턴D.C.에서 생각하지 못한 사실상 새로운 세계질서의 등장을 발표한 2018년 3월 푸틴의 연설 이후 여기에 대한 미국의 반응은 기이하고도 유치하며 때로는 퀴블러-로스 모델*을 따르고 있다. 드미트리 시메스Dmitri Simes는 2020년 10월 마침내 이 문제를 상술하지 않을 수 없었다. 러시아의 주요 뉴스 채널인 〈페르비 카날Первыйканал〉과 가진 인터뷰에서 《내셔널 인터레스트National Interest》의 발행인이자 미국 국익센터Center for National Interest의 대표인 시메스는 러시아 시청자들에게 확인해 주었다. 최근 미국의 군사 및 정치 분야 관료들이 참석하는 고위급 회의에 여러 차례 참석했지만 러시아를 공격하면 파멸적 응징을 당할 것이라는 이야기를 아

* Kübler-Ross Grief Model: 스위스 태생의 정신과 의사인 엘리자베스 퀴블러-로스(Elisabeth Kübler-Ross)가 주장한 것으로 인간은 불치병 등으로 죽음에 이르는 과정에서 부정, 분노, 타협, 우울, 수용의 다섯 단계를 거친다는 이론이다.

무한테서도 듣지 못했다고 말이다.[38]

놀랍게도 시메스는 몇 마디 말로 러시아가 우려하는 핵심적인 내용, 즉 그동안 정책, 전략, 기술 그리고 실제 무력이 이야기해 온 것을 포착했을 뿐 아니라 미국이 왜 오늘날과 같은 군사적 상황에 놓이게 되었는지 설명했다. 미국이 아닌 다른 지정학적 강대국들은 미국을 제거하려고 하지 않는다. 미국은 미국의 군사력을 살인 기계, 특히 수백만 명의 어린이를 죽이는 기계로 만들어 왔고 펜타곤의 공식 명칭인 국방부Department of Defense를 웃음거리로 만들었다. 국방부는 진정한 적과 맞선 것은 고사하고 미국을 방어하기 위해서조차 한 번도 싸워 본 적이 없다.

미국 군대의 이러한 상황은 오래된 것이고 그것은 잘못된 정부와 국방부 차원에서 내려진 정책, 그리고 부패의 결과다. 스메들리 버틀러* 장군의 말에 따르면 그것은 전쟁이 비즈니스 혹은 부정한 돈벌이 수단racket이 된 문화의 결과다. 부당한 이익과 탐욕이 진정한 국가 이익과 국가 방위를 위한 현실적인 요구에 대한 고려를 등한시하게 했다. 따라서 그런 환경 속에서 전문성과 능력은 정치와 탐욕에 뒤지는 부차적인 것이 되었다. 그리고 결국 더글라스 파이스** 같은 인물을

* Smedley D. Butler: 1881~1940. 미국 해병대 고위 장교 출신으로 사망 당시 미국 해병대원으로 가장 많은 훈장을 받은 인물이었다. 미국-필리핀 전쟁, 제1차 세계대전, 멕시코혁명 등 수많은 전쟁에 참여했으나, 1935년 그는 『War Is a Racket』이라는 저술을 통해 미국의 외교 정책과 전쟁에 제국주의적 동기가 있다고 주장했다.

** Douglas J. Feith: 1953~. 조지 W. 부시 정권 시절 국방부 정책 차관을 지낸 인물.

요구하게 되었다. 그는 변호사이자 정치인이지만 단 하루도 군대에서 복무한 적이 없으면서 대실패로 끝난 이라크 전쟁을 기획했다. 그의 도덕적·지적 자질은 미국 정치엘리트가 되기에 안성맞춤이었는지 모르지만 토미 프랭스* 장군이 묘사했듯이 그는 "지구상에서 가장 멍청한 빌어먹을 인간"이었다.[39]

***

미국 해군대학에서 나온《해군대학 평론Naval War College Review》은 수십 년 동안〈뉴포트 페이퍼스New Port Papers〉(로드아일랜드주 뉴포트는 해군대학이 있는 곳이다)로 알려진 기사를 통해서 미국의 군사사상軍事思想에 훌륭한 자기성찰의 기회를 제공해 온 것으로 유명하다. 이 기사들에는 전쟁 게임에 대한 흥미진진한 의견과 보도가 많이 들어있었고 지금도 그렇다.〈뉴포트 페이퍼 20〉은 2004년에『글로벌 전쟁 게임, 두 번째 시리즈 1984~1988』이라는 제목의 책으로 나왔다. 그것은 나토와 바르샤바조약기구 사이의 세계 전쟁 게임이라는 단일 주제를 다룬 논문이다. 이 논문의 서문은 다음과 같이 언급했다.

* Tommy Franks: 1945~. 퇴역 미 육군 4성 장군. 1965년에서 2003년까지 군에 복무하며 베트남전, 걸프전, 아프가니스탄전, 이라크전에 참전했다. 미육군 2사단장으로 한국에서도 근무했다.

> 전쟁 게임 과정을 통해 해군과 국가 전략에 대한 해군대학의 역할이 유난히 흥미롭고 도전적이었던 시기들을 상술하고 있다. 그 게임은 국가 자원을 총동원할 수 있을 때까지 소련과 재래식 전쟁을 지속할 수 있는 미국의 능력을 시험했다. 연속적으로 이어지는 일련의 게임을 통해서 글로벌 전쟁 게임은 중요하고 쟁점이 될 만한 결과를 여럿 찾아냈다. 이러한 게임들은 해양작전을 포함한 공격작전, (서구를 포괄적으로 표현한) '블루'가 핵무기에 의존하지 않고 승리할 수 있는 능력 그리고 장기간에 걸쳐 고강도 전투를 수행하는 데 필요한 포괄적 계획의 중요성을 지적했다.[40]

이 논문은 중요성을 고려할 때 대규모 분쟁을 핵전쟁이 아닌 재래식 전쟁의 관점에서 보려고 시도한 사실을 비롯해 여러 가지 면에서 교훈적이다. 미 해군의 항모 중심 편제가 미국 전략가들의 상상력을 심각하게 제약하고 있다고 본 것 역시 교훈적이다. 그들은 아직도 항공모함을 쓸모없게 만들 새로운 패러다임이 전개되고 있다는 것을 인정할 수 없을 것이다. 이 논문 134쪽에는 전쟁으로 양측에서 발생할 인명 손실에 대한 보고 중에 가장 특이한 대목이 들어있다.

> D+38일 레드의 오스카급 핵 추진 순항미사일 잠수함이 대함 크루즈 미사일을 유일하게 성공적으로 발사하며 전투에 돌입한다.[41]

이것은 1984년에 소련과 서방의 가상 전쟁이 벌어지고 나서 38일째가 되던 날 소련의 949 오스카급 잠수함이 P-900 그라닛 대함 미사일(나토는 이 미사일을 SS-N-19 Shipwreck이라고 부른다) 한 발로 나토의 중요한 표적을 타격한다는 것을 예상한 매우 중요한 내용이다.

양측에 발생한 사상자를 간단히 살펴보면 서방이 냉전 시대 초기부터 유행가처럼 입에 달고 다닌 서방의 '기술적 우위'가 결코 사실이 아니라는 것을 알 수 있다. 실제 전쟁 게임에서는 미 해군의 주력 자산인 항공모함이 좌현과 우현에 어뢰 공격을 받고 소련 해군의 장거리 미사일 장착 항공기MRA로부터 크루즈 미사일 공격을 받아 대파된다. D+38일에 레드의 핵 추진 잠수함에서 발사한 크루즈 미사일 공격을 이 게임의 대함 크루즈 미사일 공격의 유일한 성공으로 본 것은 특이하다. 이것은 1980년대 당시로서는 매우 높은 수준의 초음속(마하 4.6)에 능동 레이더 유도 탄두를 장착하고 사거리가 600킬로미터에 달하는 대함 미사일 Kh-22를 탑재한 미사일 폭격기인 투폴레프의 TU-22가 미국의 항모전단에 대항하는 임무를 완전히 망친 것과는 달랐다. 항모전단은 경계 태세를 갖추고 있고 공중에서는 E-2 호크아이와 F-14 톰캣 전투기가 몰려오는 TU-22 폭격기를 공격할 준비를 하고 있었다. 소련은 초기에 생산된 Kh-22의 유도 장치가 전파 방해에 취약하고 TU-22기가 많이 격추당한다는 것을 알고 있었다. 다시 말해 미국의 항모전단은 탐지가 어려운 오스카-II 급 핵 추진 잠수함에서 발사되는 장거리 초음속 대함 미사일보다 소련의 장거리 폭격기를 최소한 몇 대는 요격할 수 있는 확률이 더 높았다.

최초로 이지스 시스템을 탑재한 타이콘데로가급 순양함* 이 1983년부터 실전 배치되었다. 이 함선들은 마크-41MK-41 수직 발사 시스템VLS 대신에 스탠더드 SM-2 중거리 대공 미사일을 발사하는 낡고 속도가 느린 마크-26MK-26 이중 궤도 발사대를 갖추고 있었다. 이 발사 시스템은 간단히 말해 대규모 대함 미사일 공격을 방어하기 위한 게 아니었다. 미 해군은 1986년에 와서야 비로소 USS 벙커힐(CG-52)을 시작으로 '개량형' 타이콘데로가급 순양함을 함대에 배치했다. 이 함선들은 높은 발사 속도를 의미하는 '다연장' MK-41 수직발사관을 장착하고 있었다.[42] 알레이버크급 구축함**은 1991년에야 배치되기 시작했다. 게다가 많이 화제가 된 SPY-1 레이더를 중심으로 한 이지스 전투 통제 시스템은 처음부터 문제가 많았을 뿐 아니라 시험 운용에서 실전에서는 적용되지 않는 시나리오인 "하나씩 단발로 발사된" 느린 미사일을 요격하는 데도 실패했다. 순차적으로 하나씩 발사된 미사일 16기 가운데 겨우 5기를 요격하는 데 그쳤다. 실전 상황이라면 매우 참담하고 치명적인 실패였다.[43]

그러나 1984년의 군사기술 전쟁 게임 패러다임에서 미국 해군대학은 항공모함들 가운데 몇 척이 소련 잠수함의 어뢰 공격으로 피해를 입을 것이라고 생각했지만 마하 2.5의 속도를 낼 수 있는 소련의

* Ticonderoga class cruiser: 미 해군의 배수량 9,600톤 급 유도 미사일 순양함.

** Arleigh Burke-class destroyer: 배수량 8,000~9,000톤 급 유도 미사일 구축함.

최신형 첨단기술 미사일에 대해서는 별로 신경을 쓰지 않았다. 이 미사일은 전파방해를 잘 회피하고 인공지능망으로 작동하도록 설계되었으며 대량 투발이 가능하다. 이 미사일은 순항하는 동안 미사일끼리 서로 통신이 가능하며 중요도에 따라 표적을 바꿔 경로를 재설정할 수 있다. 최대 사거리 30~40킬로미터인 (실제 사거리는 이보다 짧지만) 어뢰로 항공모함을 공격하는 게 최대 300~650킬로미터 떨어진 곳에서 10에서 12발의 초음속 P-700 대함 순항미사일로 공격하는 것보다 더 효과적이고 공격용 잠수함으로서는 덜 위험할 것이라는 전반적인 개념은 좋게 말하면 부자연스럽고 나쁘게 말하면 망상적이다.

모의 전투이긴 하지만 나름대로 치열한 교전 상황에서 외국과 미국의 잠수함들이 미국 항공모함의 대잠수함 방어 시스템을 뚫고 들어와 어뢰를 항공모함에 명중시킨 기록은 차고 넘친다.[44] 그러나 그 당시에도 실제 전투에서도 어뢰 공격을 하면 공격을 한 잠수함이 극한 위험에 처하게 될 것으로 인식되었다. 왜냐하면 그 잠수함은 호위함선들 그리고 항모전단과 함께 작전에 참여한 미국 잠수함의 집중적인 탐색 대상이 될 것이기 때문이었다. 그러나 대함 크루즈 미사일이 원격 무기로 개발되고 진화하면서 공격자의 생존 가능성은 훨씬 높아졌다. 현대전 역시 재래식 무기에 의한 싸움이 될 것이라는, 미국이 즐겨 내세우는 잘못된 전략적 전제는 매우 미국적인 특징, 즉 적응하려는 의지의 결핍을 보여 준다.

적응하려는 의지의 결핍으로 미국은 미사일과 대단히 우수한 성능의 우주 기반 MKRC 레겐다* 정찰 및 표적탐지 시스템 같은 미사일 보조수단의 발전을 눈여겨보지도 따라 하지도 않았다. 소련은 이미 1978년에 다양한 소련의 대함 미사일에 정확한 표적을 지시하기 위해 이런 시스템을 우주에 배치했다. 실제로 포클랜드 전쟁 기간에 레겐다는 남대서양에 배치된 소련 잠수함과 전투함에 신뢰할 만한 표적탐지 정보를 실시간으로 제공했다. 최근에 러시아 총참모부가 레겐다 활용에 대해 공개한 데이터는 소련 미사일은 사정거리가 길고 요격이 어렵지만 표적탐지 신뢰도가 낮다[45]는 서방의 일반적 이론이 완전히 틀렸다는 것을 보여 주었다. 1980년대라고 해도 미국 전쟁 기획자들은 작전 현실에 부응하기 위해 이런 사실을 무게 있게 받아들였어야 했다. '냉전에서의 승리'를 미국식 전쟁 방식의 승리로 오인한 1990년대는 말할 것도 없고 1980년대에도 이런 사실은 고려 대상이 아니었다. 이러한 오해는 전략적일 뿐만 아니라 기이했고 미국이 쇠퇴의 길로 접어드는 내리막의 시작을 의미했다.

오늘날 컴퓨터 연산 능력과 신호처리의 획기적인 발전으로 해상, 육상 그리고 공중과 우주에 설치된 현대식 탐지 네트워크 융합은 어떤 종류의 현대식 초음속 및 극초음속 무기에도 표적을 탐지해 지시할 수 있으며 전 세계 어느 곳이라도 타격할 수 있다. 이것은 모든 영역에서 미국이 당면한 새로운 현실이며 현재 미국이 가진 능력이나

* MKRC Legenda system: 소련이 운용하는 위성 기반 표적탐지 시스템으로 P-700 Granit 대함 크루즈 미사일과 연동되어 있다.

미국의 정치·군사·경제 구조로는 효과적으로 대응할 수 있는 게 아니다. 이런 것들은 모두 2010년대 들어서 전개되고 있는 세계 군사 균형의 급속한 변화와 관련된 미국의 상황 인식 결여가 이전에 짐작했던 것보다 훨씬 더 심각하다는 사실을 보여 주는 지표들이다.

나는 러시아의 경제 그리고 군사력에 대해 미국의 평가가 대단히 그리고 위험할 정도로 빗나갔다는 것을 오랫동안 경고해 왔다. 러시아의 능력에 대한 서방의 무지가 굳어져 오판을 내리게 되면 미국이 잘못하다간 미군기지와 함대가 공격받아 패배할 것으로 예상되는 재래식 전쟁을 러시아와 벌이게 될 수도 있다고 우려했기 때문이다. 이럴 경우, 미국(나토 역시)이 심각한 인명과 재산의 손실을 볼 게 확실하기 때문에 미국은 이러한 군사적·정치적 굴욕을 되갚기 위해 핵무기의 문턱을 넘어 확전하는 것밖에는 선택의 여지가 없는 상황으로 내몰릴 수 있다. 이런 생각은 헛되거나 한가한 걱정이 아니었고 지금도 그렇다. 미국의 전문가들과 '권위자들'이 하는 말을 들어 보는 것만으로도 상황의 위급함을 충분히 알 수 있다. 미국에 있는 몇 안 되는 진정한 러시아 학자이자 명성이 자자했던 스티븐 코헨은 징후를 보여 주는 듯한 제목을 붙인 저서 『대러시아 전쟁? 푸틴과 우크라이나로부터 트럼프와 러시아 게이트까지War with Russia? From Putin & Ukraine to Trump & Russiagate』에 경고를 담았다. 코헨의 우려는 틀리지 않았다. 그 책에서 그는 다음과 같이 경고했다.

> 러시아는 미국 국가 안보에 여전히 중요한 의미를 지니고 있지만 수년

에 걸쳐 미국 주류 언론의 러시아 관련 보도 내용은 수준이 떨어지고 있다. 유수 신문과 잡지에는 부끄러울 정도로 전문성이 없고 정치 선동적인 기사들이 쓰나미처럼 밀려 나오고 있다. 가장 최근에는 소치 올림픽, 우크라이나 그리고 늘 해 왔듯이 블라디미르 푸틴 러시아 대통령에 관한 기사들이다. 이런 기사들이 하나의 징표다. 오늘날 이러한 미디어의 악습은 만연되어 있으며 새로운 규범으로 통한다.[46]

코헨은 냉전 초기에 그랬던 것보다 현재 러시아에 대한 견해들이 더 많은 이데올로기적 요소를 가지고 있다고 지적했다.[47] 그러나 결정적이라고 할 수는 없어도 거기에는 실체적 차이가 있다. 냉전 초기에 미국은 소련의 의도와 능력을 과대평가하는 경향이 있었고 러시아는 그 자체로 미국의 행동에 대한 강력한 억지력이었다. 이번에는 기이하지 않으면 극단적인 과소평가가 이뤄지고 있다.

이런 위험한 우매함을 지적하려는 모든 시도는 미국 예외주의자들과 미국의 비전문적인 미디어에서 전문가로 통하는, 원한 맺힌 러시아 반체제 인사들의 완강한 반대의 벽에 부딪혔다. 미국을 지도에서 지워 버릴 수 있는 지구상 유일한 나라와 전쟁을 고려하는 광기를 지적하면 더 잘 알고 있으면서도 자신들의 경력이나 지위가 위태로워질 것을 걱정하는 사람들의 침묵 속에 묻혀 버렸다. 그러다 결국 실제 숫자를 가지고 해 보자는 요구가 받아들여졌다.

2019년 10월 미국 싱크탱크들 가운데 하나인 해군분석센터CNA는 서방이 알고 있는 추상적이며 대체적으로 부정확한 러시아 경제

지표를 러시아 국민을 쥐어짜지 않는 가운데 전례 없는 군사력 부활을 추진하고 있는 러시아 군산복합체의 실제와 맞춰 보려는 시도를 처음으로 했다. 러시아 국민은 불평하지 않았을 뿐만 아니라 획기적인 군사력 재강화 프로그램을 전폭적으로 지지했고 이것이 결국 사실상의 군사 부분의 혁명으로 귀결되었다. 여전히 부정확하지만 러시아 경제와 군사비 지출을 훨씬 더 실제에 가깝게 추정한 비법은 CNA가 다소 실제와 부응하는 구매력 평가PPP 척도를 이용하는데 있다. CNA는 이 척도로 두 나라의 경제와 군사비 예산을 비교했다. 영국의 버밍엄 대학과 채텀 하우스*에서 나온 〈비교적 관점에서 본 러시아의 군사비 지출: 구매력 평가 추정치〉는 보다 상식적 결론을 내렸다. 그렇지 않았더라면 이런 결론은 견실한 지정학적·경제적 분석을 하는 것처럼 내세우는 미국의 언론매체들 가운데에서도 특히 《뉴욕 타임스》나 《월스트리트 저널》의 편집국에 핵폭탄급 충격을 주었을 게 분명하다. 이 보고서의 저자는 다음과 같이 밝혔다. "시장환율을 기준으로 추정하면 2018년 러시아의 군사비 지출은 610억 달러지만 구매력 평가를 기준으로 하면 추정 군사비는 1,590억 달러에 달한다."[48] 같은 해 말 추가적인 언론 논평은 한층 더 나아갔다.

* Chatham House: 1920년에 설립된 영국의 싱크탱크. 발언이나 의견의 출처를 공개하지 않아 논쟁적 이슈에 대한 자유로운 의견 개진을 촉진하는 운영 방식으로 유명하다.

러시아의 정부조달 비용은 대다수 유럽 강대국의 정부조달을 합친 것보다 훨씬 많다. 현대 군대에 무기를 대량으로 공급하는 것 외에도 러시아의 과학 연구 기관들은 S-500 같은 차세대 방공 시스템과 아울러 지르콘*이나 아방가르드** 같은 극초음속 무기를 오래전부터 개발해 왔다. 이러한 규모의 획득과 연구개발은 언뜻 봐도 영국 정도의 군사비 예산을 가지고도 불가능할 것이다. 이론을 실제에 적용해 보면 그런 대답을 내놓는 방식에 문제가 있다는 게 누가 봐도 분명하다.[49]

물론 현실은 자명했다. 러시아의 실제 국내총생산 혹은 더 넓은 의미에서 러시아의 실질 경제는 영국이나 프랑스보다 훨씬 크고 독일과 같거나 독일보다 컸다. '텍사스보다 작은 경제'를 가지고 있는 나라들은 최소한 이삼십 년 동안 전쟁을 판가름하게 될 무기의 결정적 우위를 확보하는 것은 차치하고 러시아와 같은 첨단 군대를 유지할 수 없다. 러시아의 경제 규모가 미국 언론과 학계에서 일상적으로 폄하되고 있는 것은 미국에서 이루어지는 조사 연구의 수준을 말해주는 또 다른 지표일 뿐이다.

이 문제에 대한 최종적인 결론은 미국 예외주의와 미국의 전쟁 방식을 옹호해 온 사람들을 분명 오싹하게 할 것이다.

* 3M22 Zircon: 러시아가 2023년부터 실전 배치한 극초음속 대함 크루즈 미사일로 사정거리가 1,000km에 달한다.

** Avangard: 푸틴 대통령이 2018년에 공개한 러시아의 극초음속 활공체(hypersonic glide vehicle)로 핵탄두나 재래식 탄두를 장착할 수 있다.

> 러시아의 군사비 지출, 그리고 그 결과 러시아가 군사력을 유지할 가능성은 보기보다 안정적이고 변동성이 적다. 거기에 내포된 의미는 현재와 같은 활기 없는 성장세에도 불구하고 러시아는 상당한 수준의 군사비를 유지할 수 있을 것으로 보여 향후 수십 년 동안 미국에는 지속적인 도전이 될 것이다. 우리가 한 작업은 예비적 분석이지만 러시아의 방위비 지출이 쉽게 대폭적인 변동을 보이지는 않을 것과 미국의 제재에 따른 유가의 변동에도 크게 영향받지 않을 것임을 시사한다. 국가 예산 편성상의 차이를 고려하면 유럽의 동맹국이 방위비를 증액한다고 해도 러시아 정부는 이를 따라가는 데 어려움이 없을 것이다.[50]

현 상황에서는 한 국가가 지출하는 군사비의 가성비 문제가 미국보다 더 두드러지게 나타나는 나라는 없다. 미국은 전문가들 다수가 설득력 있게 이야기하듯이 러시아나 중국, 혹은 두 나라 모두로부터 도전받고 있을 뿐만 아니라 군사기술도 정말 심각하게 낙후되어 있다.

오늘날 '극초음속'이라는 용어가 워싱턴 D.C.에서 새로운 유행어인 것이 틀림없다. 5년 전까지만 해도 미국에서는 터무니없는 기술이자 작전 개념이라고 비웃었지만 지금은 미국 정치인, 전문가 그리고 군대의 관심이 이 용어에 집중되고 있다. 어느 순간, 미국은 극초음속 무기가 필요하게 되었다. 여전히 훌륭한 미국의 기술과 산업의 전문성을 고려하면 미국이 어느 시점에는 아마도 활공 비행체를 같은 모종의 극초음속 무기를 개발해 실전 배치할 수 있을 것이라는 데는 거의 의문의 여지가 없다. 2020년 초 언론매체에 보도된 바와 같이 펜타곤은 육해전 공용 극초음속 활공체C-HGB*를 시험 발사하는 데에 성공했다. 이 미사일은 2023년에 야전부대에 배치되기 시작할 것으로 알려졌다.[51] 그러나 미국의 획득 사업이 계획보다 몇 년, 때로는 10년 이상 늦어지는 게 다반사이자 두드러진 경향이었다는 것을 생각하면 실제 배치 시기가 그렇지 않을 것이라고 생각할 이유는 많다. 미국이 러시아의 P-800 오닉스는 말할 것도 없고 소련과 러시아에서 생산한 P-700 그라니트같이 괜찮은 사정거리의 극초음속 대함 미사일도 하나 개발·획득하지 못한 것을 고려하면 미국이 완전히 제어할 수 있는 공기 흡입식 최신 대함 및 지상공격용 미사일을 개발할 전망은 그다지 밝지 않다.

그러나 이러한 사실은 국가안보보좌관 로버트 오브라이언이 미 해군 구축함들이 극초음속 미사일로 무장할 것이라고 발표하는 것을 막지 못했다. 결국 이러한 언급은 그렇지 않았더라면 그런 결정을 성원했을 사람들 사이에 혼란을 불러왔다. 〈디펜스 뉴스〉는 다음과 같이 보도했다:

> 해군은 오래된 알레이버크급 구축함들 가운데 일부를 개조하는 것을 논의해 왔다. 그러나 1990년대 초에 취역한 함선을 포함해 세 개의 구축함 함대 모두에 로켓 미사일을 탑재하는 것은 수상 함대 전투력의 대

* Common-Hypersonic Glide Body: 미 육군과 해군이 공동으로 사용할 수 있는 중장거리 극초음속 미사일.

규모 확장이 될 것이다. 현재 설치되어 있는 발사대는 지름이 더 큰 미사일에 맞지 않는다. 모든 구축함의 발사대를 교체하는 데는 엄청난 비용이 들고 향후 몇 년 동안 조선소에 정체 상황을 불러올 것이다. 구형 구축함을 개조하는 것의 대안은 부스트 활공 방식* 이 아니라 공기 흡입 방식의 더 작은 극초음속 미사일이 개발될 때까지 기다리는 것이다.[52]

공기 흡입식 극초음속 미사일은 현재로서는 극초음속 공기 흡입식 무기 구상HAWC 프로그램이라는 명칭 아래 겨우 핵심기술을 검증하는 단계에 있고 미국 첨단방위연구사업국DARPA이 타당성 조사를 위한 연구를 진행하고 있다. 그런 구상에서 획득은 말할 것도 없고 실제 무기를 생산하기까지는 긴 세월이 걸린다.[53] 그러나 로스쿨 출신인 국가안보보좌관 오브라이언은 헷갈리는 발언을 멈추지 않았다. 2020년 10월 28일 허드슨 연구소에서 연설하면서 미국은 유럽에 극초음속 미사일을 배치하겠다고 러시아를 위협하기까지 했다. 미국은 사실 그런 미사일을 보유하지 않고 있으며 언제 보유하게 될지 아무도 모른다.[54] 그러나 극초음속 미사일에 대한 논의를 둘러싼 분위기가 크게 달라졌다. 그 분위기는 불신과 조롱에서 극초음속 미사일이 언론매체 여기저기서 등장하고 심지어는 정치권 최고위층에서도 거론되는 것으로 바뀌었다. 러시아 매체들은 별로 관심을 보이지

* 로켓으로 쏘아올리고 로켓 연료가 소진된 다음에는 활공하는 방식.

않고 예상되는 극초음속 미사일 공격을 격퇴하기 위해 만들어진 러시아의 방공망과 미사일 요격 기지가 나오는 동영상을 내보냈다.[55] 그러나 이런 진짜 뉴스들은 미국 선거기간의 백색 소음*에 묻혀 버렸다.

러시아에서 2020년 9월에 실시된 카프카즈~2020 지휘소 기동훈련 기간에 소련 해군의 킬로 클래스Kilo-class** 잠수함 콜피노SSK Kolpino가 3M14M칼리브르 Kalibr-M 지상공격용 크루즈 미사일을 발사했다. 이 미사일은 지금은 시리아에서 ISIS의 목표물 타격으로 잘 알려진 3M14 미사일을 대폭 개선한 것이다. 이전 모델과는 달리 이 신형 칼리브르는 사정거리가 4,500킬로미터에 탄두 중량이 1톤에 달한다. 이 발사는 종말 단계 속도가 마하 2.9인 신형 대함 미사일 3M54 칼리브르-M 미사일의 등장을 알렸다. 이 미사일은 탄두 중량 1톤에 사정거리는 1,500킬로미터다.[56] 파괴력은 엄청나다. 미국의 해상 전력을 자랑하는 사람들로서는 배수량 900톤짜리 부얀Buyan이나 카라쿠르트Karakurt 클래스 미사일 초계함이 세바스토폴***이나 노보로시스크****에 있는 기지에 정박해 있으면서 발사한 미사일이 동지중해에 배치된 현대식 미국 구축함을 침몰시키는 것은 참기 어

* white noise: 여기서는 음향학적이 아니라 은유적 표현으로 후보자의 자격이나 정책 공약 등 선거의 본질과 관계 없이 선거기간에 난무하는 잡다한 이야기를 의미한다.

** Kilo-class: 러시아 해군의 3,000톤 급 디젤엔진 충전식 잠수함.

*** Sevastopol(Севастополь): 크림반도 남단에 있는 러시아 항구도시.

**** Novorossiysk(Новороссийск): 흑해 동부 연안에 있는 러시아 항구도시.

려운 일이다. 그러나 이것이 바로 핵심이었고 지금도 정확히 그대로다. 게임의 법칙은 달라졌다. 베링해에 배치된 러시아 태평양 함대의 초계함이 러시아 항공기가 보호하는 가운데 칼리브르-M 미사일을 발사해 시애틀을 공격하는 것이 현실이 될 것이라고 믿는 사람은 10년 전만 해도 미국 군사 조직 안에 거의 없었다.

경고가 있었지만 중요하지 않은 것으로 일축되었다. 이미 2000년대 중반에 전자장비, 소재, 연료, 목표 탐지 그리고 엔진 설계의 발전이 오늘날과 같은 상황을 구현할 것이라는 게 명백했음에도 그랬다. 제아무리 많은 미국의 전문가와 이론가가 미국 군사력의 우위에 대해 완전히 잘못된 이야기를 떠들어 봐야 시간을 되돌릴 수는 없다. 한 나라의 군대가 아니라 초국가적인 경제와 세계의 이념적 이해관계의 군대인 오늘날의 미군은 식민지 치안유지라는 한 가지 목적에 봉사하기 위해 만들어졌다. 미국의 군대와 군산복합체는 원정 전쟁이 실제 국가 방위와는 거의 무관하다는 것을 완전히 망각하고 있다. 그 결과 미국 본토에는 자랑은 하지만 성능은 불확실한 사드THAAD를 제외하면 이렇다 할 방공 시스템이 없으며, 공군기의 상당수가 예비 부품용으로 해체된다는 것을 제외하고는 미 공군의 실태에 대해서도 알려진 게 별로 없다. 미국 자체 내에서도 그렇고 전 세계적으로 웃음거리가 된 F-35는 한 관측통의 말에 따르면 "여전히 불량품이다."[57] 미국의 군산복합체는 터무니없이 비싸고 성능은 형편없는 무기체계를 계속해서 대량생산하고 있다. 이런 무기들은 생산 공장에서 출고되기도 전에 쓸모없게 된다. 첨단 미사일 기술에서 미국은 크게 낙후되었을 뿐만 아니라 그 격차도 점점 커지고 있다.

현대식 방공망에 의해 쉽게 탐지되고 요격되는 아음속의 느린 대함 미사일을 기반으로 하는 '화력 분산' 전략을 마지못해 채택해 항공모함 중심 해군에서 벗어나려는 미약한 시도는 시작부터 진의가 분명치 않았다. 고색창연한 하푼Harpoon 대함 미사일은 느리고(마하 0.71) 상대적으로 사정거리가 짧아 이미 오래전에 용도폐기 수준에 이르렀다. 미 해군의 신규 획득 장비인 노르웨이제 콩스베리 해군 공격 미사일NSM은 하푼과 비교해 사정거리는 어느 정도 늘었지만 러시아의 대응 무기에 비하면 근처에도 못 간다. 게다가 NSM은 경쟁국이나 경쟁국에 가까운 나라를 대적하는 현대식 첨단 네트워크 중심 전투용으로 설계된 게 아니라 아음속 경輕미사일의 신형에 불과하다. 완전 실패작인 연안전투함LCS 개념을 어떻게 할 것인지를 놓고 여러 해 동안 성과 없는 논의를 한 끝에 미국은 이탈리아의 핀칸티에리* 조선회사가 설계한 유럽형 다목적 호위함 FREMM을 구입할 수밖에 없었다. 당연한 이야기지만 미국에서 건조하기로 한 것은 미국의 획득 시스템에 심각한 부패 요소가 있다는 또 다른 징표였다.[58] 2026년 첫 번째 FREMM 호위함이 취역할 때가 되면 이 클래스의 함선들은 모두 현대식 첨단무기에 사실상 무방비 상태가 될 것이다. 결코 조국을 방어해 본 적이 없는 체제는 헐떡거리다가 사실상 멈춰 설 수밖에

* Fincantieri: 이탈리아 트리에스테에 있는 조선회사로 미국 위스콘신주 마리네트에도 군함을 건조하는 자회사가 있다.

없었다. 요행은 끝나게 돼 있었고 결국 끝났다.

미국 군대를 괴롭힌 판박이 정책과 조직적 부패 속에서 군의 엘리트들, 장교들의 사기 저하와 지적 붕괴는 놀라운 수준에 이르렀다. 웨스트포인트 미 육군사관학교의 전직 교수이자 웨스트포인트 1997 학번 출신인 헤핑턴 중령이 쓴 공개서한이 2017년《아메리칸 밀리터리 뉴스American Military News》에 게재되었을 때 그 충격은 핵폭탄급이었다. 전 세계 장교 양성 기관들은 때때로 기율을 비롯해서 나름대로 어려움을 겪는다. 러시아, 미국, 중국 혹은 프랑스에 있는 군사 조직도 이런 일은 마찬가지다. 그것은 동물의 본성이다. 군대의 고급장교 교육기관에서 위반은 기율만큼이나 일상적인 부분이다. 그러나 헤핑턴이 기술한 내용은 아주 충격적이었다. 사상과 기율 문제 외에도 학업 성적에 대한 폭로는 눈을 의심케 하는 것이었다.

> 학업 성적에 대한 기준도 없다. 이런 경향은 약 10년 전부터 시작되어 점점 악화되고 있다. 웨스트포인트는 학업 기대 수준과 성적에 대해 밝히고 있지만 그것은 무시된다. 생도들이 여러 과목에서 낙제하는 일이 일상적으로 일어난다. 그들은 학기 말 교무위원회에서 퇴교당하지 않는다. 교수들은 '자퇴'를 권고하지만 그런 권고는 완전히 무시된다. 나는 최근 한 학기 동안 네 과목(내가 가르친 과목을 포함해)에서 낙제한 생도를 가르쳤다. 그 생도는 이전 학기에도 몇 개 과목에서 낙제했다. 그녀는 그대로 학교에 재학 중이다. 생도들은 여러 과목에서 낙제할 수 있고 그래도 퇴교당하지 않는다는 게 분명해졌다. 교장은 그런 학생들

이 다른 학생들과 어울리도록 하고 교수진이 그럭저럭 졸업할 수 있는 학점을 딸 때까지 교과과정을 이수하도록 그들을 이끌고 나가길 기대한다.[59]

이런 주장이 충성심에서 우러난 것이 아닌지 의심할 수도 있을 것이다. 그러나 역시 웨스트포인트 교수인 팀 바켄Tim Bakken은 2020년에 출판된 『충성의 대가: 미국 군대의 부정직, 오만 그리고 실패The Cost of Loyalty: Dishonesty, Hubris, and Failure in the U.S. Military』에서 사관학교의 학업 붕괴에 대해 전혀 의심하지 않았다. 그는 이 책을 통해 섬뜩한 사실들을 알려 주었다. 그는 "미 육군성은 장교 후보생들의 실력이 점점 저하되는 것을 염려한 나머지 육군사관학교(웨스트포인트)를 4년제에서 3년제로 바꾸는 것을 고려하고 있다"고 썼다.[60] 이것은 인생을 형성하는 학업과 군 복무 경험을 쌓는 데 좋은 환경이 아니다. 인생을 형성하는 학업과 군복무 경험은 전술적 차원에서 작전적 차원으로의 전환을 가능케 하며 나아가 기술, 전쟁, 경제 그리고 지정학을 아우르는 다양한 분야에 걸쳐 전략적 사고를 하도록 만든다. 이런 놀라운 사실들은 단지 미국의 형편없는 공교육 수준을 보여 주는 증거로 그치지 않는다. 웨스트포인트는 군 직업적성 시험ASVAB*에서 4등급을 받은 사람까지 입학시킨다. 그것은 사병을 모병

* Armed Services Vocational Aptitude Battery: 미군 입대를 지원하는 사람을 대상으로 하는 적성시험.

하는 시험에서도 가장 낮은 합격 등급이다.[61]

몇 해 전에 러시아 공군 전직 전투기 조종사 한 사람과 대화를 나눈 적이 있다. 러시아 공군사관학교는 5년제로 1주일에 6일 수업을 한다. 러시아 해군사관학교도 마찬가지다. 그는 사관학교에서 미분방정식 과목을 이수했지만 군 복무를 하는 동안 미분방정식이 필요한 경우는 한 번도 없었다고 투덜거렸다. 이들 그룹의 반응은 한결같았다. 매일 써먹으라고 미분방정식을 가르치는 것은 아니다. 전투비행을 비롯해 일상생활에 적용할 수 있는 복잡한 두뇌활동을 계발하도록 가르치는 것이다. 그는 그게 사실이라고 마지못해 시인했다. 구식 냉전주의자들의 관점에서 보면 냉전 초기에 우리는 모두 우리의 적수인 미군 장교들이 훌륭한 전문가들로 매우 머리가 좋은 데다 유능하고 학업 성적이 우수한 장교들이라고 알고 있었다. 모든 영역의 냉전은 그것이 대부분 사실이라고 보여 주었다. 미군 병사가 "여성들이 경험하는 것을 경험해 보기 위해" 하이힐을 신고 임신 체험 의상을 입고 다니는 것부터 가장 급진적인 인종적, 성적 담론의 조장 그리고 정치적 극단주의에 이르기까지 오늘날 '국방' 분야에서 벌어지고 있는 일들을 보면 완전히 초현실적인 세계에 살고 있다는 느낌을 떨쳐 버릴 수 없다. 이것은 내가 알고 있던 미국 군대가 아니다. 물론 지금도 군대 내에는 최고의 전문가들과 정말 재능 있고 헌신적인 사람들이 있을 것이다. 그러나 환경 그 자체는 점점 더 나빠지고 있으며 군사기술과 지정학적 현실을 수용하기에는 유리하지 않게 변하고 있다. 미국이 미국을 하나의 국가로 인정하고 세계주의자 계층을 부자로 만드는 군대가 아니라 조국을 방위하기 위한 군대를 형성하지 않는다면 아무리 말해 봐야 점점 더 악화되는 이런 문제에 대처할 수 없을 것이다. 세계주의자들은 미국을 단지 오웰의 소설에 나오는 현실로 가는 도정에서 그들이 이용하는 수단이라고 생각한다. 그리고 미국은 급속도로 오웰이 말한 현실로 변하고 있다.

08 자국민도 지배하는 만인지상의 제국

미국의 협동조합주의적 군대

미국이라는 독립 국가, 아니 오히려 진정한 국가로 통합하는 데 역사적으로 실패한 미국은 예외적인 지리적 위치의 이점 때문에 산업 시대 초기의 무기들로부터 영향을 받지 않고 역사를 통틀어 미국식 '전쟁 방식'과 미국식 군사사상을 잔인한 장난쯤으로 치부해 왔다. 4년쯤 전에 나는 다음과 같이 썼다.

> 21세기 미국 무기의 비밀은 알고 보면 비밀이 아니다. 미국 무기들은 팔기 위해 만들어진다. 그 무기들은 일반 상품들처럼 영리를 추구하기 위해 만들어진다. 미국 국내 혹은 국제적으로 장사를 하는 것이다. 역사적으로 외부 침략자들과 한 번도 싸워 본 적도 없고 지리적 위치 덕분에 걱정할 것도 별로 없는 나라는 이렇게 될 수밖에 없다. 무기체계의 품질

> 을 평가할 때 '효과적인'이라는 말 대신 '정밀한'이라는 용어를 사용하는 미국 군사기술의 특이한 표현법이 미국 군사문화 내부에 깊숙이 뿌리내리고 있는 것은 분명한 사실이다.[1]

전쟁 그리고 함축적으로 말해 지정학에 대한 미국의 관점이 본질적으로 잘못되었다는 생각은 새로운 게 아니다. 2016년에 벤저민 H. 프리드먼과 저스틴 로건은 다음과 같은 옳은 결론을 내렸다.

> 미국 외교 정책 입안자들 대다수는 우선 세계 제패 전략을 신봉하는 사람들이다. 그들은 전 세계적으로 미국의 군사력을 과시하는 것, 즉 동맹국들, 해외 기지, 초계, 군사훈련, 정규전 그리고 지속적인 공습 등이 국가 안보, 전 세계의 안정, 그리고 자유무역을 보장하는 유일한 수단이라고 생각한다. 워싱턴에서 외교 정책을 놓고 이루어지는 토론이 있다면 그것은 대부분 세계 전략의 대안이 아니라 어떻게 최고라는 것을 보여주느냐에 관한 것이다.[2]

이러한 문제에 대한 해답은 의외로 간단하다. 21세기는 차치하고 20세기 후반의 세계 제패 전략에 대해 논의하기 위해서는 프리드먼과 로건이 전략가들의 자질이라고 설명한 것으로는 부족하다.

> 미국의 외교 정책을 주도하는 집단, 즉 연방정부의 국가 안보 관련 직책을 맡고 있는 사람들, 주요 언론에 논평을 기고하는 사람들, 그리고 가

장 저명한 싱크탱크에 근무하는 사람들로 이루어진 그룹은 세계 제패 전략을 거의 논의하지 않는다.[3]

이들은 '세계 제패 전략'을 논의하기는커녕 부인할 수 없는 경험적 증거들이 보여 주듯이 작전과 전술 분야에서 세계 제패 전략에 요구되는 것, 즉 현실적인 세력 균형과 그 역학관계에 대해 중요한 판단을 내릴 만한 자질을 전혀 갖추지 못한 사람들이다. 사실 일련의 부인할 수 없는 경험적 증거들은 미국의 지도층이 세계 제패 전략을 수립하는 것은 말할 것도 없고 그런 문제를 논의할 수 있는 능력이 안 될 뿐만 아니라 상황 인식을 전혀 못 하고 있음을 보여 주고 있다. 더 심각한 것은, 적어도 알려진 바로는 이들은 세계 정세에 대해 무지하며 '전략' 대신 그럴듯한 학자 행세를 하며 의미론적 말장난을 할 수밖에 없다는 것이다. '전략'이라는 말은 이런 지도층이 활동할 수 있는 유일한 전제, 즉 미국의 경제적, 군사적 그리고 정치적 우월성이 존재하지 않는다는 것을 가려 주는 얄팍한 술수에 불과하다. 이렇게 말한다고 해서 미국의 지도층에 세계 전략이 담고 있는 중대하고 위험한 허위성을 알고 있는 사람이 아무도 없다는 의미는 아니다. 주로 군대에 실제 복무한 경력을 가진 사람들이 그 허위성을 알고 있다. 그나마 남아 있는 미국의 지정학적 능력은 주로 미군에 의존하고 있으며 그것마저도 급속도로 사라지거나 군산복합체와의 유착관계에 의해 손상되고 있다는 것은 전적으로 맞는 이야기다. 그것은 우리 모두를 잠시 생각에 잠기게 한다.

미국 군대는 제2차 세계대전 이후에 나타난 국민국가의 고전적 군대와는 달랐다. 그 이유는 미국은 시작할 때 국가가 아니었기 때문이다. 강력하고 거대한 나라인 미국은 분명히 중요한 이해관계들을 가지고 있지만 그 가운데 진정한 국가적 이해관계, 즉 국민의 안녕과 사회기반시설 등 국가에 도움이 되는 이해관계는 얼마나 될까? 이 질문에는 직답이 있을 수 없다. 보니 크리스티안*이 화를 내는 게 충분히 이해된다.

> 지난 20년 동안 세 개의 행정부를 거치며 미국의 외교 정책으로 인해 미군에게는 무모하고, 역효과를 낳고, 비열하고 심지어는 불가능한 임무가 하달되었다. 미국의 외교 정책은 정당한 목적과 입대 선서에서 벗어나는 작전을 미군에게 요구했다. 그것은 미국의 이익과 관계없는 전투 임무를 맡겨 헌법상의 안전장치를 무시했다. 그것은 우리 군대에 방어보다는 침략의 수단으로서 죽이고 죽을 것을 요구했다.[4]

그러나 그녀는 한 가지 착각을 하고 있다. 미국은 국가의 방어를 위한 전쟁을 한 적이 없다. 미국은 한국전쟁 이후로 침략 전쟁에 참전해 왔으며 두 차례의 세계대전 이전에도 그랬다. 국가 이익을 보

* Bonnie Kristian: 미국의 대외정책이 보다 절제되어야 한다고 주장하는 싱크탱크인 Defense Priorities의 연구원이자 언론인이다. 그녀는 미국이 시리아 반군을 지원하고 북한에 대해 강력한 제재를 하는 데 반대한다.

호하는 것이 아닌 다른 전쟁을 한 기록은 한 세기 넘게 이어진다. 누구의 이익을 위해 그랬던 걸까? 오지랖을 떠는 것은 분별 있는 외교 정책과 전쟁 수행에 좋은 수단이 아니다. 미국의 엘리트들은 '20여 년'보다 훨씬 오랫동안 이런 것으로부터 학습효과를 얻지 못했다는 것을 보여 주었다. 미군은 미국이라는 국가의 이익을 위해 존재하는가 아니면 단지 초국가적인 기업들과 세계 금융기관들이 자신들의 계획을 관철하기 위해 이용하는 수단에 불과한가?

오늘날, 이런 질문에 대한 답은 명백히 후자다. 미국이 벌이는 전쟁은 공갈일 뿐만 아니라 미국에 원형적인 국가 형태가 아직도 존재하고 이 원형적인 국가가 가장 중요하게 여기는 정당한 이익이 안보, 즉 생존의 보장과 번영이라고 가정한다면 그 전쟁은 미국의 국가 이익에 반한다.

여기 한 가지 난제가 있다. 펜타곤의 공식 명칭은 국방부다. 많은 사람이 오랫동안 빈정거렸듯이 '국방'이라는 용어는 역사적으로 한 번도 자국을 방어한 적이 없고 주로 미국에 위협이 되지 않는 먼 나라에 가서 싸우는 것으로 유명한 부처의 수식어로는 적절치 않다. 그런 전쟁이 초국가적인 이익을 위해 수행되지 않는다면 모종의 국가적 이익을 위해 수행하는 전쟁을 통해 미국이 지속적이고 무모하게 국가적 자원을 낭비하는 것은 완전히 미친 짓으로 보인다. 초국가적 이익을 추구하는 사람들은 경제는 쪼그라들고 사회는 분열되어 가는 미국을 하나의 수단으로 이용한다. 왜냐하면 미군은 어쨌든 자국 방위를 위한 목적으로 만들어지고 조직된 게 아니기 때문이다. 미군의

유일한 존재 이유는 대니얼 라리슨이 정의한 바와 같이 인플레이션 위협의 수단을 제공하는 것이다.[5]

워싱턴D.C.에서 세계 제패 전략에 관한 논의로 통하는 것은 정확히 말하면 끝없는 인플레이션 위협이다. 퇴역한 미 육군 대령 로렌스 윌커슨Lawrence Wilkerson은 그것을 다음과 같이 요약하고 있다. "미국은 오늘날 전쟁을 하기 위해 존재한다."[6] 놀랍게도 미국은 전술적 차원 이상의 어떤 수준에서도 이기는 것은 고사하고 제대로 수행할 수 없는 전쟁을 벌인다. 그리고 전술적 차원의 전쟁에서도 고작해야 미국의 기술이 적국에 비해 압도적으로 우수하다는 성과를 거둔다. 미국의 경우 전쟁을 하는 것은 무장 강도를 물리치거나 도망가기보다는 무장 강도를 도와주기 위해 자기 목을 조르는 것과 같다. 1961년 드와이트 아이젠하워가 군산복합체의 막강한 이해관계에 대해 경고한 것은 미국 역사에 대한 지식이 매우 짧은 사람들도 잘 알고 있다. 그것은 미국 역사상 가장 중요한 정치 연설들 가운데 하나다. 미국과 같은 크기와 능력을 지닌 나라가 자체 군산복합체가 필요하다는 것을 의심하는 사람은 거의 없을 것이다. 러시아도 있고 중국도 있다. 서방 국가들 가운데는 프랑스가 미국 다음으로 핵억지력을 생산·유지하고 있으며 프랑스 자체의 지식과 경험에 대부분 기반을 둔 군사 기술력을 구축하고 있다.

프랑스는 사회, 문화 혹은 경제 정책 면에서 좋은 전범이 되기 어렵지만 여전히 프랑스 영토에 대해, 세계적인 강대국에 의한 것을 포함해, 어떤 종류의 공격이 가해져도 신뢰할 만한 국가방위를 제공할 군사력을 유지하고 있다. 왜냐하면 프랑스는 전략해양군*으로 알려진 강력한 해군 핵억지력을 배치하고 있기 때문이다. 전략핵잠수함에서 해상 발사 탄도미사일에 이르기까지 여기에 포함된 무기체계는 모두 프랑스가 자체 생산한 것이다. 영국 해군은 자체 핵억지력을 가지고 있지만 미국이 설계한 트라이던트 잠수함 발사 탄도미사일 SLBM을 사용하고 있다. 영국 총리는 발사할 수 있는 권한을 가지고 있지만 영국이 독자적으로 미국제 미사일을 개조할 수는 없다.[7]

영국과 프랑스 두 나라 모두 유럽과 세계에서 영향력을 행사하고자 한다. 프랑스는 지중해에서 힘을 과시할 군사적 수단을 가지고 있다. 그러나 미국이 설계하고 생산하는 F-35B 전투기가 없으면 무용지물이 되는 두 척의 엘리자베스급 항공모함을 취역시키고 있는 영국 해군과는 달리 마린 나쇼날르Marine Nationale로 알려진 프랑스 해군은 프랑스가 전적으로 자체 설계 건조한 핵추진 항공모함 샤를 드골Charles de Gaulle호를 운용하고 있을 뿐 아니라 이 항모 비행단에는 두 대의 미국제 호크아이 조기경보기 외에 프랑스가 설계하고 제작한 다소Dassault사의 라팔Rafale M 전투기를 배치하고 있다. 그럼으로써 프랑스는 영국을 비롯한 다른 나토 국가들과는 달리 융통성과 독립성을 유지하고 있다. 그러나 프랑스 방위 태세에서 중요한 것은 프랑스가 리비아와 시리아의 정권교체를 위한 침략적 태도를 제외하면

* Force oceanique strategique: 프랑스 전략 핵잠수함대를 의미한다.

군사 구조적으로 균형이 잘 잡힌 국방 노선을 유지하고 있는 것으로 보이며 '국가'라는 용어가 핵심이 된다는 것이다. 왜냐하면 프랑스의 군사적 관점은 피비린내 나는 전쟁 끝에 알제리를 독립시키는 데 합의하고 프랑스의 식민지를 포기하고 제5공화국을 수립한 것을 포함해 국가 이익을 형성할 수 있는 독립된 국가의 관점으로 진화했기 때문이다. 1966년 프랑스가 자국 영토에서 미군을 철수시킴으로써 사실상 나토를 탈퇴한 것은 드골이 보여 준 두드러진 국익을 위한 노력이었다. 드골은 자주적이고 포괄적인 군산복합체와 적을 억지할 수 있는 능력이 국가 주권의 기본이라는 점을 잘 알고 있었다. 미국과는 달리 진정한 대륙의 강대국이었던 프랑스는 역사적으로 침공과 피침 양면에서 전쟁과 침략을 경험했기 때문에 그런 결론에 도달할 수 있었다. 프랑스의 포괄적인 군산복합체를 발전시키는 과정에서 드골은 진정한 국가지도자의 역할을 했다. 아이젠하워 역시 "군산복합체가 의도했든 아니든 부당한 영향력을 행사하는 데 대해" 경고하면서 진정한 국가지도자의 역할을 했다.[8]

오늘날 프랑스나 미국은 진정한 의미에서 국가가 아니다. 프랑스는 세계주의자들의 다문화적 이론의 혼란에 빠져들었고 미국은 인종 및 종교적 이해관계 그리고 기업의 이익에 의해 완전히 타락했다. 이윤을 추구하는 기업들은 미국의 군산복합체를 하나의 고수익 사업으로 운영하고 있다. 군산복합체는 반격하는 적을 효과적으로 제거하는 게 아니라 이윤을 남겨야 한다. 그런 상황에서는 역사와 작전 기획 혹은 진행되고 있는 상황 인식에 대해 열심히 공부할 필요가 없다. 완전 무방비 상태의 국가가 공격 목표가 되고 미국산 탄약과 발사 장비를 공급하기 위해 부풀려진 위협의 근거를 제시할 수 있으면 앞길은 정말 탄탄대로다.

무엇이 국가 이익인가?

이것은 국가 이익을 추구하는 게 아니다. 이것은 거대한 규모의 협동조합주의*다. 아이젠하워 대통령이 국방부 장관 후보로 지명했던 찰스 어윈 윌슨Charles Erwin Wilson은 그 당시 제너럴 모터스의 CEO였다. 그는 상원 국방위원회의 청문회에 나와 이익충돌을 회피하기 위해 보유하고 있던 GM의 주식을 처분하겠다고 마지못해 동의했다. 윌슨은 여러 해 동안 솔직히 "미국에 좋은 것은 제너럴 모터스에도 좋고 제너럴 모터스에 좋으면 미국에도 좋다고 생각해 왔기 때문에"[9] 주식을 보유하는 것이 문제 될 게 없다고 설명했다. 윌슨의 말은 최소한 일리가 있었다. 왜냐하면 1953년 당시 제너럴 모터스는 팔리는 유형 상품을 생산했고 그것도 미국에서 생산했기 때문이다. 오늘날 인플레이션을 수출하고 점점 더 열악해지는 미국의 군사기술

* corporatism: 대규모 직능 혹은 이익집단들이 서로 이익을 공유하기 위해 국가 운영을 장악하는 것을 의미한다. 여기서는 특히 대규모 재계 단체들에 의한 국가 운영의 장악을 의미한다.

을 나토와 다른 지역에 있는 '동맹국들'의 목구멍 속으로 밀어 넣는 것 외에 미국은 하나의 국가로서가 아니라 기업, 다단계 금융사기 집단 그리고 돈세탁 조직같이 처신하고 있다. 오늘날 미국의 군사 정책은 2017년 4월 7일 트럼프가 시리아에 있는 샤이라트Shayrat 군사기지에 대한 미사일 공격을 명령한 다음 날 아침에 나온 주요 뉴스에 잘 요약되어 있다.

> 투자자들은 이번 주 초 시리아 민간인들에 대한 화학 공격 이후 시리아에 대해 보복하기로 한 트럼프 대통령의 결정으로 펜타곤이 더 많은 토마호크 미사일을 요구할 수도 있다는 것을 호재로 보고 있는 것 같다. 국방부는 지난 2월 2017년 국방 예산에 미 해군이 5년에 걸쳐 토마호크 미사일 4,000기를 구매할 20억 달러를 요구했다. 지난 목요일 지중해에 배치된 미국 전투함들은 거의 60기의 토마호크 미사일을 시리아 군사기지를 향해 발사했다. 금요일에 주가가 상승한 것은 레이시온RTN만이 아니다. 재블린 미사일 발사 시스템을 레이시온과 제휴해 만들고 있고 헬파이어 미사일도 만들고 있는 록히드마틴LMT의 주가도 1퍼센트 가까이 상승했다.[10]

이러한 '정책'의 주요 목적은 전쟁에서 이기는 것이 아니라 전쟁을 시작하는 것이다. 그런 전쟁이 오래 계속될수록 방위산업체와 그 협력업체들은 더 좋다. 장교와 병사들이 직접 조국을 지키기 위해 적과 싸워 본 적이 없는 나라로서는 이렇게 완전히 초현실주의적인 상황이 즉각 명백하게 보이지 않을 수도 있다. 하지만 일단 지난 3, 40년 동안 전쟁에 대한 미국의 관점이 진화해 온 내용을 자세히 살펴보면 군사사상을 장기적으로 약화시키는 효과를 부인할 수 없다. 리처드 파입스는 1977년 미국이 전쟁을 대하는 방식에 관해 다음과 같이 말했다. "우리는 총참모부가 없다. 우리는 '군사학'의 석·박사 과정을 두고 있지 않다. 마한 제독*을 제외하면 우리는 국제적인 명성을 떨치는 전략가를 배출하지 못했다."[11] 파입스가 이런 결론을 내린 데는 냉전의 불길을 부채질하려는 숨은 동기가 있었을 수도 있다. 왜냐하면 그는 노골적인 반공주의자였고 러시아 혐오자였다. 그러나 그는 그런 결론을 통해 그 이후로 급전직하는 아니더라도 급속히 쇠퇴했고 그 당시 이미 군사 문제에서 진정한 혁명의 주요 수단으로 떠오른 것을 완전히 놓친 미국의 전략적 사고의 상태를 잘 설명했다. 군사 부문의 진정한 혁명은 소련의 붕괴와 그에 따른 1990년대 러시아의 혼란으로 지연되었을 뿐이다. 2010년대에 이르러 마침내 군사 부문의 혁명적 변화가 일어나 전쟁에 대한 미국의 생각과 전략적 균형을 완전히 뒤집어 놓았다.

미국은 제국이다. 제국은 그 속성상 초국가적 구성체다. 초국가적 구성체는 결코 식민지 종주국의 중심에 있는 국가를 식민지의 영

* Alfred Thayer Mahan: 1840~1914. 미 해군 제독. 특히 그의 저서 『해군력이 역사에 미치는 영향(The Influence of Sea Power upon History): 1660~1783』은 메이지 유신 이후 일본의 해군을 비롯해 여러 나라 해군력 증강에 영향을 미쳤다.

향으로부터 단절시키지 않는다. 대영제국은 제국 경영의 다국적 속성을 보여 주는 하나의 증거다. 로마제국과 러시아제국도 그랬고 다른 유럽의 식민지 제국도 마찬가지였다. 국익이 세계적 성격을 가지고 있다고 말하는 미국도 예외는 아니다. 분명히 말해, 다국적 제국은 오래가지 못하고 붕괴의 고통 속에 끝나게 된다는 사실은 많은 미국인이 마음에 담아 두고 싶어 하는 지정학적 공리가 아니다. 그러나 대영제국이나 프랑스 같은 이전 시대 제국 본토의 쇠락이 보여 주듯이 에녹 파월*의 경고는 예언자적이었다. 프랑스 디종에서 벌어진 체첸계와 아랍계 사이의 폭력 사태와 같이 최근 프랑스에서 벌어진 사건들은 서방 국가들이 다른 이주민들을 동화시킬 수 없다는 것을 보여 주고 있다.[12] 그러는 가운데 제국의 종주국인 영국이나 프랑스의 경우에는 다수 인종, 미국에서는 '백인'이라고 불리는 사람들은 그들이 분노에 차서 말하는 역차별을 당했고 정치적 올바름과 비난에 숨통이 조여 오는 느낌을 받았다.

따라서 스티브 세일러Steve Sailer가 2005년에 펴낸 저서 『세계침략과 세계초대Invade-the-world-Invite-the-World』의 제목으로 유명해진 말은 서구에서 결과로 나타났다. 서구는 아무 거리낌 없이 외국을 침략하여 그 나라를 파괴하고 그들이 저지른 파괴를 피해 도망친 난민들을 받아들임으로써 국내에 있는 다수 민족의 문화적 동질성과 국

* Enoch Powell: 1912~1998. 영국의 고전학자이자 정치인으로 맥밀란 행정부에서 재무장관과 보건장관을 지냈다.

권 의식을 동시에 말살한다. 국내 다수 집단은 그들이 자멸을 초래하는 이민과 다문화 정책이라고 간주하는 것을 점점 더 거부하게 된다.[13] 이러한 서구의 퇴행은 상대적이 아니라 절대적인 의미에서 국민을 "어쩌다 같은 법률 체제하에 살게 된 다수의 원자화된 인간들에 불과한 것"[14]으로 보는 신자유주의의 세계주의 의제가 초래한 최종적 결과다. 집단 서방은 제국주의적인 상태를 유지하길 원하면서도 동시에 국민을 문화적 친연성이 가져다주는 열정과 애착이 없는 몰개성적 소비자 집단으로 균질화한다. 세계주의는 원칙상 (국가 해체를 요구한다는 점에서) 반국가적이나 실제로는 (실존하는 국민국가들을 반대한다는 점에서) 반다국가적이다.

그렇지 않고는 세계주의는 자유무역을 정통으로 신봉하면서 지배적 기업들의 수지를 맞추기 위해 다른 나라 경제에 전면적으로 진출하는 구도 안에 수용될 수 없다. 오늘날 미국 백인들이 알아차리기 시작한 한 가지 유쾌하지 않은 사실은 미국 기업들이 미국이라는 나라를 어떻게 규정하든지 간에 미국 문화의 통일성이나 미국을 이루고 있는 국민의 안녕을 유지하는 것보다 기업 이익을 훨씬 더 중요하게 생각하고 있다는 것이다. 전에 《내셔널 리뷰The National Review》에서 일한 적 있는 존 더비셔John Derbyshire가 미국 정치인들의 무원칙함에 대해 설득력 있는 독설을 퍼부었다. 하지만 하나의 파생물이긴 하지만 미국 정치의 메커니즘이 아니라 미국 협동조합주의의 경제적 DNA에 새겨진 그러한 경향, 즉 이윤이 늘고 비용이 준다면 국가는 문제가 되지 않는다는 생각은 어떤 것으로도 바꿀 수 없다. 더비셔는 다음과 같이 썼다.

> 이번 주에 벌어진 무도한 일은 유타 출신 상원의원인 마이크 리가 제출한 S.386 법안이 상원을 통과한 것이다. 이 법안의 내용은 외국인 노동자들이 미국에서 화이트칼라 직종에 취업하는 것을 제한하는 규정을 대폭 완화하는 것이다. 리 상원의원은 법안을 통과시키기 위해 별다른 노력을 하지 않았다. 그는 '전원 합의'라는 상원의 제도를 이용했다. 이 제도는 상원에서 반대하는 상원의원이 한 명도 없을 때 청문회나 토론 없이 법안을 통과시키는 것이다. 어떤 상원의원도 반대하지 않았다. 단 한 명도.[15]

S.386 법안은 미국 경제를 운용하는 데 있어서 미국 노동자들의 필요와 권리가 갖는 의미를 무시하려고 시도한 NAFTA를 위시한 많은 법안 가운데 최근에 나온 것에 불과하다. 미국 노동자들 가운데 다수는 유럽계 백인이다. 미국의 정체성을 대표해 왔다고 자타가 인정한 다수 백인 집단의 역할을 가시적 그리고 통계적으로 희석하려는 노력이 진행되면서 미국의 국가적 정체성은 아주 사라지고 있다. 수정주의 역사의 물결 속에서 수없이 드러나는 그들의 오점과 악행에도 불구하고 미국의 유럽계 백인 주민들은 여전히 미국의 진정한 위대함 그리고 많은 사람을 매료시킨 자유와 법의 가치에 공헌하는 중요한 역할을 했다는 것을 인정받을 만하다.

2009년에 발표한 유럽의 이슬람화에 대한 그의 중요한 연구논문에서 크리스토퍼 콜드웰Christopher Caldwell은 유럽과 미국의 이민정책을 비교하면서 좀 성급하고 주제넘게 다음과 같은 결론을 내렸다.

> 이민은 미국화되는 것이다. 미국은 이론적으로 열려 있지만 실제로는 이민자들에게 순응할 것을 획일적으로 강요한다. 미국의 다양한 시민들을 하나의 국민으로 묶는 것은 강압이지 개방이 아니다. 그렇다. 이민자가 고집한다면 "귀화한 외국계의 정체성"을 지닐 수 있다. 그러나 어느 편을 택하는 게 좋을지는 알아 두는 게 좋을 것이다.[16]

순응의 강요가 하나의 국민으로 묶어 줄 수 있을 것이라는 콜드웰의 결론은 이민 초기에 어려움을 겪고 있는 사람들에게 잘못되고 선부른 것으로 보이기 쉽다. 남부에서는 노예제와 인종차별을 허용한 식민지 개척 정착민에 의해 건국된 나라에서 미국인들은 과거에도 하나의 국민이었던 적이 없다. 2020년 인종적, 정치적으로 격앙된 폭력의 물결이 미국의 도시에 밀려올 때 미국에는 미래에도 '하나의 국민'은 없을 것처럼 보였다. 미국의 세계주의 엘리트들을 지지하는 사람들이 경멸하는 '가련한' 백인 다수 집단에 대항하여 결집하면서 사실 백인들도 이념적 노선에 따라 둘로 나눠진 것으로 보인다. 현재 진행 중인 그리고 앞으로 다가올 경제 위기 속에서 폭력이 임계점에 이르러 전면적인 인종적·경제적 전쟁을 촉발할 수도 있을 것인가?

그런 상황에서 아무리 부정한다고 해도 이미 여러 개의 국민들로 이루어진 미국이 국가적 이익을 도모할 수 있을지 묻지 않을 수 없다.

미국의 이라크 전쟁은 아프리칸 아메리칸, WASP, 라티노 혹은 유대인 중에서 누구의 이익을 보호했나? 미국에서 이스라엘 로비의 영향력은 움직일 수 없는 사실이며 미국이 중동 문제에 개입하는 것은 과거에도 그랬고 지금도 전적으로는 아니라고 해도 주로 이스라엘의 이익을 위한 것이었다. 존 미어샤이머와 스티븐 월터는 다음과 같이 썼다.

> 미국의 중동 정책을 종합해 보면 그 주안점은 완전히 미국 국내 정치용이며 그중에서도 특히 '이스라엘의 로비' 활동에 좌우된다. 다른 특수 이익 집단들은 미국의 외교 정책을 자신들에게 유리한 방향으로 돌리려고 한다. 그러나 어떤 로비 활동도 미국의 외교 정책이 미국의 국익이라고 제시할 만한 것에서 눈을 돌리게 하지는 못했다. 동시에 미국민이 미국의 국익과 이스라엘의 국익은 근본적으로 같다고 믿도록 만들지도 못했다.[17]

미어샤이머와 월트는 이스라엘과 다른 민족 집단의 로비 활동이 미국의 외교 정책을 타락시켰다는 것을 인정하지만 여전히 '미국의 국익'을 언급하면서도 그것이 어떤 것인지 규정하지는 않고 있다. 아무도 규정하려고 하지 않는다. 최소한 정치권과 행정부의 엘리트 집단 내부에서는 누구도 평범한 미국인들의 권익을 입에 올리지 않는다. 전부 그렇다는 것은 아니지만 미국의 백인 중산층과 노동 계층은 점점 위축되고 있다. 이들을 돌보지 않는 정책으로 인해 박탈감을 느끼는 미국 시민들은 최악의 상황으로 내몰리고 있다. 이들의 권익은 세계주의와 다문화주의의 제단에 희생양이 되었다. 이러한 이념의 유일한 수혜자는 다국적 기업들이다. 그들은 군사·경제적 침탈의 메커니즘이 그들의 이익에 부합하는 한, 옳고 그름, 윤리나 도덕을 따지지 않는다. 미국의 외교 정책과 군사개입은 이런 생각을 중심으로 이루어진다. 1941년 브로니스와프 말리노프스키*는 이렇게 말했다. "공격성[혹은 침략성]을 연구하는 데 있어서 또 다른 흥미로운 점은 공격성이 사랑과 마찬가지로 가정에서 시작된다는 것이다."[18]

오늘날 미국은 역사적, 심리적 그리고 인류학적 원심력을 극복하기 위한 생존 투쟁의 진화 과정에서 분열되었다. 그리고 이 지고 있는 투쟁에서 이길 가능성은 매우 희박하다. 이런 상황에서 국가적인 것, 특히 미국의 국익에 대해 말해 봐야 헛일이다. 오늘날 미국의 국익은 지난 100년 동안 대부분 그랬듯이 기업, 국내외의 민족적, 종교적 로비 단체 그리고 다른 특수 이익집단의 이익이다. 미국은 붕괴할 가능성이 높다. 그러나 이들 가운데 누구도 미국이 살든 죽든 신경 쓰지 않는다.

그리고 아무도 책임지지 않는다.

* Bronisław Malinowski: 1884~1942. 폴란드 태생의 영국 인류학자이자 민족학자.

09 죽느냐 사느냐

내분

오늘날 미국은 국가가 아니다. 하나의 지배적인 민족으로 이루어진 전통적 의미에서의 국가는 분명 아니다. 미국의 건국과 관련된 모방적 문화 요소meme이자 '용광로'라는 신화는 말 그대로 신화에 지나지 않았음이 드러났다. 미국의 여러 민족은 동화되어 하나의 단일 국가를 형성하지 못했다. 따라서 유럽에서 건너와 정착한 다수의 '백인'과 소수의 '유색' 인종들(아메리카 원주민, 아프리카계 미국인, 라틴계와 아시아계 이주민)로 구성된 일종의 샐러드 보울salad bowl이라고 부르는 게 차라리 더 적절할 것 같다. 그들은 정도의 차이는 있을지라도 자신들 나름대로 고유한 문화적 정체성을 유지해 오고 있다.[1] 하지만 샐러드 보울이라는 비유도 미국이 당면한 다문화적 재앙을 제대로 반영하기에는 너무 약하다.

미국은 철저히 분열되어 있다. 단순히 정치적인 견해에 따른 분열이 아니다. 정치적, 이념적 노선에 따른 분열은 인류 역사에서 전혀 새로운 현상은 아니다. 미국은 그런 분열로 이미 내전을 겪은 바 있다. 하지만 그 내전은 같은 문화 그리고 (유럽인인 앵글로-색슨에 뿌리를 둔) 거의 같은 조상을 가진 사람들이 서로가 속한 주의 권리와 경제활동 구축, 무엇보다도 특히 노예제도를 둘러싸고 벌인 내전이었다. 당시 미국은 하나의 국가로 가는 길을 꿋꿋하게 걷고 있는 듯 보였다. 하지만 그런 일은 일어나지 않았다.

미국 고유의 정체성은 더 이상 존재하지 않는다. 그게 무엇이 되었든 제대로 뿌리내리는 일이 허용되지 않았기 때문이다. 지금 벌어지고 있는 이 특이한 미국의 자멸 상황을 해결할 조짐은 역설적으로 러시아에서 나왔다. 서구 언론들이 2020년 러시아 개헌 국민투표를 앞두고 해 오던 대로 "독재자 푸틴"을 되뇌고 있는 가운데 사실상 새로운 헌법이라고 할 만한 러시아 개정 헌법 68조는 현대 미국 정치형태에 동맥류를 일으킬 것 같았다. 러시아 헌법 제1장 68조는 이렇게 기술하고 있다. "러시아 연방의 전 영토에서 국어는 러시아 민족의Russkii 언어, 즉 러시아를 건국한 사람들의 언어이다."[2] 사실상 오늘날 미국에서는 유로-아메리칸이 미연방 국민의 주류라는 점을 인정하는 듯한 분위기만 풍겨도 미국을 좌지우지하며 세계주의를 주로 신봉하는 기득권층은 혐오스럽게 생각할 것이다. 여기서 기득권층이란 자기들도 나라를 세운 사람들 가운데 하나로 합법적으로 인정받고 싶어 하는 소수집단이 아니라 유로-아메리칸이 지배하는 언론 대다수와 그 다수가 주도하는 정당들을 망라한다.

러시아 헌법 68조의 의미는 러시아 민족어를 공식적인 국어로 선언한 데 있지 않고, 무엇보다 그 나라를 세운 집단의 인종, 혈통, 언어, 공동 유산을 망라하는 민족 문화적 특징들을 국가의 핵심이라고 명시함으로써 러시아 민족의 역할을 인정한 데 있다. 이는 그 나라 영토 내에서 태어난 사람은 누구든 시민으로 부르는 영어권의 정치적 전통과는 사뭇 다른 것이다.

체첸공화국의 통신부 장관 잠불라트 우마로프Dzhambulat Umarov가 '2018 러시아 언어법'에 대해 보인 반응을 통해 체첸인들이 러시아 헌법 68조에 어떤 생각을 하고 있었는지 엿볼 수 있다.

> 러시아 연방에 속한 민족들이 자신들의 언어를 배울 권리와 욕구를 예전부터 가져 왔고 지금도 가지고 있으며 앞으로도 가질 것이라는 점에는 의심의 여지가 없다. 우리 국민이 다국적이기 때문에 사람들이 왜 그 언어를 배우기 싫어하는지 이해할 만하다. 또 여러 다른 민족을 대표하는 사람들이 추가로 그 나라 토착민의 언어를 배우기 싫어하는지도 이해할 만하다. 이것은 그들의 권리다. 그 법은 러시아 연방 국민의 권리를 침해하지 않는다. 그들은 오로지 민주주의적 원칙에 따른 러시아 연방의 지도력에 대한 헌신을 재다짐하는 것이다.[3]

오늘날 미국에서 이런 성향은 반감을 살 것이고 그런 생각을 발설하는 것 자체가 불가능하다. 이것이 미국이 이 딜레마에서 빠져나올

출구를 가리킨다고 해도 그렇다. 국가 구성원 대다수가 위와 같이 인정한다면 당연히 미국이라는 나라가 세워질 당시 미연방 영토 내에 나라를 세우는 데 관여한 다른 민족들, 즉 아프리카계 미국인, 북미원주민, 멕시코계 미국인Chicano이 존재했음을 당시 미연방의 법 체제 내에서 그들이 차지하고 있던 위상에 상관없이 인정할 필요가 있었을 것이다. 그리고 러시아에서 체첸계 주민들과 극심한 불화를 해결하기 위해 취해진 조치와 비슷하게 미국의 소수계와 원주민들이 미국인이라는 테두리 안에서 미국 시민의 권리를 누리면서 그들 나름의 민족적 정체성을 유지하도록 하는 데 요구되는 제도적 수정 보완을 거쳤을 것이다.

소련이 붕괴하면서 제국적인 면모를 상실한 이후 러시아는 다문화 국가에서 평화롭게 사는 방법은 국민 가운데 다수 집단의 중요성을 인정할 수밖에 없다는 것을 알았다. 러시아 연방의 경우 다양한 민족 가운데 압도적 다수가 루스키Russkie라고 하는 러시아인들이다. 이들은 러시아 전체 인구의 81퍼센트를 차지하고 있다.[4] 러시아에 살고 있는 다른 모든 민족의 권리는 보호받는다. 하지만 러시아인이 없으면 러시아가 없다고 말한다고 해서 아무도 탄압받거나 추방되지 않는다.

그러나 오늘날 미국에서는 서구 미디어에 유럽계 백인 기독교도들이 없으면 오늘날과 같은 미국은 없었을 것이라고 말하면 인종주의자로 취급되거나 무시당한다. 그런 미디어들은 자신들을 미국의 아프리카계 미국인 소수집단을 위한 의제 설정자라고 자임한다. 데이비드 노스가 최근《뉴욕 타임스》의 기사를 분석한 것은 어떻게 그리고 왜 미국이 분열되고 이상하게 되었는지에 관한 비판적 통찰을 제공한다.

《타임스》의 '금융화'는 또 다른 중요한 뉴스 선택 기준의 결정 요소와 함께 대중화와 홍보활동을 위해 진행되었다. 즉 민주당 정책의 입안과 공격적 홍보에서 중요한 역할을 해 왔다. 이러한 과정은 객관적 보도와 노골적 선전 사이에 이미 희미해진 구분조차 없애 버리는 데 한몫을 했다. 《타임스》의 재정적 그리고 정치적 진화의 결과는 1619 프로젝트* 에 들어 있는 반동적 표현에서 특히 잘 나타났다. 니콜 해나-존스Nikole Hannah-Jones와 《뉴욕 타임스 매거진》의 편집국장인 제이크 실버스타인Jake Silverstein이 주도한 1619 프로젝트는 민주당에 인종 정치를 기반으로 한 선거구 획정을 정당화하는 역사적 서사를 제공하기 위해 기획되었다. 뉴딜에서 위대한 사회** 시대의 사회복지를 추구하는 자유주의 정당이라는 정체성을 탈피하려는 수십 년 동안의 노력을 도와주면서 이 프로젝트는 역사와 정치에서 중요한 요소인 계급 갈등을 과소평가하거나 아예 무시했다.

계급투쟁에서 인종투쟁으로의 이행은 진공 상태에서 일어난 것이 아

* 1619는 미국에 최초의 흑인 노예가 도착한 해를 나타낸다. 《뉴욕 타임스》의 이 기획 특집 시리즈는 미국에 흑인 노예가 도착한 지 400년을 기념하는 프로젝트로 미국의 역사와 미국 건국 영웅들에 대한 재평가를 시도했다.

** Great Society: 1964년 민주당 출신인 린든 B. 존슨 대통령이 민주당의 목표로 세운 정책 이념으로 교육, 의료서비스, 도시문제, 농촌 경제를 강조한 점에서 같은 민주당 출신 프랭클린 D. 루스벨트 대통령의 뉴딜정책과 유사하다는 평가를 받았다.

니었다. 앞으로 설명하겠지만《뉴욕 타임스》는 수십 년 동안 적지 않은 중산층 학자들 사이에서 숙성되어 온 과거 회귀적 지적 사조에 의존해 왔고 그것을 이용해 먹었다.

1691 프로젝트의 동기가 된 정치적 이해관계 그리고 여기에 관련된 이념적 사고는 이 프로젝트를 기획하면서《타임스》가 채택한 무원칙하고 부정직한 방법론을 결정했다.《뉴욕 타임스》는 이 프로젝트가 미국 역사에서 인종을 기반으로 한 서사를 부각할 것이고 그런 서사는 미국 독립운동과 남북전쟁에 대한 일류급 학자들의 비판을 견뎌 낼 수 없을 것이라는 사실을 잘 알고 있었다.《뉴욕 타임스 매거진》의 편집국장은 가장 명망 있고 권위 있는 역사학자들의 자문을 의도적으로 거부했다.[5]

사실, 세계주의자이면서 전체주의 성향을 보이는 백인들이지만 극단적 반백인 국내 테러리스트 조직인 안티파*, 그리고 추종자들이 주로 백인으로 보이고 재단에서 돈을 많이 댄 블랙 라이브스 매터 BLM 폭동 사태가 보여 준 바와 같이 유럽계 백인 미국인들의 기념물에 대한 전면적인 공격이 시작되었다. 이런 공격은 트럼프 대통령의 낙선과 무관하게 미국이 발칸반도 국가들처럼 완전히 분열될 때까지 계속될지 모른다.

* ANTIFA: 미국의 좌익 반파시스트 반인종주의 정치운동으로 명칭은 1930년대 독일에 있었던 Antifaschistische Aktion, 즉 '반파시스트 행동'의 축약어인 Antifa에서 유래한다.

미국에 남아 있는 언론 자유의 흔적은 '캔슬 컬처'*의 위협에 무너졌을 뿐만 아니라 증오성 혹은 편파성 발언을 금지하는 법을 밀어붙이는 세력에 의해 뿌리가 뽑혔다. 그들은 제 땅에서 쫓겨난 토착 인디언 그리고 노예로 팔려 온 아프리카인들같이 고통스러운 역사적 경험을 한 사람들에게 발언권을 주어야 한다고 주장하면서도 실제로는 백인 주민들의 역할과 그것을 뒷받침하는 역사적 통계적 자료들을 해체해 슬그머니 없애 버리려고 한다. 미국의 언론, 대학 그리고 연구소 등이 이미 보여 준 바와 같이 이러한 과정은 이미 진행 중이다. 그것은 시애틀 공립학교 인종교육자문위원회ESAC가 수학을 '인종적'이라고 선언한 것과 같이 기이한 모습으로 나타난다.** 이 윤리위원회는 지난 9월 공개한 수학 인종 연구의 기본적인 내용을 수록한 초안에서 수학을 인종 탄압의 역사와 연관시키려고 했다. "위원회는 어떤 대목에서 '정답이 맞는지 누가 말할 수 있는가?'라고 말하고 다른 대목에서 '불평등과 탄압을 지속하기 위해 수학은 어떻게 이용되고 있는가?'라고 말하며 수학이 주관적이며 인종적이라는 견해를 나

* cancel culture: 취소 문화, 배제 문화. 공인이나 유명 인사, 기업 등이 특정 가치나 이념에 맞지 않는 행동이나 의견을 표명했을 때 집단적으로 비난하며 지지나 지원 그리고 구매를 취소하는 현상.

** 2019년 9월 시애틀의 공립학교 인종교육자문위원회(Ethnic Studies Advisory Committee)는 서양의 수학이 유색인종과 유색인종 커뮤니티의 권리를 박탈하고 있다고 지적하고 유치원에서 12학년에 이르기까지 수학 교육에 인종차별을 비롯한 사회 정의의 관점을 반영하라고 요구했다. 이 위원회는 고대의 수학적 지식이 서양 수학에 의해 도용당했으며 서양의 수학은 유색인종과 그들의 공동체를 탄압하고 소외시켰다고 주장했다. 간단히 말해 이 위원회는 지금 서양의 수학교육을 인종주의적이라고 규정한 것이다.

타낸다."[6] 최근에 《더 네이션The Nation》에 게재된 한 기사는 인종 공격에 뒤지지 않으려고 "선거권을 주지 않았던 데 대한 보상"으로 흑인들의 한 표는 두 표로 인정해야 한다고 제안했다.[7] 미국에 사는 백인과 다른 소수계 주민들에 대한 차별을 언급할 필요도 없이 이 말도 안 되는 생각이 민주당 좌파의 홍보물과 마찬가지라고 할 수 있는 매체에 실릴 만한 가치가 있다는 것은 미국에서 주로 백인 '좌파'로 통하는 집단이 주장하는 인종주의의 파괴적 과격화를 보여 주는 불안한 징조다.

미국의 붕괴는 정확히 포스트모더니즘의 기초 위에 이루어지고 있다. 이 사상의 효과 혹은 목표는 끝없는 문화적 파편화와 전통(진리는 인식할 수 있고 동의할 수 있다는 사실을 인정하는 데 근거를 두고 있는)에 대한 증오의 확산이다. 포스트모더니즘은 보편적 진리라는 개념을 거부하며 사회를 전면적인 분열로 이끄는 길을 열어 놓았다. 이분화된 사회는 모든 서사를 만족시키라는 압력을 끊임없이 받을 수밖에 없다. 세계주의의 근본적 목적에 부합하는 한 이러한 만족의 과정은 국민이라는 공동체와 핵가족이든 대가족이든 상관없이 국가를 이루는 기초단위인 가족을 해체하는 작용을 한다.

코렐리 바넷은 영국의 국력을 기울게 한 주요 요인으로 자유주의와 자유주의의 공동체 해체 역할을 꼽았다.[8] 그러나 바넷이 19세기와 20세기 초의 다양한 자유주의를 이야기한 것은 아니다. 그 당시의 자유주의는 포스트모더니즘적이 아니었다. 오히려 포스트모더니즘과는 거리가 멀었다. 그 자유주의는 불완전하게 그리고 잘못된 가정을 근거로 했지만 아무튼 현실 문제를 다루었고 최소한 현실 문제를 파악하려고 했다. 그것은 비교적 자유로운 사상의 교류를 확실히 허용했고 증기, 철, 석유, 대규모 건설, 인쇄 그리고 라디오라는 실물의 도가니에서 태어난 산업자본주의에 기반을 두고 있었다. 산업자본주의의 기초가 된 사상은 인류의 가장 중요한 정치적, 경제적 그리고 과학적 도약을 가져왔다. 서구 세계 전반에서 관철되고 있는 포스트모더니즘은 이와는 달리 집중시간의 단축을 가져온 소셜 네트워크, 대중 과시 행위, 자기도취 그리고 가장 이상하고 부자연스러운 약물 의존성 사회적 행동의 확산으로 나타났다. 그것은 현실에 대한 공통된 인식을 거부하고 사실을 반대 담론으로 덮어 극복하려는 사상이다. 일단 관점들의 광풍으로 진실이 흐려지게 되면 진실은 더 이상 진실로서 기능하지 않는다.

현대 문화는 이런 사태의 희생자가 되었다. 누구나 문화의 바탕으로 인정하는 진실이 없이는 문화는 현실로 이루어질 수 없다. 현대 문화는 점점 엉망이 되어 가고 있다. 왜냐하면 정치와 경제뿐만 아니라 문화 예술 등 여러 분야에 진실이 결핍되어 있기 때문이다. 아름다움은 보는 사람의 눈에 따라 다르다는 것은 인정하지만 배타적으로 쓰일 수 있는 이 말이 어느 정도까지만 먹힌다는 것은 부정할 수 없다. 누구나 인정하는 아름다움이 없다면 미술에서 건축에 이르기까지 고전이 없을 것이다. 고전은 인류가 수천 년에 걸쳐 아름답다고 규정해 온 것의 반영이다. 타지마할이나 노트르담 혹은 유럽의 고전음악이나 세계적으로 인정받는 두 번째 위대한 음악인 재즈의 아름다움에 대해서 세계 어디를 가든 별 논란이 없다. 그런 것들은 미의 기준으로 누구나 인정한다. 심지어는 어떤 과학적 이론은 거의 미학적 차원 그리고 수학과 물리학적 의미에서 아름답다고 인정받는다. 앵글로-색슨의 세계, WASP의 세계에서는 더 이상 그렇지 않다. 오늘날 최신 유행 패션은 기괴하고 혐오스러운 것들의 조합이다. 패션 산업이 괴상한 것에 의지해 '새로운' 무엇인가를 만들어 내기 때문이다. 오늘날 유일하게 중요한 것은 대부분 현실이 아니라 가상인 '콘텐트'의 소비자인 신인류다. 이 소비자들의 감정은 어떤 것이든 미디어가 내보내기로 선택한 서사가 지시하는 대로 형성된다. 문명인의 기억을 구성하는 기존의 기초적 요소들을 정신적으로 폐기하는 작업이 시작되었으며 그 기억의 물질적 표상을 파괴하는 행위가 뒤따르고 있다.

***

전설적인 영국의 하드록 그룹 딥 퍼플의 키보드 연주자였던 존 로드는 1973년《뉴 뮤직 익스프레스 New Musical Express》와 가진 인터뷰에서 다음과 같은 유명한 말을 했다. "우리도 베토벤 못지않게 영향력이 있다."[9] 그 당시 이 말은 음반을 더 많이 팔기 위해 대중의 관심을 끌려는 오만한 호언이라고 간단히 일축할 수도 있었을 것이다. 세월이 지나면서 존 로드는 오만을 떤 게 아니라 예언을 한 게 되었다. 오늘날 딥 퍼플의 음악은 세계적으로 유명하고 〈스모크 오 더 워터 Smoke on the Water〉의 반복 악절은 베토벤의 교향곡 5번의 도입부의 네 개 음 못지않게 세계 구석구석까지 잘 알려져 있다. 베토벤은 서구 고전음악의 주춧돌 같은 존재들 가운데 하나다. 그러나 딥 퍼플도 서구 대중음악 분야에서 그런 존재다. 1970년대 팝뮤직은 딥 퍼플 같은 전설적인 명연주자들에 의해 연주되었을 뿐만 아니라 기억에 남는 노래와 선율을 들려주었다. 이런 음악들은 세대에서 세대로 이어지며 하나의 기준이 되었다. 다시 말해 진정한 창조적 재능을 가진 사람들에 의해 기준이 설정되었다.

이러던 것이 1970년대 거대한 가짜 지식인들의 지적 격변의 시기에 바뀌기 시작했고 2000년대 초에는 혁명적이고 걱정스러운 방식으로 변화가 이루어지면서 그 정점에 이르렀다. 1930년대의 빅 밴드 오케스트라*는 재정적인 문제 때문에 이후 수십 년에 걸쳐 작은 밴드들로 바뀌었다. 이어서 작은 밴드들도 같은 이유로 신시사이저로 디스코를 연주하는 밴드로 축소되었다. 2012년 스페인의 한 연구자가 내린 결론처럼 지난 50년 동안 음악은 별로 다를 게 없는 같은 소리를 내기 시작했다는 것은 놀라운 이야기가 아니다.[10] 사실 오늘날 팝 음악은 진정으로 재능을 보여 주는 작곡이 없이 그저 유치한 진행, 비트 그리고 소음을 모아 놓은 것이 대부분이다. 그리고 물론 '음악 산업'은 거의 도산 지경에 이르렀다.

회화 부분의 현대미술은 다채롭기는 하지만 보잘것없는 작품을

* Big Band Ochestra: 스윙재즈가 유행하던 시기에 미국의 댄스홀과 극장에서 주로 연주하던 16인조 내외로 편성된 악단.

값비싼 미술품이라고 홍보하여 높은 평가를 받도록 만들었다. 이런 작품들 가운데 일부는 경매시장에서 천문학적 액수에 팔린다. 경매시장에는 부유층 사람들이 몰려와 엉성한 선, 점 그리고 붓질의 조합에 불과한 '예술' 작품을 사들이는 데 수억 달러를 쓰며 고상한 투자에 직접 뛰어든다. 그런 종류의 그림들이 로스Ross나 티 제이 맥스T.J.Maxx 같은 실내 장식품 체인점에 걸리면 19.99달러에서 49.99달러에 팔릴지 모른다. 카지미르 말레비치의 〈절대주의 구성Supremacist Composition〉이나 〈검은 사각형Black Square〉을 8,700만 달러에 구입하는 것, 혹은 더 비싼 잭슨 폴록이나 마크 로스코의 '번호가 붙은' 그림*을 사들이는 것보다 훨씬 낫다.

여전히 미국에는 생생한 사실주의적 그림들이 남았다. 그럼에도 인간이나 자연의 사실적 모습을 정확하게 그려내는 능력은 말할 것도 없고 인간 감정의 실재realities에 대한 덜 구상주의적 묘사조차도 오늘날 서구 미술시장에서 찬사를 기대하는 것은 세상 물정 모른다는 핀잔을 들을 것이다. 그런 작품들은 의식 과잉에 취향 없고 교양 없는 미국의 상류층과 대부분 그들을 따르는 서구의, 그중에서도 특히 미국의 젊은 세대의 눈에 띌 리가 없을 것이다. 그런 곳에서는 형식 면에서의 혁신이 지배하고 어떻게 설명하느냐가 작품의 가치를 좌우한다. 그들은 이렇게 해서 아름다움과 진정한 미학의 기본적 원리를 이해하

* 제목이 없이 번호를 붙인 그림으로 대개 같은 조형 양식을 새로운 색채나 크기로 여러 작품으로 그리는 경우가 많다.

지 못하게 된다. 고전을 감상하는 것은 말할 나위도 없다. 그것은 공부하거나 보전할 가치가 없을 뿐만 아니라 유럽 제국주의 문화를 반영하는 억압적인 것으로 해석된다. 미술과 문화사업에 관련된 사람들은 구상미술을 더 이상 '예술'로 간주하지 않는다. 이들은 현대 전자통신기술이 보여 주는 최고의 현란한 모습으로 전달되긴 하지만 후진 원시사회를 특징짓는 미학적 형식을 미국 문화에 강요한다. 진정한 재능이 없어도 광대역통신망으로 증폭된 과대광고만 있으면 여전히 먹혀들고 그것이 없으면 진정한 재능도 알아주지 않는다.

이런 과정은 오랫동안 진행되었다. 그것은 미국의 능력 우선주의의 몰락을 의미하며 공동체의 응집력을 유지하기 위해 사회적 합의로 도입한 선별 기능과 안전장치를 파괴하는 것이다. 포스트모더니즘과 불분명한 추상의 세계에서 능력 우선주의는 존재할 수 없다. 왜냐하면 그런 세계에서는 재능, 윤리 그리고 도덕성을 규정할 수 없기 때문이다. 그것은 금융자본주의에 안성맞춤인 환경이다. 여기서는 고전이 된 컬트영화 〈매트릭스〉에 묘사된 것과 마찬가지로 인간을 '소비자-금융 에너지 단위'로 격하시키기 때문이다. 사실 일정한 수준의 소비와 현금 흐름이 유지되는 한 탈인간화de-humanization는 하나의 궁극적 목표가 되었다.

이런 사회에서는 근본적인 제도적 변화를 모색하기 전에 주로 미디어에 의해 형성되는 '합의'를 충실히 따르기만 한다면 당분간 자유는 필요하지 않다. 그렇게 합의된 대로 순응하면 출세할 가능성이 더 높아질 수 있다. 지금 하는 이런 이야기가 오웰의 소설 『1984』를 연상시킨다고 생각하면 잘 해석한 것이다.

사실, 이런 새로운 현실이 내가 이 글을 쓰는 동안에도 벌어지고 있다. 정치적 견해를 달리한다는 이유로 해서 위협을 받는 것은 이미 예사로운 일이 되었다. 도널드 트럼프나 그의 정치 진영을 어떻게 보느냐와 관계없이 그런 사람들을 독단론자, 인종주의자, 사상범 그리고 싸잡아서 미국의 새로운 서사에 맞지 않는 인간이라는 딱지를 붙이고 신상을 공개하는 이념적 기반구조가 이미 자리를 잡아 가고 있다. 힐러리 클린턴은 이들을 '개탄스러운 인간들deplorables'이라고 비하했고 기발하다는 소리를 듣는 이런 별칭은 지금도 쓰이고 있다. 이것은 주기적으로 터져 나와 미국의 '민주주의'가 어느 정도 수준인지를 세계에 보여 주는 역겹고 천박한 욕설과 하등 다를 바가 없다. 사람들은 정치적인 견해를 달리하면 현재의 생업을 잃을 뿐만 아니라 미래에 배제될지 모른다는 위협을 느끼고 있다.《워싱턴 포스트》의 제니퍼 루빈은 그런 위협의 사례로 기록되었다.

> 선거 결과 불인정을 조장하거나 유권자들의 의지를 따르지 말라고 요구하거나 근거 없이 부정선거를 주장하는 공화당 정치인은 누구든 결코 공직에 진출하거나, 기업의 경영진이 되거나, 교수가 되거나 '품위 있는' 단체에 가입할 수 없어야 한다. 우리는 그런 사람들의 명단을 가지고 있다.[11]

루빈은 미국 여성 하원의원 알렉산드리아 오카시오-코르테스

Alexandria Ocasio-Cortez; AOC의 입법으로 막강한 '화력' 지원을 받았다는 점에서 결코 예외가 될 수 없다. AOC는 오바마 행정부의 일부 협력자들과 함께 도널드 트럼프 측에서 일했던 사람들을 사실상 정치적으로 숙청하는 것을 예고했다. 코르테스와 같은 사람들은 "자신이 한 일에 대해 책임져야 한다"[12]는 것을 확실히 하기 위해 트럼프 행정부에서 혹은 트럼프 행정부와 협력해 일한 사람들의 명단 작성을 제안하고 있다. 이는 고문을 하거나 불법적이고 부당한 외국과의 전쟁을 선동한 사람들에게 책임을 묻지 않은 이전 미국 정부의 전통과는 동떨어진 것이다. 사람들을 블랙리스트에 올리는 것은 미국의 오래된 전통이다. 그러나 조지 C. 마샬도 '적들'과 내통했다고 비난받았던 매카시 시대의 피해망상과는 달리 미국의 현대판 피해망상은 주로 친민주당 계열의 미디어가 거짓말과 러시아와 결탁했다는 근거 없는 비난을 하면서 걷잡을 수 없이 커졌다. 이런 비난은 민주당이 그토록 주장하고 기간을 연장한 뮐러 특별검사의 조사에서도 입증되지 못했다. 오늘날 미국의 이와 같은 피해망상에는 이전보다 더 음침한 구석이 숨어 있다. 그 과정은 미국의 자본주의를 제자리에서 이탈하지 않게 하기 위해 1950년대 공산주의 활동을 '반미국적'이라고 규정한 방식과는 사뭇 다르다. 이제 그것은 미국을 일당독재 국가로 개조하고 미국을 주요 동력으로 이용해 세계 대부분의 이해에 반하는 경제적, 문화적 '가치들'에 근거한 세계화를 기도하고 있다. 이러한 경제적, 문화적 가치들은 미국의 척박한 지적 풍토와 경제적으로 기울어 가는 대서양과 태평양 연안의 대도시가 아니면 어떤 현실에서도 살아남을 수 없다. 이런 환경이 포스트모더니즘과 그의 첫 번째 파생물인 신자유주의의 온상이 되고 있다.

공화당이, 점점 더 분명해지는 민주당 주도의 전체주의적 경향에 어떤 해결책이 될 것이라는 미국민 다수의 믿음은 순진해 빠지고 전혀 근거가 없는 것이다. 미국의 양 정당은 미국 과두체제에서 서로 다른 쪽에 있는 두 진영과 긴밀히 연관된 신자유주의적 세계화 세력이다. 둘 다 미국이 경제적으로 자멸하고 미국의 정치제도가 놀라운 속도로 붕괴하는 상황을 초래한 사건에 깊이 연루되어 있다. 민주, 공화 두 정당 '엘리트'들 사이의 유일한 차이는 공화당 일각에서 미국의 위대함에 관한 선전 문구와 유행어를 더 많이 사용하는 경향이 있고 일부는 소극적이나마 미국 민족주의의 방향으로 나가고 있다는 것이다. 세스 카플란*은 최근 미국이라는 '국가'를 다음과 같이 정의하려 했다.

> 국민을 이해하기 위해서는 '국가'를 정의할 필요가 있다. 에르네스트 르낭**은 고전 강의에서 이러한 주제에 대한 결론을 내렸다. "영혼, 정신적 원리…함께 살려는 욕망 그리고 공동으로 이어받은 전통을 보전하려는 욕망… 희생했다는 그리고 희생하려는 감정으로 이루어진 강력

* Seth Kaplan: 존스 홉킨스대학 폴 니츠 국제관계 대학원의 교수이자 세계은행, 미국무부, 미국제개발처(USAID)의 자문역이다.

** Ernest Renan: 1823~1892. 프랑스의 동양학자. 민족주의와 민족적 정체성 그리고 백인의 우수성을 옹호했다.

> 한 연대." 이렇게 되려면 "역사적 실책마저도 잊어야 할지" 모른다. 유구한 세월에 걸쳐 공유한 역사적 산물인 국민은 밑으로부터의 유기적 진화와 위로부터 국가가 주도하는 사회 구성을 아우르며 강력한 일체감과 공통된 운명과 정체성을 만들어 낸다. 베네딕트 앤더슨*의 말을 빌리면 국민은 "상상 속의 공동체"다. 르낭이 말한 대로 하나의 국민이라는 정서는 "개인의 존재가 삶을 끊임없이 확인하는 것과 마찬가지로 국민으로서의 일상적인 의견 표명을 통해" 유지된다. 이러한 정서가 힘을 유지하기 위해서는 특히 인구가 많은 경우 지속적인 보강이 필요하다. 지도층이 세대교체를 할 때 특히 그렇다.[13]

그러고 나서 카플란은 국가를 형성한 인류의 경험을 무시하는 방향으로 나가 국가 영토에 의해 강제된 결합을 국가주의로 오해한다. 미국이 자연스러운 응집력을 보여 준 시기가 분명히 있었지만 미국이 발칸 제국처럼 분열될 것이라는 경고는 새삼스러운 것이 아니다. 1996년 로버트 보크는 다음과 같이 경고했다.

> 미국 문화는 유럽 중심적이라고 말하지 않을 수 없다. 그리고 그것은 유럽 중심적으로 남아 있어야 하며 그렇지 않으면 쇠락해 의미 없게 된다.

* Benedict Richard O'Gorman Anderson: 1936~2015. 중국 곤명에서 아일랜드계 어머니와 영국계 아버지 사이에서 태어난 미국 정치학자로 코넬대학 교수를 지냈다. 그의 저서 중에 국가주의의 기원을 탐구한 『상상된 공동체(Imagined Communities)』는 자주 인용된다.

> 유럽과 미국에서 유래한 기준들이 우리 사회를 단결시키고 우리를 유능한 국가로 유지할 수 있는 유일한 기준이 될 수 있다. 유럽 중심적 기준의 정당성을 부정하면 아무것도 남지 않는다. (…) 그렇게 되면 우리는 종족적 적대감의 시대를 살게 될 것이다. 우리가 예상할 수 있는 것은 이민족 간의 폭력 사태, 경제적 생산성의 둔화, 학문의 저속화 (이것은 이미 진행 중이다) 등이다.[14]

보크는 선견지명이 있었지만 미국이 유럽 중심주의를 포기하면 우리가 오늘날 목도하고 있는 관념상의 붕괴에 이르게 될 것이라고 맨 처음 말한 사람은 아니다. 사실 민주당 전국위원회의 정책은 유럽을 상찬하는 상투적인 발언과 민주주의에 관한 수사가 넘쳐난다. 그러나 그들은 한때 유럽 문명을 역사적으로 유례가 없는 과학적, 예술적 그리고 경제적 성취의 중심으로 만들었던 요소가 유럽 자체에도 전혀 남아 있지 않다는 것을 모르는 것 같다. 오늘날 유럽은 미국보다 더 빨리 붕괴하고 있다. 영국 하원의원 에녹 파월이 1968년 연설에서 영연방국가에서 유입되는 대규모 이민을 강력하게 비판한 것과 같은 발언이 오늘날 미국이나 유럽의 주류 언론에 나오는 것은 상상에서나 가능한 일이다. 오늘날 유럽의 사회과학 분야는 인식론적 폐쇄 상태에 완전히 갇혀 있으며 지적이고 논리적 사고를 할 수 있는 학생을 육성하는 데 필요한 교육이 아닌 엉뚱한 교육을 하고 있다. 러시아계 프랑스 학자이자 파리에서 발행되는 잡지《글라골 Glagol》의 편집인인 엘레나 콘드라티에바-살리에로Elena Kondratieva-Sagliero는 이스라엘의 Iton TV에 나와 계속되는 프랑스 국민의 정체성 해체 과정을 설명하면서 직설적으로 말했다. 그 과정은 정치적 올바름 그리고 인종, 성, 문화 전반에 대한 반과학적 관점을 조장하는 동시에 역사적 국민의식 그리고 학문적, 예술적 기준의 흔적을 제거하는 데 고의적으로 이용해 온 바로 그 '죄책감'을 끊임없이 반복 확인하는 것이다.[15]

근대 이후 서구의 이데올로기에 경도된 사회과학 분야의 특성을 생각하면 많은 대학과 연구소의 독서 목록이 흔히 공부가 짧은 '저자들'의 저술을 모아 놓은 데 불과하다는 것은 놀라운 일이 아니다. 이 저자들 가운데 다수는 소수계 출신으로 노예제도나 서구 제국주의의 참상이 마치 서구인 특유의 태생적 본성에 기인하는 것처럼 기술했다.[16] 그런 조건에서 1994년 르완다에서 있었던 것 같은 알려진 학살 사건은 말할 것도 없고 유혈 전쟁을 통한 이슬람의 팽창이나 아프리카 원주민에 의해 조장된 노예제도를 언급하는 것은 금기시되었으며, 심지어 여러 유럽 국가에서는 증오 발언hate speech으로 해석될 수도 있었다. 언젠가는 같은 법이 미국에도 도입될 수 있을 것이다. 그리고 언론 자유를 보호하는 수정헌법 제1조는 '수정'되거나 폐지될 것이다. 그리하여 미국도 점점 더 완전한 인식론적 폐쇄와 전체주의 이데올로기가 지배하는 길로 가는 것으로 보이는 유럽과 동등해질 것이다. 역사적으로 볼 때 그런 체제하에서는 사상 범죄가 조만간 현실이 될 것이다.

놀랍게도 이러한 변화를 몰고 온 주요한 요인은 미디어다. 미국에서 미디어는 민주당 전국위원회와 주로 연관되어 있다. 그리고 제대로 교육받지 못하고 지정학, 국제관계, 군사나 과학같이 실제로 전문성을 요구하는 분야에서 쌓은 경험도 일천한 사람들이 미디어에 종사하고 있다. 앞에서 언급한 이런 분야들은 오늘날 미국에서 이념적 합의에 순응할 필요성에 의해 왜곡되고 있다. 빅데이터와 알고리즘이 관련된 편향성의 문제를 제기할 수 있으면 그다음에 그것이 뉴턴의 역학이든, 화학이든, 또는 작전이론이든 모든 지식의 범주에서 "억압으로부터 자유"를 누릴 타당성과 필요성에 대해 질문할 수 있을 것이다. 그러고 나면 기이한 생각들이 더 비결정질인 현대 인문학과 서구 사회과학에 바로 침투하여 정치적 이데올로기와 구호로 합체되는 게 놀랍지 않다. 이런 이데올로기나 구호들은 '쓰레기를 넣으면 쓰레기가 나온다Garbage In-Garbage Out'는 의미의 GIGO 밈meme으로 알려진 미국의 경제나 선거 데이터 못지않게 '믿을 만한' 것이거나 현실에 근거한 것이다. 물론 이런 과정 전반에서 핵심은 이론과학이든 응용과학이든 실제 과학 분야는 사회과학에서 가르치는 어떤 것보다 훨씬 더 복잡하고 완전히 다른 사고방식과 노력을 요구한다는 사실이다. 항공공학 분야의 학위는 저널리즘이나 현대 서구정치학 같은 사이비 학문 분야의 학위보다 훨씬 더 따기가 어렵다. 그러나 미국의 정치엘리트는 전자가 아니라 후자 출신이다.

한 국가가 정치 지도자 대부분을 법학이나 경영학을 전공한 사람 중에서 선발한다면 그것은 문제다. 미국의 탈제조업화는 협동조합주의자들의 감독하에 이뤄졌는지도 모른다. 그리고 세계 여기저기에서 여러 나라들을 망친 것은 국제적으로 금지된 전쟁 범죄가 아니라 미국에 있는 변호사들일 수도 있다. 정치적 담론의 언어들은 실제로 진행되는 일을 호도할 필요성 때문에 교육을 많이 받은 사람들조차도 미국에서 벌어지는 일을 이해하기 어려울 정도로 복잡하고 혼란스럽게 되었다. 게다가 완전히 포스트모더니즘적 방식으로 전개되는 사건은 이념이 다른 정당들이 견강부회식으로 해석하는 경향이 있어서 법률적 그리고 윤리적 관점에서 볼 때 개념이 모호하다. 세상은 돌기 시작하고 보통 사람들의 머리도 따라 돈다. 의견을 말하는 사람은 넘쳐나지만 보통 사람들은 지갑을 통해 주변 세상을 이해한다. 의견을 말하는 사람 가운데 다수는 실물경제나 국제관계 같은 주제에 대해 의견을 제시하는 것은 고사하고 편의점을 운영할 능력도 없을 것이다.

미국을 단순화하는 과정은 엘리트 분야로 통하는 교육계 지배층뿐만 아니라 리키 저바이스*의 말을 빌리면 대부분 그레타 툰베리보다도 학교 다닌 기간이 짧은[17] 할리우드 유명 인사를 비롯한 자칭 지식인들 사이에서도 빠르게 진행된다. 그러나 정확히 말해 이것이 오늘날 우오크Woke나 정의의 전사Social Justice Warrior들이 요구하는 교육의 수준이다. 왜냐하면 깊이 있는 교육과 인생에 대한 윤리적 관점을 고양하는 인생 경험을 통해 진정한 지적 능력을 함양한 사람들은 항상 세계주의자들이 내세우는 의제에 심각한 장애물이기 때문이다. 세계주의자들의 주요 수단들 가운데 하나는 대중의 집단적 무지다. 세계주의자들이 의제를 관철하는 데는 잠자코 따라오는 대중이 필요

* Ricky Gervais: 1961~. 영국 코미디언이자 영화배우, 작가.

하기 때문이다.

많은 혁명이 새로운 인간형의 창조를 혁명의 목표 가운데 하나로 삼아 왔다. 계획했던 새로운 인간형을 만드는 데 성공한 혁명은 몇 안 된다. 그러나 서구 전반에 우오크 혁명으로 알려진 것은 젊은 세대를 효과적으로 세뇌시켰다는 점에서는 놀랄 만한 성공을 거두었다. 젊은 세대는 과거 흑인에게 저지른 악행을 밝혀내려고 하면서도 오늘날까지도 미국 인구의 다수를 차지하고 있는 백인 노동자 계급의 억압과 고통은 안중에도 없다. 제국의 몰락과 자멸에 대한 전문가인 러시아계 미국인 드미트리 오를로프는 미국의 밀레니얼 세대는 세계주의자들의 꿈의 제단에 제물로 바쳐지게 될 '고기 세대meat generation'라고 지적했다. 밀레니얼 세대는 세계주의자 엘리트들의 이익을 위해 착취할 자원을 가지고 있지 않다고 여겨 축산업에서 소를 우유와 고기로 나눌 때 사용하는 '고기'로 분류한 것이다.[18] 그것은 섬뜩한 비유이며 앨런 파커 감독이 핑크 플로이드의 〈더 월The Wall〉을 각색해 만든 영화를 연상케 한다. 이 영화에서는 어린이들이 영국 교육제도의 축소판을 상징하는 고기 분쇄기에 들어가는 고기의 원료가 된다.

미국 교육제도를 지식의 전달에서 의식화 기제로 전환하는 것은 20여 년 전부터 지금까지 대단히 성공적이라는 데 의심의 여지가 별로 없다. 일부 엘리트 교육기관과 대다수 사립학교를 제외하면 교육기관은 매우 효과적으로 미국의 미래 세대가 범죄, 거짓말 그리고 도덕적 타락에 대해 둔감하게 반응하도록 만들고 있다. 이런 체제가 20

년 이상 진행되고 있으며 '고기 세대', 아니 정확히 말해 고기 세대들을 교육하는 사업에서 지속적으로 생산성을 제고하고 있다.

누가 쇼를 벌이고 있는가?

미국의 지배체제가 완전히 붕괴하고 있다는 더 뚜렷한 조짐들 가운데 하나가 트럼프의 시리아 담당 특사인 제임스 제프리Jim Jeffrey가 〈디펜스 원Defense One〉과 가진 인터뷰에서 드러났다. 그는 "우리는 항상 미군이 시리아에 얼마나 배치되어 있는지 대통령에게 분명히 보고하지 않기 위해 짬짜미를 하고 있다"고 말해 군대의 최고통수권자에게 시리아 주둔 미군에 관해 거짓말을 했다는 것을 천연덕스럽게 인정했다. 시리아 북동부 지역에 주둔하고 있는 미군의 숫자는 트럼프가 2019년 현지에 잔류시키기로 처음 동의한 200명 수준보다 "훨씬 더 많다."[19] 미국 대통령이 그와 같이 중요한 사안에 대해 공공연히 거짓 보고를 받는다는 사실은 미국 미디어에 그다지 크게 보도되지 않았고 젊은 세대 대부분의 관심도 끌지 못했다. 미국 미디어들은 트럼프에 대한 불복종이 미국을 살리는 길이라는 생각을 은연중에 전파하고 있었고 젊은 세대는 대부분 조작된 성과 인종 문제와 취업에 골몰했다. 이런 사실은 미국 사회가 완전히 타락했다는 것을 보여 주고 있다. 정상적인 국가라면 그러한 사실을 공개하면 반역죄가 되고 가담한 사람들은 합당한 처벌을 받았을 것이다. 제프리가 군이 대통령의 지시를 거역했다는 것을 공개하고도 죄책감을 느끼지 않았다는 것은 그 자체로 민주적 절차를 거쳐 선출되었고 그들을 지휘할 권한이 있는 대통령에게 거짓 보고를 하면서 국가 기관이 완전히 자신들의 이해관계에 따라 행동하는 미국 문화의 비정상적인 면모를 보여 준다. 제프리 대사는 사퇴하고 나면 두둑한 연금과 여타 혜택을 받을 것이다. 사실 그는 복무 선서와 반대로 우크라이나와 관련해 미국 대통령이 어떻게 외교 정책을 집행해야 할지 결정한 빈드맨 중령*과 마찬가지로 옳은 일을 했다고 완전히 확신하고 있다. 빈드맨은 민주당이 시도했다 실패한 트럼프 탄핵 소추의 증인으로 나와 민주당에 유리한 증언을 하면서 스타가 되었다. 많은 미국 군인들이 다음과 같이 지적한다. "빈드맨은 군인 모두의 불명예다. 그가 이전에 비공개로 증언한 녹취록을 보면 그는 트럼프 대통령의 외교 정책을 훼손하려고 했다는 것을 분명히 인정하고 있다. 그리고 그에게는 어떻게 대답할지를 조언하는 아담 쉬프**가 있다."[20] 《뉴욕 타임스》와 《워싱턴 포스트》 등 민주당 전국위원회와 연줄이 있는 매체들이 빈드맨을 '영웅'으로 치켜세운 것은 놀랄 만한 일이 아니다.[21]

건강한 사회라면 반역죄로 기소될 정도는 아니더라도 외톨이나

* Alexander Vindman: 우크라이나 출신의 미국 예비역 중령. 예편하기 전에 미국 국가안전보장회의에 근무했다.

** Adam Schiff: 1960~. 변호사이자 캘리포니아 출신 민주당 하원의원으로 하원 정보위원장을 역임했다.

기피인물이 될 사람들에게 '영웅'이라는 칭호를 붙이는 경우가 점점 늘고 있다. 오늘날 미국의 '영웅들'은 알렉산더 빈드맨, 제임스 제프리 혹은 인간적인 흠결이 있지만 합법적으로 선출된 미국 대통령, 나아가 이미 흔들리고 있는 헌법 질서 전반에 대해 대들고 불복종하는 인사들이다. 미국의 헌법 질서는 미국이 발전하는 국가로 존속할 것이냐 아니면 마침내 혼란의 나락으로 추락하거나 가능성이 더 높아 보이는 전체주의 사회로 서서히 변하느냐를 가름하는 최후의 방어선이다. 전체주의 사회에서는 헌법과 미국 권리장전이 용도폐기되었다는 것을 다수가 공개적으로 인정하게 될 것이다. 그것은 결국 조지 부시가 말했듯이 "종잇조각에 불과한 것"이다.[22]

그러나 미국이 아직은 확실히 분열되지 않았고 전통적 유럽 문화의 핵심 요소를 대부분 간직한 나라다운 나라를 연상시키는 모습을 일부 형성하고 있다는 바로 그 점 때문에 오늘날 세계주의적 의제를 추구하는 데 있어서 미국의 효용가치에 대해 심각한 의문이 제기되고 있다.

15년 전 우리가 알고 있던 미국이 끝나지 않았더라도 미국의 운명은 정해져 있을 것이다. 미국이 더 이상 버티지 못하고 폭력과 유혈 사태 속에 붕괴하여 잘 조직된 무장 집단에 의해 유지되는 삭막한 원시국가로 바뀔 때까지 미국에서는 인간이 저지를 수 있는 온갖 죄악과 타락, 변태가 악몽처럼 펼쳐질 것이다. 이 무장 집단의 정당성은 준군사조직, 다시 말해 폭력에 의해 확보될 것이다.

세계주의자들의 방해 공작으로 국경 통제가 이루어지지 않을 것을 생각하면 미국 핵무기가 어떻게 될 것인지 진지하게 고민하지 않을 수 없다. 오늘날 미국 정치인들의 압도적 다수는 그들이 이용하는 사회적 영향력이 미치는 범위와 그로 인해 일어날 수 있는 결과를 제대로 이해하지 못하고 있다. 이 사람들이 인생을 살면서 해 본 고민이라고는 어떤 아이비리그 대학에 들어가 인문학과 사회과학을 공부할 것인지, 아니면 어떤 법무법인, 은행, 신문사나 TV 방송사에 취업할 것인지가 고작이다. 더 중요한 것은 이들이 자신들 대다수가 옹호해 온 시민사회와 법질서의 와해가 어떤 의미를 갖는지 이해하지 못한다는 것이다. 워싱턴주의 수도 올림피아의 시장인 셰릴 셀비Cheryl Selby는 철저한 무능과 이중도덕二重道德을 극적으로 보여 주며 반경찰 시위를 찬성했고 블랙 라이브스 매터BLM 시위대가 그녀의 집을 파괴하기 전까지는 BLM의 열렬한 지지자였다. 이후 그녀는 이 사건을 '국내 테러'* 라고 부르며 심지어는 '부당하다'고까지 말했다.[23]

민주당이 취하고 있는 급진적인 반국가, 반헌법 그리고 반법질서 태도가 가져올 결과에 대한 몰이해의 수준은 놀랄 만하다. 올림피아 시장은 그것을 발견하고 시애틀의 KIRO 7** 뉴스에 나와 이렇게 말했다. "누군가가 집으로 찾아오면 아주 섬뜩하다." 그 누군가라는 사

* 셰릴 셀비는 2015년부터 현재까지 올림피아 시장으로 재직 중이다. 그녀는 자신의 집 현관에 BLM 시위대가 스프레이로 낙서를 하자 "국내 테러"라고 비난했지만 나중에는 "일단 물러서 차분하게 그 당시 비디오를 보니 그렇게 말한 것은 '지나친 감정적 표현(overeaction)' 이었다"고 사과했다.

** 워싱턴주 시애틀에 있는 콕스(Cox) 미디어 그룹이 소유한 TV 방송으로 CBS 네트워크의 가맹사다.

람들이 무장하고 자신이나 가족들을 해칠 의도를 가지고 찾아온다면 그것은 완전히 이야기가 다르다. 미국 정치인들, 특히 소위 '좌익' 정치인들은 아직 이것을 모르고 있다. 소아병은 미국 정치인들, 특히 '좌익' 정치인들의 특징이다. 이들은 맞상대하는 공화당 정치인들만큼 세계주의적이다.

미국 정치의 예측불허 수준은 늘 그래왔듯 높아지고 있다. 그리고 일부 전투적인 우익 집단들이 이미 활동하고 있다. FBI가 미시간주 주지사 그레첸 위트머Gretchen Whitmer 납치 계획을 사전에 적발해 관련자들이 재판에 회부되었지만 이것이 미국 국민이 더 극단화될 것을 보여 주는 시작에 불과하다는 데는 의심의 여지가 없다.[24] 미국의 문화적 토양에서 반정부 음모와 민병대가 새로운 것은 아니지만 정부의 공권력 그 자체의 정당성을 인정하지 않는 것이 이처럼 분명하고 당면한 위험으로 나타난 것은 전례가 없다. 미국 미디어들이 4년 동안 거짓되고 악의적인 정보와 폭로성 기사를 대중에게 전파한 게 분명하다면 그런 환경에서 좌우 두 진영에 조성된 과격한 사상과 정서는 오래가지 않고 필요성이 없어져(민주당 전국위원회의 관점에서 보면 트럼프가 물러난 뒤) 정상으로 여겨지는 상황이 회복되고 나면 없어질 것이라고 누가 말할 수 있겠는가? 그런 사상과 정서는 영속화될 것이다.

결국 정보원, FBI 혹은 경찰을 아무리 동원해도 금방이라도 터질 것 같은 미국인들의 불만을 누르기에는 역부족일 때가 올 수도 있다. 지난해 놀랄 만한 총기 판매 통계가 보여 주듯이 미국인 대다수는 미국 권력층의 법질서 유지 능력에 대한 신뢰를 상실했다. 2020년 3월 미국의 권총 판매량은 전년에 비해 세 배 이상, 소총 판매량은 거의 두 배가 늘었다.[25] 이것만 보더라도 미국이 후진국 같은 정치·경제적 난장판으로 급격하고 암울하게 변해 가는 것을 보면서 총기를 가진 미국인들이 집에서 느끼는 '안전'의 수준을 알 수 있다. 거짓이 미덕으로 칭찬받고 거짓을 부추기는 완전히 거짓에 기반을 둔 문화가 아니라면 이럴 수는 없을 것이다.

> "내가 사관학교 생도 시절 웨스트포인트의 좌우명이 무엇이었던가? 거짓말을 하거나 속이거나 도둑질을 하지 말고 그런 짓을 하는 사람들을 못 본 체하지 마라. 나는 CIA 국장을 지냈다. 우리는 거짓말을 했고 속였으며 도둑질했다. 우리는 그런 전 과정을 실험해 봤다." 청중들이 이 말을 듣고 웃고 좋아할 때 폼페이오는 우쭐했다.[26]

오늘날 이런 분위기를 조성한 원천은 아주 분명하다. 그것은 미국의 세계주의 마피아다. 미국 정치, 미디어, 그리고 교육 시스템에 퍼져 있으면서 미국인을 대대손손 충실한 세계주의 교리의 담지자로 만들려는 세계주의자 마피아다. 그들이 사람들을 개종시켜 얻으려는 목표는 인간 사회에서 신앙, 사랑, 가족 그리고 진리와 정의 추구 등 인간이 기본적으로 가지고 있는 열망을 퇴화시켜 오로지 소비를 위한 획일적이고 원자화된 단위로 만들고 정상normality과 도덕 같은 개념을 없애 버리는 것이다. 이렇게 되면 인류의 대부분이 분명 죽게 될 것이며 그것이 세계주의자들의 우생학적 관점에서는 좋은 일이다. 그것은 또 세계주의 엘리트들이 소비할 지구의 자원을 더 오래 지속시킬 게 확실하다. 그러나 그들은 부질없는 자본의 노예다. 그 자본은 컴퓨터 서버 하드드라이브에 들어 있는 디지털 신호에 불과하며 물질적으로 중요하거나 유익한 어떤 것과도 관계가 없다.

미국 사회를 디스토피아로 몰아가는 과정에서 이미 많은 것들이 이루어졌다. 도덕적 타락은 물리적 영역에서 분명히 나타나고 있으며 비정상, 사악함 그리고 무지가 덕성으로 둔갑했다. 미국이 주도하는 서구 사회 전체는 오늘날 현대 자유주의의 구조적 위기가 가져온 심각한 정신질환을 앓고 있다. 자유주의라는 용어는 그것이 가져온 사회적 현실과는 정면으로 배치된다. 이 타락한 이데올로기가 추구하는 사회는 자유liberal와 관련 없는 어떤 것이기 때문이다. 현재 자유주의, 특히 미국 민주당과 그 지지자들이 옹호하는 자유주의는 편협하고 파시스트적인 독재주의이며 계몽주의 시대의 도래와 그로 인한 서구의 번영 이후 수 세기 동안 성취한 모든 긍정적인 것들을 파괴하는 전체주의적 이데올로기이다.

역설적으로 현대 세계주의는 서구 문명의 파괴를 통해 목적을 달성하려 한다는 점에서 사실상 반서구적이다. 아울러 그것은 반인륜적이며 인류 문명에 대한 저주다. 그것은 미국 기득권층의 오만, 무지 그리고 학습 능력 부재에서 태어난 생명력 없는 사상이다. 이 사상을 옹호하는 사람들이 주로 자기 과시적인 소셜 네트워킹 매체를 통해 그 사상을 기술과 과학에 적용할 때 나타날 결과에 대해 완전히 무지하다는 것을 생각하면 세계주의는 이제 새로 등장하는 전 세계 경제, 산업, 군사, 과학 그리고 도덕적 패러다임과 공존할 수 없는 것이다. 그것은 전 세계에서 거부당하고 있을 뿐 아니라 미국 붕괴의 최종적인 결과를 기다리지 않고도 이미 진보해 온 세계에서 수용될 수 없는 것이다. 누가 다음 대통령이 되든 혹은 어느 정당이 만신창이가 된 경제와 문화 정책을 이어 가게 되든 미국의 붕괴는 하나의 기정사실이다. 기존 체제 속에서는 그런 정책들을 바꿀 어떤 변화도 불가능하기 때문이다.

예외적이지도, 자유롭지도, 잘 살지도 못하는 미국?

영국의 대중지《데일리 메일》은 2020년 11월 유명한 언론인이자 방송 진행자 메이건 켈리Megyn Kelly가 뉴욕에서 이사하기로 했다는 기사를 실었다. 이러한 결정을 내리게 된 것은 얼마 전부터 그래왔듯이 뉴욕의 생활환경이 나빠져서가 아니라 이념적이고 정치적인 이유 때문이었다.《데일리 메일》은 다음과 같이 썼다.

> 켈리는 그녀의 아들이 다니는 학교 교사들한테서 "미국 전역의 백인들이 주로 사는 지역 학교에는 앞으로 살인 경찰이 될 아이들이 많다"는 편지가 배달된 이후 견딜 수가 없었다고 털어놓았다. 이 편지는 "백인 아이들이 흑인을 죽이도록 주입식 교육을 받고 있으며 학교에서 제멋

대로 행동하도록 방치되고 있다"고 덧붙였다.[1]

《데일리 메일》은 이 사립학교의 특징을 다음과 같이 설명했다.

> 뉴욕 칼리지 스쿨은 미국에서 가장 우수한 사립학교들 가운데 하나로 가장 오랜 역사를 자랑한다. 이 학교 졸업생들 가운데는 존 F. 케네디 2세와 그의 조카인 잭 슐로스버그Jack Scholssberg 그리고 〈왕좌의 게임〉의 공동제작자인 데이비드 베니오프 David Benioff가 있다.[2]

이러한 사태의 전개 과정은 현재 미국에서 부각되고 있으며 앞으로 미국 전체로 퍼져 나갈 하나의 경향을 보여 주고 있다. 그런데 이 찻잔 속의 태풍 같은 사건에서는 한 가지 특징이 두드러진다. 메이건 켈리는 주류 미디어, 특히 TV에 등장하는 진행자들이 으레 그렇듯이 매우 부자고 어디로든 쉽게 이사할 수 있다. 그녀는 대다수 미국인과는 다르다. 그들은 재산과 가족 때문에 특정한 지역에 묶여 있다. 그러나 놀라운 건 그게 아니다. 메이건 켈리가 매우 우수하다고 알려진 이 학교에 아이들을 보내기 위해 일 년에 5만 6,000달러를 내고 있는데 이 아이들이 앞에서 켈리가 말한 것을 듣게 된 것이다.

《더 힐The Hill》이 명확하게 밝히고 있지만 그 편지는 실제로는 올리언스 공교육 네트워크의 이사인 나라이아 웨버Nahliah Webber가 한 블로그에 올린 글이었는데 그 학교의 다양성 그룹 내에서 유포되었다.[3] 웨버는 루이지애나주에 있고 그 학교의 직원도 아니다. 그런 점에서 백인 학생이 주로 다니는 일류 학교의 교직원들에게까지 (누가 어떤 의도를 가지고 했는지 모르지만) 그 편지가 전달되었다는 것은 관련 집단들 사이에 적대감을 불러일으키지 않고 미국 흑인의 경험을 미국인의 역사적 인식 속에 수용하는 게 얼마나 어려운 문제인지 보여 주고 있다. 이 백인 학생들이 맞닥뜨리게 될 인지부조화의 심각성은 상상에 맡겨 둘 수밖에 없다. 그들이 여태까지 배워 온 역사에 대한 이해가 아프리카계 미국인의 경험을 반영하는 것과 충돌하기 때문이다. 역사적 기록으로 인정받고 역사를 바로 세우려고 하는 과정에서 아프리카계 미국인들의 경험은 과장되고 감정적이며 심지어는 인종적인 용어로 표현되고 있다. 켈리의 반응은 그것이 어떻게 이루어지는지 보여 주고 있다.

최근 80만 명이 여러 가지 이유로 뉴욕을 떠났듯이 물론 뉴욕을 떠나려고 하는 데는 수많은 이유가 있다.

뉴욕의 학교도 그런 이유들 가운데 하나다. 이른바 신좌파 진보 이념이 미국 전체에 만연하고 있다. 미국의 미래세대는 이미 극도의 공포감을 조성하며 미국 사회의 결속력을 해치고 있는 이러한 급진적인 교리orthodoxy에 완전히 주눅들 수도 있다. 오늘날에도 영국 대학생의 40퍼센트는 향후 취업에 지장을 받거나 또래들로부터 비판받는 게 두려워 자신의 의견을 말하는 것을 주저하고 있다.[4] '우오크'('깨어나라' 운동)와 '캔슬 컬처'(배제문화)가 득세하는 것 같다.

역설적으로, 그렇게 되도록 만든 언론과 표현의 자유가 유럽에서는 이미 죽었고 미국에서는 죽기 일보 직전이다. 지금 당장은 미국 헌법에서 점점 더 의미를 상실하고 있는 수정헌법 1조라는 연명장치에 의존해 겨우 목숨을 유지하고 있지만 이미 사방으로부터, 특히 미국의 이른바 진보 좌파로부터 공격을 받고 있다. 이른바 진보 좌파들은 미국을 사회적으로 개조하여 어렵지 않게 앵글로-색슨판 남아공을 만들려고 일을 꾸미고 있는 전체주의적 세계주의 세력을 짐짓 방관하고 있다. 그런데 남아공에서는 아프리카인들이 경제적 권력의 지렛대를 여전히 쥐고 있는 백인 엘리트들 앞에 직면해 있다.*

미국 사회를 지탱하던 버팀목이 무너지고 있다. 집단적 히스테리가 날조한 러시아 게이트, 부패한 선거 과정과 코비드-19 락다운에서 나타난 피해망상 이후 작금의 미국 '민주주의'는 무슨 수를 써서라도 반미국적이고 다 죽어 가는 경제체제의 개혁을 회피하면서 정치권력 장악을 정당화하려는 소수 지배층이 자금을 대 벌이는 정치 쇼라는 게 드러나고 있다. 점점 더 압력이 높아지는 미국이라는 샐러드 보울의 증기압을 폭력적으로 완화하기 위해 ANTIFA와 BLM이 필요하다면 그렇게 해라. 현상 유지, 혹은 최소한 지금 권력자들이 현상 유지라고 생각하는 것을 지속하기 위해서는 어떤 대가를 치러도 충분치 않다.

이 소수 권력층은 돈이 많고 아이비리그 졸업장을 가지고 있지만

* 세계주의자들이 남아공에서 문제되는 계급 문제는 그대로 둔 채 인종 문제만을 부각시켜 즉, 인종 문제로 사회계급 갈등을 덮어 버리고서 자신들의 지배력을 준종교적으로 절대화하려 한다는 의미다. 저자가 줄곧 지적하듯이 반인종 사회개조 교리 이면에는 금융자본주의가 시민을 소비자-금융에너지 단위로 전락시키려는 전략이 숨어 있다.

그다지 똑똑하지 못하다. 그들은 그 점을 의심의 여지 없이 보여 주고 있다. 결과가 가장 안전한 기준이기 때문에 결과로 사안을 판단하는 것이 합리적이라는 클라우제비츠의 명언은 2세기가 지난 지금도 옳다.[5] 미국 정치는 늘 천박했고 이제는 이른바 '자유' 언론과 기성 학계를 아울러 미국 정치체제 전반이 하나의 천박한 거인 같은 모습을 전 세계에 과시하고 있다. 여기에 종사하는 사람들은 미국을 아직도 세계 초강대국이라고 생각하고 있지만 미국은 더 이상 세계 초강대국이 아니다. 물론 미국은 아직도 세계 여기저기서 외국 정치인들을 협박할 수 있다. 미국은 후진국을 협박하기 위해 몇 개의 항모전단을 보낼 수 있다. 그러나 팻 뷰캐넌이 최근에 말했듯이 시간이 갈수록 "아무도 미국을 무서워하지 않는다."[6]

이러한 정서에 대해서는 2019년 러시아의 유능한 언론인 이리나 알크스니스Irina Alksnis도 공감했다. 그녀는 미국이 예외적 지위를 상실하는 엄청난 고통을 겪고 있다는 사실을 살펴보면서 세계에서 그런 고통을 이해할 수 있는 유일한 국민이 러시아 국민이라고 지적했다. 알크스니스가 주목한 것은 여긴데, 소련은 러시아가 천년 역사에 걸쳐 건설한 제국의 정점이자 미국 다음의 초강대국이었지만 지리적 축복을 얻은 미국은 물론이고 어떤 국가도 경험하지 못한 조건에서 무너졌다는 점이다. 소련은 추축국들에 대항하여 정면으로 전쟁을 치렀고 제2차 세계대전 종전 당시에는 완전히 파괴된 국가였다. 미국은 그 전쟁으로 엄청난 혜택을 입어 초강대국이 되었다. 소련의 붕괴와 뒤이은 경제적 파국에서 러시아인은 많은 것을 배웠다. 그리고 미국이 바로 지금 겪고 있는 국력을 상실하는 치욕적 뒷맛을 보았다. 시쳇말로 러시아인은 제대로 당했다. 러시아 국민은 전 세계 다른 나라 국민과는 달리 지금 미국이 겪고 있는 일을 제대로 이해할 수 있다. 미국의 엘리트들은 그런 징후들을 경험하지 못했을 뿐만 아니라 이해할 수도 없지만 러시아인은 그것을 아주 잘 읽어 낼 수 있다. 이것이 바로 우리 눈앞에서 벌어지고 있는 미국의 비극이다. 미국의 위기는 조직적이다. 게다가 미국의 엘리트들은 세련되지 못했고 형편없는 교육을 받았으며 수십 년 동안 자신들이 선전해 온 것에 도취해 그것을 현실로 받아들이고 있다.

그들은 또한 오만하고 부패했다. 따라서 이런 엘리트들이 현재 진행되고 있는 경제, 사회 그리고 문화적 위기 상황을 타개할 수 있는 쓸 만한 아이디어나 해법을 내놓기는 불가능하다. 그들은 월스트리트와《뉴욕 타임스》의 렌즈로만 세상을 바라본다. 거기에는 진정한 지성, 용기 그리고 진정성이라곤 없다. 그런 덕목들은 모두 많은 사람들이 워싱턴D.C.의 바보라고 부르는 자들의 특혜와 자리의 대가로 팔려 갔다. 이들의 유일한 존재 목적은 자신들의 자리를 영속화하는 것이다.

알크스니스는 미국의 대응과 워싱턴 D.C.에서 연달아 나오는 비감 어린 성명과 선언을 설명하면서 미국이 미래를 위한 교훈을 얻기 위해서는 면면히 이어져 온 세계사에서 미국은 신생 국가에 불과하다는 것, 그리고 전체적으로는 아니지만 이 시점에 국한해서는 실패한 국가임을 인정해야만 한다고 말한다. 그녀는 다음과 같이 썼다.

하지만 이런 간단한 조언을 실행에 옮기는 것은 고사하고 듣기 위해서라도 미국은 최소한 잠시라도 멈춰서 침묵할 필요가 있다. 성명, 선언, 요구 그리고 위협으로 허풍을 떠는 것을 멈출 필요가 있다. 그런 것들은 현실에서 실현 가능성이 전혀 없기 때문에 이상하거나 완전히 바보 같은 소리로 들린다. 그것은 미국이 할 수 없는 것처럼 보이고 정확히 말해 할 수 없는 것이다. 결과적으로 선언적인 이야기만 끝없이 반복적으로 이어진다. 모스크바와 아사드는 물러가라! 러시아인들아, 우리는 케르치 해협*에 항행의 자유를 보장할 것이다! 러시아인들아, 우리는 마두로 정권 지원에 대해 응징할 것이다. 그런데 미국인들에게 가장 치욕적인 것은 러시아만이 미국인들을 이해한다는 것이다. 왜냐하면 우리는 그런 언사들 뒤에 있는 고통을 기억하고 있기 때문이다.[7]

물론, 미국은 아직은 러시아와 전쟁을 할 수 있는 능력이 있다. 그러나 그렇게 된다면 그것은 오직 한 가지 사실을 의미한다. 미국은 더 이상 존재하지 않게 될 것이고 인류 문명 대부분도 사라질 것이다. 끔찍한 사실은 자신들의 권력 중독을 만족시킬 수만 있다면 이런 것쯤은 대수롭지 않게 생각하는 일부 인사들이 미국에 있다는 것이다. 정치인들은 말할 것도 없고 어떤 미군 병사도 미국을 방어하기 위해 싸워 본 적이 없다는 것 그리고 단 한 번의 폭격으로 여단급 부대를 절멸시킬 수 있는 첨단 무기의 표적이 된다는 게 무엇을 의미하는지 미

* Kerch Strait: 흑해와 아조우해를 연결하는 해협.

군이 모르고 있다는 것을 생각하면 미국이 두 대양을 주요 방어지역으로 삼았던 시대는 오래전에 끝났다는 것을 그들에게 설명하기는 쉽지 않다. 하물며 군사적으로 미국이 무적이 아니고 피할 수 없는 붕괴를 겨우 지연시키면서 더 금융 의존적이고 더 탈제조업화로 가는 게 유일한 선택지가 될 수밖에 없는 지경에 이르도록 미국의 제조업이 공동화되었다는 증거가 차고 넘치는데도 그들이 천하무적이라고 믿고 있는 사람들에게 무슨 말을 할 수 있겠는가?[8] 이런 상황은 이미 형편없이 쇠락한 나라의 고통을 계속 가중할 것이다. 그러나 자칭 '엘리트'들은 한 가지밖에는 할 수 없는 사람들이다. 그들은 다른 일은 어떻게 해야 할지 전혀 알지 못한다. 소시오패스에게서 흔히 볼 수 있듯이 그들에게는 자기 자신을 평가하고 넓은 안목으로 그들이 처한 상황을 바라볼 수 있는 능력이 없다.

그러나 개탄스러운 미국인*, 특히 고통받는 백인들을 통제하기 위해 미국의 엘리트들은 그들의 선전도구인 미디어를 동원할 것이 확실하다. 미디어는 가짜가 아닌 진정한 미국의 위대함으로 남아 있는 것, 즉 미국의 헌법과 권리장전을 앞장서 공격할 수 있다. 언론자유에 대한 공격, 수정헌법 2조**에 대한 공격은 계속 강화되고 독재

* 힐러리 클린턴이 가난하고 학력이 낮고 보수적인 백인들을 폄하하여 이렇게 지칭한 것을 인용한 것이다.

** Second Amendment: 1791년에 개정된 미국 권리장전의 일부로 "잘 통제된 국민군이 자유로운 주(州)의 안보에 필요하므로, 국민의 무기 보유 및 소지 권리는 침해되어서는 안 된다"는 내용을 담고 있다.

하지 않겠다는 약속은 더욱 위태롭게 될 것이다. 미국의 동서 양안 대도시에 사는 자칭 담론의 달인들의 첫 번째 의제는 사상의 자유를 허용하지 않는 것이다. 그들은 자신들이 나라를 지배할 수 없으면 나라를 파괴하는 것도 마다하지 않는다.

다가오는 미국의 다층적 붕괴라는 맥락에서 일어나는 그들의 초현실적인 집착에 제대로 대응하기란 쉽지 않다. 정치적, 경제적, 문화적 그리고 지적 생활을 통제하게 된 전체주의 성향으로 세뇌를 받은 미국의 새로운 세대들의 관심사로 알려져 있고 그렇게 설득당하고 있으며 아마 지금은 그렇게 되었을지도 모르는 것에 대해 우리는 조금밖에 알지 못한다. 그 세대는 불안정한 세대다. 주로 백인인 미국의 가난한 밀레니얼 세대의 미래는 암울하다. 《뉴스위크》는 다음과 같이 보도했다.

> 1981년에서 1996년에 태어난 사람들로 이루어진 밀레니얼 세대는 미국 노동인구의 가장 큰 부분을 차지하고 있다. 그러나 미국 전체 부의 4.6퍼센트만을 가지고 있다. 1946년에서 1964년 사이에 태어난 베이비붐 세대는 밀레니얼 세대보다 열 배나 많은 부를 가지고 있다. 밀레니얼 세대 7,200만은 전체 노동인구 가운데 가장 큰 대표성을 가지고 있다. 젊은 층이 그 윗세대에 비해 돈이 없는 게 이례적인 일은 아니지만 평균적으로 볼 때 베이비붐 세대가 30대 초반이던 1989년에 그들은 오늘날 같은 연령대의 밀레니얼 세대가 가진 것보다 평균 네 배나 많은 재산을 가지고 있었다.[9]

베이비붐 세대 대다수는 인생을 살면서 권태 말고는 다른 심각한 어려움을 경험해 보지 못했다. 밀레니얼 세대는 베이비붐 세대가 미국뿐만 아니라 전 세계에 퍼뜨린 경제, 외교 그리고 문화적 방탕의 볼모가 되었다. 그와 동시에 전자 매스미디어를 통해 세계를 하나로 연결한 과학 기술 혁명과 함께 도래한 세계에서 유행을 따르다 균형을 잃고 비틀거리는 신세가 되었다.

이것은 일반적으로 **다보스 문화**로 알려진 것의 몰락이었다. 아이디어와 정보 교환의 자유를 확대함으로써 (지금은 축소되고 있지만) 많은 사람들이 닷컴 억만장자들과 '녹색' 전도사들의 현란하고 화려한 설명에도 불구하고 세상이 여전히 에너지, 기계, 제조업 그리고 기본적인 물리학과 수학에 바탕을 두고 움직인다는 것을 알게 되었다. 아이폰이 나무에서 자라나는 것은 아니다. 아이폰을 만들기 위해서는 엄청난 자원을 추출하고 처리하는 과정을 거쳐야 한다. 그러기 위해서는 중국 어딘가에서 매일 수백만 명이 광산으로 들어가야 한다. 아이폰을 만드는 데는 송전망과 컴퓨터 수치 제어, 세계 여기저기서 생산하는 석판인쇄기*가 필요하다. 그리고 거대한 철제 선박과 알루미늄 합금으로 만든 비행기도 필요하다. 알루미늄을 얻기 위해서는 땅에서 보크사이트를 캐내야 한다. 이 모든 일을 하기 위해서는 수백만

* 저자는 단순히 석판인쇄기(lithography machine)라고 기술했지만 실제는 네덜란드의 ASML에서 생산하는 것과 같은 초자외선을 이용한 반도체 인쇄기(Extreme Ultraviolet Lithography)를 의미하는 것으로 보인다.

명의 엔지니어와 디자이너 노동자, 의사, 교사가 필요하며 이들이 실제로 현대 문명을 굴러가게 하는 사람들이다. 미국은 이 모든 일이 어떻게 이루어지고 있는지 망각하고 있다.

이렇게 될 수밖에 없었을 것이다. 유명 인사, 스포츠 스타 그리고 방송 진행자들이 점령한 문화는 점점 더 선정적으로 변해 가고 있다. 이런 사람들은 실질적인 의미에서 제대로 교육받지 않았음에도 불구하고 쥐뿔도 모르는 주제에 대해 권위자인 척하며 거들먹거리며 말한다. 그런 문화는 망할 수밖에 없다. 그것은 또 인종과 남녀 '평등'이라는 복잡한 문제에 집중하는 척하면서 현대사회의 가장 중요한 요소들, 즉 노동에 대한 정당한 평가 그리고 국가 자산의 균배와 절제를 무시하게끔 되어 있다.

사실 새롭게 떠오른 젠더 분야는 돈이 되는 사업이다. 젠더 문제가 대두되면서 국가 존립의 기초가 되는 가족의 파괴가 가속화되고 있다. 가족은 아이를 낳아 교육하고 양육한다. 출산율 하락은 유럽에서는 심각한 문제로 인식되고 있지만 미국에서는 이 문제에 대한 관심이 점점 떨어지고 있다.

그런데 미국이 국가라고 할 수 있는가? 최소한 지금으로서는 미국은 국가로서의 생존본능이 매우 약해 필경 한때 미국 국민이라고 불리던 집단이 속속들이 분열되어 있음을 이미 드러내고 있는 것 같다. 사실 아이오와의 WASP 농장 노동자와 맨해튼의 유대계 변호사들 혹은 브롱크스의 흑인 래퍼 사이의 공통 관심사는 아무것도 없다. 그들은 세계와 세계 속의 미국을 보는 시각이 다르다. 그리고 그런 시각들은 서로 절충할 수 없다. 경제적 재앙은 그런 모순을 표면화시켰다.

그렇다면 미국에는 어떤 일이 닥칠 것인가? 미국이 다행히 대규모 폭력 사태와 완전한 붕괴로 별개의 나라들로 분열되는 것을 피한다고 해도 미국 '엘리트들'이, 점점 더 우오크Woke화되거나 마약으로 탈감각화된 세대들을 계속해서 지배할 수 있는 유일한 수단은 독재다. 오리건주는 이미 중독성 마약을 합법화했다.[10] 반란이 두려운 미국 소수 지배층에게 이것은 좋은 소식이다. 약물 의존적인 사람들은 복잡한 첨단 제조업에는 종사할 수 없지만 그와 무관하게 그들을 고용할 계획도 없다. 미국의 지속적인 탈제조업화는 미국 젊은 연령층의 상당 부분을 숙련된 노동인구 풀에서 배제하는 것과 함께 진행될 것이다. 그들의 기대수명은 줄어들고 그들이 죽어 가는 것은 미국 경제에 "도움이 되는 것"으로 여겨지고 있다.

미국 헌법이 무력화되고 국가가 합법적인 일당 독재국가로 바뀌고 후속적인 정치적 숙청이 이루어지면서 정치적 독재가 시작될 것이다. 초기에는 그런 정치적 숙청이 일자리에서 해고하거나 그렇게 해고된 사람들의 재고용을 막는 형태로 이루어질 것이다. 그러나 나중에는 사회적 코어 시스템*이 공식적으로 도입되고 '갱생 수용소'가 현실이 될지도 모른다. 상상을 초월하는 디스토피아적이고 허구적인 이야기라고 보는 사람도 있을 것이다. 그렇다면 오히려 좋겠다.

* social core system: 컴퓨터 공학에 나오는 core system을 응용한 용어로 보인다. 즉 지배계급으로 이루어진 중앙이 모든 것들을 감시·통제하는 시스템을 의미한다.

그러나 국민의 절반이 대통령은 러시아의 꼭두각시라고 믿는 나라, 모든 언론 매체가 한목소리로 이러한 허구를 선전하거나, 대다수 대학이 인간의 본성을 사회적 구조물로 규정하거나, 혹은 물리나 수학, 화학 같은 분야에 종사한 경력이 전혀 없는 사람들이 '녹색 에너지' 분야를 운영하는 나라, 이런 나라에서는 불가능한 게 아무것도 없다.

이런 나라는 지속 가능하지 않기 때문에 필연적으로 붕괴할 것이다. 그동안 미국이라고 알려져 온 나라는 미래가 없다. 오늘날 '엘리트들'이 외국에서 돈을 받고 외국의 이익을 추구하는 로비스트와 싱크탱크의 영향력 아래 외교 정책을 집행하는 한 특히 그렇다.

***

1990년대 초중반 내가 러시아와 미국을 비행기로 오갈 때를 회상한다. 그 당시 조직범죄 단체들이 좌지우지하는 몰락한 나라 러시아에서 돌아올 때마다 내 행동은 늘 같았다. 보통 짐을 최소한으로 가지고 다녔는데 도착하자마자 나는 가장 가까운 공항 내 바에 가서 프라이드치킨과 맥주를 시키고 담배를 피워 물었다. 이런저런 이유로 내가 그런 바에 들를 때마다 거기 걸려 있는 TV에서는 〈치어스〉*를 방영할 때가 많았다. 나는 〈치어스〉를 열심히 보지는 않았지만 〈치어

* Cheers: NBC에서 1982년 9월 30일에서 1993년 5월 20일까지 모두 11시즌, 275회에 걸쳐 방영한 시트콤.

스〉의 오프닝 음악과 전체적인 분위기는 평화롭고 온유했다. 그 당시 러시아에서 내가 겪었던 삶, 즉 완곡하게 말해 아주 끔찍했던 경험과는 대조적이어서 눈길을 끌었다. 그때까지만 해도 1980년대의 전성기를 이어 가던 미국에서 안전하고 평화롭게 살고 있다고 느끼는 것은 즐거운 일이었다. 미국 텔레비전에는 자유분방하고 친절한 사람들이 등장했다. 대중문화지만 문화적이었고 미국적이었다. 지금은 미국 특유의 문화가 존재하지 않는다. 오늘날 대다수 TV 프로그램, 영화 혹은 음악에는 어떤 모럴도 없고 재능의 발현 혹은 좋아할 만한 구석도 없는 경우가 대부분이다. 이제 거기에는 이념이 있다. 그 이념은 미국에 남아 있는 것마저 파멸시키고 있다. 내가 〈치어스〉를 보며 한 세계에서 또 다른 세계로 넘어 다닌 때로부터 긴 세월이 지났다. 지금 미국은 그때 미국과는 다르다. 미국은 미국을 매력적으로 보이게 만든 정신을 잃어버렸다. 그리고 이러한 상실은 미국을 파국으로 몰아넣고 있는 탈제조업화보다 훨씬 더 위협적이다. 이론적으로 한 나라의 제조업 능력은 언젠가 복구될 수 있지만 산산조각으로 분열되어 오늘날과 같은 모순된 이미지를 가진 나라의 정신을 되살리는 것은 불가능하다. 오늘날 미국은 기능장애 상태의 몹시 불행하고 자유롭지 못한 나라다.

데이비드 해킷 피셔*는 언젠가 저 유명한 샤르트르 대성당에 대

* David Hackett Fischer: 1935~. 미국 브랜다이스 대학의 명예 교수. 역사학자로 '역사가의 오류'라는 용어를 창안한 인물이다.

해 다음과 같이 언급했다.

> 대성당은 종교적이자 경제적인 시설이다. 동시에 또 다른 의미에서 대성당은 그것이 속한 공동체에 중요하다. 모든 위대한 건축물은 문화적 상징이다. 샤르트르 대성당은 거기에 딱 들어맞는 사례다. 이 아름다운 성당은 찰스 호머 해스킨스*가 12세기 르네상스라고 부른 시대를 완벽하게 상징하고 있다.[11]

2020년 5월 러시아는 러시아군의 대성당을 준공했다. 나는 살면서 여러 교회를 다녀 보았지만 그것은 훌륭한 러시아 정교회 건물 이상이었다. 어떤 사람들은 그것은 대성당 이상이며 거기에는 신비로운 요소가 있고 러시아의 역사에 생명력을 불어넣는 엄청난 정신적 에너지가 솟아나는 곳이라고 거리낌 없이 말한다. 이 성당에는 기독교도, 유대교도, 회교도, 범신론자를 가리지 않고 누구나 들어갈 수 있다. 이 성당은 외침으로부터 러시아를 지킬 때 보여 준 비할 데 없는 단결을 상징하는 공동체의 역사를 반영하고 있다. 《아메리칸 컨서버티브》의 로드 드레허는 이 성당의 준공을 알리는 기사에서 다음과 같이 썼다.

* Charles Homer Haskins: 1870~1937. 미국의 중세사 학자로 하버드대학 교수와 우드로 윌슨 대통령의 자문역을 지냈다.

이 건축물은 정말 압도적이다. 정교회 신자로서 이 건물을 보고 내가 곤혹스러워하는 것은 이 건물이 군대 전용이라는 점이다. (…) 미국 기독교 대다수와는 달리 나는 애국심과 종교를 결부시키는 데 대해 내심 반대한다. 그러나 그런 생각이 대단히 몰역사적임을 인정한다. 나는 이 성당을 놓고 러시아인을 비판하려는 게 아니다. 그 성당은 조국을 지키다가 죽은 사람들에 대한 추모 공간이기도 하다. 애국적인 러시아인이 어떻게 나치와 싸웠고 얼마나 고통을 받았는지 조금이라도 아는 사람이라면 이와 같은 건물을 못마땅하게 여길 수 없다. 나는 이 글에서 이 건물의 타당성을 논하려는 것이 아니다. 오히려 나는 그들이 믿는 신과 그들의 위대함을 기리기 위해 이와 같은 기념비적 건물을 건립하는 국민은 엄청난 저력을 가진 국민이라는 말을 하고 싶다. 미국이 이런 건물을 세울 수 있을까? 터무니없는 소리다. 우리는 그렇게 할 수 있는 내면의 힘과 상상력이 없다. 그리고 그것을 보여 주는 이야기가 있다. 우리는 쓰레기 같은 인간들이 미국을 건국한 사람들의 동상에 붉은 페인트를 뿌리고 노예제를 폐지하기 위한 전쟁에 나가 전사한 북군 병사들의 동상을 끌어 내리도록 놔두는 국민이다. 그리고 우리 지도자들 가운데는 거기에 대해 언급하는 사람도 거의 없다.[12]

많은 사람이 늘 이야기하지만 건국한 사람들, 초대 대통령인 조지 워싱턴을 존경하지 않는 국민에겐 미래가 없고 그럴 자격도 없다. 정치적 사조에 맞춰 역사를 고쳐 쓰는 국민은 결국 자신의 정체성에 대한 인식을 상실하게 된다. 역설적으로 들릴지 모르지만 대공황을 무색하게 만들 정도로 수백만 명의 목숨과 경제적 혼란이라는 대가를 치른 역사적 수정주의와 음침한 자유주의적 이상향이라는 유혹에 빠져 쇠락으로 가는 실험을 하고 있던 1990년대 러시아가 그랬다. 러시아가 경제적 활력과 강력한 군대 그리고 자존감을 가진 정상 국가로 복귀하는 데는 20년이 걸렸다. 그러나 러시아는 이른바 '자유주의'를 실험하던 1990년대 그 끔찍한 시기에도 여전히 하나의 국민을 유지했다.

미국에는 더 이상 국민이 존재하지 않는다. 대성당같이 그 장엄함과 힘을 나타내는 시각적 표상은 언감생심이다. 미국은 상자같이 살풍경한 포스트모던 대형 교회처럼 되었다. 이 교회에서는 물질적 풍요라는 복음을 전파한다. 항상 그랬듯이 그것은 가짜다. 그것은 붕괴를 막을 수 없다. 왜냐하면 모든 것을 상실한 것처럼 보일 때도 결과를 결정하는 것은 결국 국가, 그리고 그 국민의 정신이기 때문이다. 미국이 이런 정신을 되찾을지는 두고 볼 일이다. 그러나 결국 미국이 통일된 나라로서 국체를 보전하고 붕괴를 막을 수 있는 길은 오직 그것뿐이다.

그밖에 다른 모든 것은 거기서부터 시작한다.

옮긴이 후기

이 책은 미국에 대한 직설적 비판이다. 저자 안드레이 마르티야노프의 비판은 소비와 자기과시, 지경학, 에너지, 엘리트들의 무능과 위선, 군사력의 위축, 정치적 파탄, 도덕적 타락에 이르기까지 한 나라의 역량에 관계된 거의 모든 분야를 망라한다. 그의 비판은 신랄하다 못해 때로는 독설에 가깝다. 하지만 대단히 구체적이고 실증적이어서 설득력 있게 읽힌다. 우리는 미국에 대한 저자의 비판을 남의 이야기로 흘려들을 수 없다. 왜냐하면 미국은 여전히 우리가 철석같이 믿는 우방이자 유일한 군사 동맹국이기 때문이다.

저자는 몰락한 구소련 아제르바이잔 출신이다. 그는 냉전 시대 양극체제의 한 극을 이루었던 소련이 붕괴하는 것을 현장에서 체험하고 1990년대 중반 미국으로 이주했다. 역사적으로 볼 때 여러 제국이 덧없이 스러졌지만 2차 세계대전 이후 50년 가까이 세계 패권을 놓고 미국과 경쟁해 온 소련의 붕괴는 극적이었다. 소련 붕괴 이후 20여 년 동안 지구상에 미국의 경쟁자는 없었다.

미국은 냉전에서 승리했다고 생각했다. 하지만 그것은 미국의 승리 혹은 미국식 발전 모델의 승리를 의미하는 게 아니었다. 소련은 미국이 우월해서가 아니라 스스로 무너졌다. 미국은 소련의 붕괴에서 아무런 교훈도 얻지 못했다. 그리고 경쟁자가 사라진 세계에서 유아독존적 오만에 빠져들었다.

코르누코피아의 허상

아메리칸드림이 상징하듯 전 세계인에게 미국은 이상향이자 코르누코피아, 즉 풍요의 상징이었다. 해방과 함께 진주하고 6·25전쟁에 참전한 미군 때문에 미국의 풍요로운 삶의 모습은 한국인들의 집단 정서 속에 매우 깊이 각인되었다. 한국과 한국인은 미국을 선망하고 따라 했다. 미국 영화에서 보는 미국의 풍요로운 모습은 우리가 언젠가 이루어야 할 이상향이었다. 한국 엘리트 중에 많은 이들이 앞서거니 뒤서거니 미국으로 유학을 떠났고 돌아와서는 고위 관료나 대학교수, 전문 경영인이 되었다. 그들에게는 미국을 배워서 미국처럼 되는 것이 지상의 목표이자 과제였다.

하위문화에서도 그랬다. 미군들이 입다 버린 중고 군복을 물들여 입는 것이 유행했고 미국 팝송이 한국 가요를 압도했다. 미군 PX에 드나드는 것이 특권으로 여겨졌고 미군 전용 클럽에서 노래하고 춤추는 것이 연예계로 진출하는 지름길이 되었다. 한국이 선진국이 된 지금도 미국의 영향은 너무 커서 한국이 미국에 가스라이팅을 당하고 있다고 지적하는 사람들이 있을 정도다.

그런데 저자는 미국을 "핵무기로 무장하고 권력투쟁에 빠진 불안정한 후진국"이라고 규정한다. 한 걸음 더 나가 "핵무기를 가진 세계의 웃음거리가 되고 있다"고 조롱한다. 미국이 후진국이라니? 그는 나름대로 실증적 근거를 제시한다. 미국에서 먹을 것을 걱정하는 식량 불안이 높아지고 있다. 주택문제가 심각해 대도시에는 노숙자들이 들끓는다. 물론 1인당 GDP가 8만 달러가 넘는 나라에서 굶는 사람들이 늘고 있는 것은 식량이 절대적으로 부족하기 때문이 아니라 분배의 문제에 따른 빈부격차 심화의 결과일 것이다. 저자는 "미국의 식량문제는 최선이라고 해 봐야 불투명하고 최악의 경우는 암울하다"고 말한다.

욕망의 무한증폭

저자는 미국이 안고 있는 문제로 먼저 소비와 부자병affluenza을 지적한다. 잘살아 보겠다는 욕망은 발전의 동력이다. 그런데 어떻게 사는 게 잘사는 것인가. 우선 그 의미를 규정할 필요가 있다. 미국에서 잘사는 것은 어떻게 소비하느냐에 달려 있다고 해도 과언이 아니다. 지식과 덕성을 함양하고 공동체 구성원들과 선린관계를 유지하며 공공의 이익에 기여하는 삶은 뒤로 밀린다.

맹자가 일찍이 간파했듯이 무항산無恒産이면 무항심無恒心이다. 물질적 필요조건의 충족은 인간 윤리의 기본 전제다. 굶주리는 상황에서 인간성의 발현을 기대하기는 어렵다. 그러나 세계 최고의 풍요를 누리는 미국에서 맹자가 말하는 항산은 문제가 아니다. 미국은 끊임없이 더 좋은 것을, 더 많이 소비하도록 욕망을 부추겨 왔다. 미국에서의 좋은 삶은 이렇게 증폭된 욕망을 얼마나 채울 수 있느냐는 척도로 결정된다. 이 욕망은 현실적인 필요와는 별 상관이 없다. 그것은 소비 자체를 목적으로 하며 경제적 차원을 벗어나 사회문화적 현상을 구성한다. 소비가 소비의 주체인 인간의 우월과 열등, 완성과 결함을 판가름한다. 이런 부조리하고 불합리한 소비 행태는 저자의 지적이 아니더라도 충분히 공감할 수 있다.

소비를 통해 자신의 지위와 신분을 드러내고 사회적 인정을 강요하는 사회에서 합리적 필요와 무관하게 소비는 절대화된다. 남에게 과시하거나 남과 비교하지 않고 소박하게 주체적인 삶을 살아가는 사람들은 자기도 모르는 사이에 루저(낙오자)의 범주로 분류된다. 소비의 광풍은 사회 전체에 몰아쳐 금욕과 절제는 루저들의 자기변명으로 치부되며 노동의 가치를 하찮게 만든다. 적어도 미국에서 노동하는 사람들이 성장과 번영을 이끌어 가던 시대는 끝난 것처럼 보인다.

FIRE 경제

돈이 돈을 버는 FIRE(금융Finance, 보험Insurance, 부동산Real Estate) 경제에서 근면 성실한 노동은 중요한 요소가 아니다. 그것은 한물간 농경시대와 산업사회의 미덕에 불과하다. 그러니 너나 할 것 없이 이 대열에서 낙오되지 않으려고 FIRE 경제의 일확천금을 좇는다.

미국의 청년 세대(19-33세)는 제조업 분야를 꺼린다. 자식들이 제조업에 종사하기를 바라는 부모도 많지 않다. 이 책에 나와 있듯이 미국 부모들 가운데 3분의 1만이 자식들이 제조업에 취업하기를 원한다. 젊은이들 사이에서 나타나고 있는 FOMO(배제의 공포Fear Of Missing Out)는 과시적 소비의 최종적인 결과다.

이들은 영혼까지 끌어들여 부동산과 주식 투자에 나선다. 이런 현상은 한국의 현실에 대입해도 별로 다르지 않을 것이다. 미국에서 FIRE 경제의 비중은 계속 커지고 있다. 저자에 따르면 미국 S&P 500대 기업의 무형자산이 1975년 17퍼센트에서 2020년에는 84퍼센트로 다섯 배나 증가했다. 미국의 제조업은 민간항공기 제작 등 극히 일부 분야를 제외하면 보잘 게 없다.

그러나 농업을 포함하여 유형재의 생산이 없는 서비스는 공허하다. 그것은 "친한 친구끼리 구두를 닦아 주고 10달러씩 주고받는다고 해서 20달러 가치가 창출되지 않는다"는 자명한 이치다. 실질적인 유형 가치를 생산하는 기업들보다 페이스북의 모회사인 메타 같은 이른바 플랫폼 기업의 자본환원율이 더 높다는 것은 가치의 왜곡을 보여 준다.

당장 페이스북이나 인스타그램이 없어지면 우리는 어떤 불편을 겪게 될까? 아무리 생각해 봐도 이렇다 할 불편이 떠오르지 않는다. 페이스북을 비롯한 이른바 소셜 네트워크에는 자기과시, 자기도취로 넘치고 악의적 위선과 혐오, 저주도 드물지 않다. 이용자가 생산한 정보를 이용자가 소비하는 자폐적 정보 주기週期를 가지고 있는 페이스북과 인스타그램은 새로운 유형적 가치를 창출하지 않는다. 하지만 페이스북은 매월 평균 30억 명, 인스타그램은 10억 명이 이용한다. 페이스북과 인스타그램의 모회사인 메타 플랫폼은 175조 원 매출에 60조 원의 영업이익을 거두었다. 이 회사의 시가총액은 삼성전자 시가총액의 세 배에 가까운 1,700조 원에 달한다.

저자는 오늘날 미국 경제를 포스트모던 경제라고 지칭한다. 포스트모던 경제에서는 제조업은 폄하되고 서비스업은 거품처럼 부풀려진다. 저자는 이것이 미국이 쇠락하는 중요한 이유 가운데 하나라고 본다. 포스트모던 경제 속에서 제조업이 공동화되면서 미국은 쇠락하고 있다. 트럼프의 MAGAMake America Great Again는 그런 현상을 보여 주는 역설적 징표다.

미국 엘리트

미국을 비판하면서 저자는 엘리트의 무능과 타락을 그 원인으로 지목한다. 2차 세계대전 이후 미국의 엘리트 그룹은 미국은 다른 나라와 다르다는 미국 예외주의가 이전에 비해 강화되었다. 그것은 제2차 세계대전 이후 다른 전승국들은 전쟁으로 파괴되고 피폐해진 경제 때문에 허덕였다. 하지만 지리적으로 전장에서 절연되었던 미국은 예외였다. 미국 예외주의는 이런 지정학적 요인에서 시작되었고 냉전의 경쟁자였던 소련이 붕괴하면서 미국 엘리트들 사이에 하나의 확증편향으로 자리 잡았다.

이러한 엘리트들이 이끌어가는 미국 그리고 더 폭을 넓혀 서구는 더 이상 계몽주의 이후 서구를 지배해 온 합리성의 세계가 아니다. 그들은 세상을 추상적 숫자로 파악해 쉽게 결론을 내린다. 미국의 엘리트들이 볼 때 러시아는 텍사스주보다 못한 나라일 뿐이다. GDP로만 보자면 그렇다. 하지만 러시아는 세계 최고 수준의 과학기술과 에너지를 비롯해 텍사스주는 물론 미국 전체와 비교해도 뒤지지 않는 자원과 잠재적인 제조업 생산 역량을 가지고 있다. 저자는 미국 엘리트들이 거대자신감 증후군syndrome of grandiosity에 빠져 있다고 지적한다. 그들은 스스로 과대평가하고 야망에 차 있지만 실력은 없다. 그래서 자주 헛발질을 하고 미국이 제기한 세계주의 의제들은 웃음거리가 된다.

제2차 세계대전 이후 미국 엘리트들이 대외적으로 거둔 성공이 있는지 생각해 보라. 미국은 한국전쟁, 베트남 전쟁, 이라크, 소말리아, 리비아, 아프가니스탄, 시리아 등 수많은 국지적 분쟁과 내란 사태에 개입했다. 하지만 제대로 해결한 게 하나도 없다.

전쟁은 정치적 목적을 성취할 때만 유용하다는 전제를 인정하면 미국은 모든 전쟁에서 패배했다고 해도 과언이 아니다. 미국은 '사막의 폭풍Desert Storm'같이 승리한 전쟁에서도 적들을 미국의 뜻에 따르도록 강제하지 못했다. 과거로 거슬러 올라갈 것도 없이 지금 당장 미국이 주도하는 경제제재도 실질적인 효과를 거두지 못하고 있다. 북한, 이란, 베네수엘라, 쿠바, 러시아 등등 아무도 미국을 무서워하지 않는다. 미국은 결과로 강대국임을 증명하기보다는 허풍과 엄포로 자기 과신을 확산해 왔다.

포스트모던 신념 체계

자연재해를 제외하면 국가의 실패 요인으로 잘못된 생각이 높은 우선순위에 있을 것이다. 미국의 실패 역시 미국을 지배하고 있는 이념과 관계가 깊다. 지금 미국의 신념 체계는 경험적 증거를 수용하지 못한다. 경험적 증거는 미국 예외주의라는 확증편향을 인정하지 않기 때문이다. 저자에 따르면 정치적 담론은 사실에 근거하지 않고 감정과 편의를 따르는 말장난이 되었으며 "음모론과 집단 히스테리의 시궁창"이 되었다. 진실은 구성되거나 구축되며 선전을 통해 강화된다. 자신들의 지식이 제한적이라는 지식인의 윤리는 내팽개쳐졌다. 지식인들에 대한 저자의 비판은 가차 없다. "미국 지식인들은 정권이 바뀔 때마다 가장 높은 몸값을 제시하는 곳에 빌붙어 능력을 팔고 결코 교정될 수 없다는 것을 행동으로 보여 주었다." 이런 대목은 섬뜩하다. 오늘날 우리나라 정치권에서 볼 수 있는 지식인들의 행태와 매우 유사하기 때문이다.

저자는 포스트모더니즘과 그 첫 번째 파생물인 신자유주의가 보편적 진리와 현실에 대한 공통된 인식을 거부하도록 만든다고 했다. 그에 따라 예술에서는 개념의 혁신이 지배하고, 혁신된 개념을 어떻게 설명하느냐가 가치를 좌우하게 되었다고 말한다. 그리하여 "의식과잉에 개성 없고 교양 없는 미국 상류층은 광대역 통신망으로 증폭된 과대광고만 있으면 진정한 재능이 없어도 인정하고 그것이 없으면 진정한 재능도 알아주지 않게 되었다"는 것이다.

저자는 국민을 "함께 살려는 욕망, 공동으로 이어받은 전통을 보전하려는 욕망, 희생했고 희생하려는 감정으로 이루어진 강력한 연대"로 규정한다. 그런 면에서 미국에는 국민이 없다. 저자의 표현에 따르면 "어쩌다 같은 법률 체제하에 살게 된 다수의 원자화된 인간들"이자 몰개성적인 소비자들이 있을 뿐이다. 저자가 보기에 미국을 이끌어 가는 엘리트들의 목표는 미국민의 이익이 아니라 대중을 소비를 위한 획일적이고 원자화된 단위로 만들어 미국이라는 영토 안에 강제로 결합시켜 놓은 것이다. 오싹한 국가주의다.

주

머리말

1 Erick Beech, "Russia Offered Afghan Militants Bounties to Kill U.S. Troops: Reports," *Huffington Post*, June 29, 2020.

2 "Сухейль Шахин: в слухах о подкупе Россией талибов нет ни словаправды" (Suhail Shaheen: 러시아가 탈레반을 매수했다는 소문에는 단 한마디의 진실도 없다) Ria.ru, August 8, 2020, https://ria.ru/20200808/1575484836.html.

3 Boris Gromov and Dmitry Rogozin, "Russian Advice on Afghanistan," *New York Times*, January 11, 2010.

4 4 Andrei Martyanov, Losing Military Supremacy. *The Myopia of American Strategic Planning* (Atlanta: Clarity Press, Inc., 2018), 215

1장 소비

1 Lauren Bauer, "The COVID-19 crisis has already left too many children hungry in America," Brookings Institution, Up Front, May 6, 2020. https://www.brookings.edu/blog/up-front/2020/05/06/the-covid-19-crisis-has-already-left-too-many-

children-hungry-in-america/

2 Ibid.

3 Ibid.

4 Christopher Wilson, "Out of work and with families to feed, some Americans are lining up at food banks for the first time in their lives," Yahoo News, August 7, 2020, https://news.yahoo.com/food-banks-increased-demand- newcomers-unemployment-expiring-090006421.html

5 "Saja Hindi, "1 in 3 are struggling to eat in Colorado: 'It would be impossible without the food banks,'" *The Denver Post*, August 8, 2020, https://www.denverpost.com/2020/08/08/food-banks-help-coronavirus-covid-colorado/.

6 Mackenzie Koch, "Food banks soar in demand amid pandemic," 13 WOWK TV, August 7, 2020,https://www.wowktv.com/news/food-banks-soar- in-demand-amid-pandemic/.

7 Tracie McMillan, "The New Face of Hunger," *The National Geographic*, August 2014, https://www.nationalgeographic.com/foodfeatures/hunger/.

8 Anne Case and Angus Deaton, "Rising morbidity and mortality in midlife among white non-Hispanic Americans in the 21st century," Woodrow Wilson School of Public and International Affairs and Department of Economics, Princeton University, PNAS, October 29, 2015, p. 2, https://www.pnas.org/ content/pnas/early/2015/10/29/1518393112.full.pdf.

9 Karl Marx, "Critique of the Gotha Program," *Marginal Notes to the Program of the German Workers' Party*, 1875, https://www.marxists.org/archive/marx/works/1875/gotha/ch01.htm.

10 Ibid.

11 John. J. Mearsheimer, *The Great Delusion: Liberal Dreams and International Realities* (Yale University Press, 2018), 27.

12 Ibid.

13 "For even when we were with you, we commanded you this: If anyone will not work, neither shall he eat," 2 Thessalonians 3:10, *The Orthodox Study Bible* (Nashville, Tennessee: Thomas Nelson Publishers, 1993), 481.

14 Jeremy Rifkin, *The End of Work. The Decline of the Global Labor Force and the Dawn of the Post-Market Era* (New York: G.P. Putnam Sons, 1995), 19.

15 Thorstein Veblen, "Chapter 4: Conspicuous Consumption," *The Theory of the Leisure Class* (Macmillan Co., 1899; EBook released by Project Guttenberg, updated February 7, 2013), http://www.gutenberg.org/files/833/833-h/833-h. htm#link2HCH0004.

2장 부자병

1 John De Graaf, David Wann, Thomas Naylor, *Affluenza: How Overconsumption Is Killing Us and How to Fight Back* (San Francisco: Bernett-Koehler Publishers, Inc., 2014), 1.

2 Samuel Huntington, *The Clash of Civilizations and the Remaking of World Order* (New York: Simon & Schuster Paperbacks, 2003), 51.

3 See Andrei Martyanov, *Losing Military Supremacy: The Myopia of American Strategic Planning* (Atlanta: Clarity Press, Inc., 2018).

4 Michael Hudson, Super Imperialism. *The Origin and Fundamentals of U.S. World Dominance* (London-Sterling, Virginia: Pluto Press, 2003), 11.

5 Vice President Richard Nixon and Soviet Premier Nikita Khrushchev, The Kitchen Debate (transcript), July 24, 1959. https://www.cia.gov/library/readingroom/docs/1959-07-24.pdf.

6 Ibid.

7 Ralph Benko, "Forty Years Ago Today Nixon Took Us Off the Gold Standard," *Fox News*, August 15, 2011, https://www.foxnews.com/opinion/forty-years-ago-today-nixon-took-us-off-the-gold-standard.

8 Hudson, Super Imperialism, 17.

9 Ibid.

10 De Graaf et al., *Affluenza*, 15.

11 Первые в Кино (First in the Cinema). Nikolai Mayorov. Unpublished Book. http://cinemafirst.ru/zarubezhnye-filmy-v-sovetskom-i-rossi/.

12 Alexis de Tocqueville, tr. Henry Reeve, *Democracy in America* (first edition 1838), Chapter 16.

13 "Chronology: American Exhibits to the U.S.S.R.," US Department of State. Diplomacy in Action (Archived content: Information released online from January 20, 2009 to January 20, 2017), https://2009-2017.state.gov/p/eur/ci/rs/c26473.htm: "This exhibit toured six major cities~Leningrad, Kiev, Moscow, Baku, Tashkent, and Novosibirsk. This was the first American exhibit to tour a Siberian city. Attracting nearly a million visitors, the exhibition portrayed the techniques and technologies provided by diverse private sector educational resources used in the American educational system.".

14 Ibid.

15 Ralph Summy and Michael E. Salla, eds., *Why the Cold War Ended: A Range of Interpretations* (Westport, Connecticut: Greenwood Press, 1995), 191.

16 James Howard Kunstler, "Boomer Elegy," *Clusterfuck Nation blog*, April 3, 2020, https://kunstler.com/clusterfuck-nation/boomer-elegy/.

17 Jeff Cox, "Consumer debt hits new record of $14.3 trillion, *CNBC News*, May 5, 2020, https://www.cnbc.com/2020/05/05/consumer-debt-hits-newꠓrecord-of-14point3-trillion. html.

18 Jeremy Rifkin, *The End of Work: The Decline of the Global Labor Force and the Dawn of the Post-Market Era* (New York: G.P. Putnam Sons, New York, 1995), 37.

19 Ibid., 167.

20 Greg Lacurci, Here's why the real unemployment rate may be higher than reported. CNBC, June 5, 2020, https://www.cnbc.com/2020/06/05/heres-why-the-real-unemployment -rate-may-be-higher-than-reported.html.

21 Akhilesh Ganti, "What is Real Gross Domestic Product (GDP)?" Investopedia, May 28, 2020, https://www.investopedia.com/terms/r/realgdp.asp.

22 Philipp Giraldi, "A Nation Falling Apart. Piece by piece," *Unz Review*, July 21, 2020, https://www.unz.com/pgiraldi/a-nation-falling-apart/.

23 Chaas Toborg, "When it comes to homelessness in America, there is no single cause," *Channel 10 ABC News San-Diego*, January 10, 2020, https://www.10news.com/news/national-politics/the-race-2020/when-it-comes-toꠓhomelessness-in-america-there-is-no-single-cause.

24 Alexandre Guerra, "Pesquisa estima que 101.854 pessoas vivem em situacao de rua no Brasil" (Research estimates that 101.854 people live on the streets in Brazil), *Fundacao Perseu Abramo*, May 30, 2017, https://fpabramo.org.br/2017/05/30/pesquisa-estima-que -101-pessoas-vivem-em-situacao-deꠓrua-no-brasil/.

25 JEric Johnson, KOMO News Special: "Seattle is Dying," *KOMO News*, March 14, 2019, https://komonews.com/news/local/komo-news-special-seattle-is-dying.

26 J"PG&E Implements Outages for Up to 220k Customers Amid California Heat Wave," *CBS Channel 13 Sacramento*, August 14, 2020, https://sacramento.cbslocal.com/2020/08/15/pge-warns-of-more-rolling-outages-amid-californiaꠓheat-wave/.

27 JPat Buchanan, "Stress Test of a Straining Superpower, *Unz Review*, July 24, 2020, https://www.unz.com/pbuchanan/stress-test-of-a-straining-superpower/.

28 "How Important Is U.S. Manufacturing Today?" MAPI Foundation, September 13, 2016, https://mapifoundation.org/manufacturing-facts/2016/9/13/how-important-is-us-manufacturing-today.

29 Tyler Durden, "The Devastation of The Middle Class: It Now Takes 53 Weeks Of Median Wages Every Year To Pay For Basic Needs," *ZeroHedge*, August 19, 2020,

https://www. zerohedge.com/markets/devastation-middle-class-it-now-takes-53-weeks-median-wages-year-pay-basic-needs.

30 James Altucher, "NYC Is Dead Forever… Here's Why," *James Altucher blog*, https://jamesaltucher.com/blog/nyc-is-dead-forever-heres-why/.

3장 지리경제학

1 Alan Palmer, *The Crimean War* (New York: Dorset Press, 1987), 10.

2 Ibid.

3 Holger H. Herwing, *The Demon of Geopolitics: How Karl Haushofer "Educated" Hitler and Hess* (Rowman & Littlefield Publishers, March 10, 2016), 18.

4 Vladimir Ilyich Lenin, "Imperialism as a special stage of capitalism," Chapter VII in, *Imperialism, the Highest Stage of Capitalism: A Popular Outline*, Marxists.org, https://www.marxists.org/ archive/lenin/works/1916/imp-hsc/ch07.htm.

5 Edward N. Luttwak, "From Geopolitics to Geo-economics: Logic of Conflict, Grammar of Commerce," *National Interest*, No. 20 (Summer 1990), 17.

6 Edward N. Luttwak, "The Theory and Practice of Geo-Economics," in Armand Clesse, ed., *The International System after the Collapse of the East-West Order* (Leiden and Boston: Martin Nijhoff Publishers, 1994), 128.

7 Robert D. Blackwill and Jennifer M. Harris, *War by Other Means: Geoeconomics and Statecraft* (The Belknap Press of Harvard University Press, 2016), 1.

8 Michael Hudson and Sharmini Peires, "The Fictitious Economy, Hiding How the Economy Really Works" *The Unz Review*, February 28, 2017.

9 *Current Employment Statistics*-CES (National), 6-months CES chart, U.S. Bureau of Labor Statistics, July, 2020, https://www.bls.gov/ces/

10 Michael Hudson. *Killing the Host: How Financial Parasites and Debt Bondage Destroy the Global Economy* (Counterpunch Books. Electronic Edition, 2015), 18.

11 Jeffrey R. Barnett, *Exclusion as National Security Policy. Parameters 24*, no. 1 (1994), electronic version, 3-4, https://press.armywarcollege.edu/parameters/vol24/iss1/19/

12 *Executive Order 13806*, Federal Register, July 21, 2017, Section 2, https://www.federalregister.gov/documents/2017/07/26/2017-15860/assessing- and-trengthening-the-manufacturing-and-defense-industrial-base-and-supply-chain.

13 Interagency Task Force, *Assessing and Strengthening the Manufacturing and Defense Industrial Base and Supply Chain Resiliency of the United States,* report to President Donald J. Trump in Fulfillment of Executive Order 13806, September, 2018, 7–8.

14 Ibid.

15 "Germany to the US after Trump remarks: 'Build better cars,'" Associated Press as reported by *Business Insider*, January, 16, 2017, https://www. businessinsider.com/ap-german-vice-chancellor-rejects-trumps-german-carꠓremarks-2017-1.

16 6 Za Rulyom, "10 причин развода: почему Форд нас оставил" (10 reasons for divorce: why Ford abandoned us), https://www.zr.ru/content/articles/916956-10-prichin-i-sledstvij-ukhoda-fo/.

17 Ibid.

18 Elmo R Zumwalt, Jr., *On Watch* (New York: Quadrangle, The New York Times Book Co.,1976), 60.

19 Interagency Task Force, op cit., 80.

10 *Types of Transport Modes used in the Import-Export Trade*, Corpiness, November 8, 2019, https://www.corpiness.com/info/types-of-transport-modes-used-in-the-import-export-trade/.

21 Maritime Administration, U.S. Department of Transportation, *U.S. Maritime and Shipbuilding Industries: Strategies to Improve Regulation, Economic Opportunities and Competitiveness*, statement before the Committee on Transportation and Infrastructure Subcommittee on Coast Guard and Maritime Transportation of the U.S. House of Representatives, by Mark H. Buzby, Administrator, March 6, 2019, https://www. transportation.gov/testimony/us-maritime-and-shipbuilding-industries-strategies-improve-regulation-economic.

22 World Steel Association, "Global crude steel output increases by 3.4% in 2019" January 27, 2020, https://www.worldsteel.org/media-centre/press-releases/2020/Global-crud-steel-output-increases-by-3.4--in-2019.html.

23 UNCTAD, *Maritime Transport,* e-Handbook of Statistics 2019, https://stats.unctad.org/handbook/MaritimeTransport/MerchantFleet.html.

24 Ibid.

25 Matson Christens, "Matsonia," *PR Newswire*, July 6, 2020, https://www.yahoo.com/news/matson-christens-matsonia-200100140.html

26 В портфеле заказов ССК ≪Звезда≫ *118* судов (Zvezda's portfolio of orders consists of 118 vessels), Primpress, July 27, 2018, https://primpress.ru/article/28720

27 "Zvezda Shipyard Increases Portfolio of orders by 42%," *Rosneft*, January 14, 2019, https://www.rosneft.com/press/news/item/193531/.

28 Glen Diesen, *Russia's Geoeconomic Strategy for a Greater Eurasia: Rethinking Asia and International Relations* (Routledge Taylor and Francis Group, 2018), 17.
29 Ibid., 39.

4장 에너지

1 Mir Yusif Mir Babaev, "Azerbaijan's Oil History, A Chronology Leading up to the Soviet Era," *Azerbaijan International*, Summer 2002 (10-2), 34, https://www.azer.com/aiweb/categories/magazine/ai102_folder/102_articles/102_oil_chronology.html.
2 Ibid.
3 "Crude Oil Production," *Trading Economics*, https://tradingeconomics.com/country-list/crude-oil-production.
4 *Total energy production*, 2019, Global Energy Statistical Yearbook 2020, https://yearbook.enerdata.net/total-energy/world-energy-production.html.
5 "Electricity production, 2019," *Global Energy Statistical Yearbook 2020*, https://yearbook.enerdata.net/electricity/world-electricity-production-statistics. html.
6 Nayla Razzuk, Grant Smith , Natalia Kniazhevich , and Golnar Motevalli, "OPEC+ Talks Collapse, Blowing Hole in Russia-Saudi Alliance," *Bloomberg*, March 6, 2020, https://www.bloomberg.com/news/articles/2020-03-06/opec-fails-to-reach-deal-as-russia-refuses-deeper-oil-cuts.
7 Ibid.
8 US Energy Information Administration, "US Field Production of Crude Oil," August 31, 2020, https://www.eia.gov/dnav/pet/hist/LeafHandler.ashx?n=PET&s=MCRFPUS2&f=A.
9 "United States Crude Oil Production," *Trading Economics*, https://tradingeconomics.com/united-states/crude-oil-production.
10 Darius Rafieyan, "As Oil Prices Drop and Money Dries Up, Is the US Shale Boom Going Bust?" *NPR*, November 20, 2019, https://www.npr.org/2019/11/20/780879474/as-oil-prices-drop-and-money-dries-up-is-the-u-s-shale-boom-going-bust.
11 Jennifer Hiller, "Few US shale firms can withstand prolonged oil price war," *Reuters*, March 15, 2020,
12 Andrew Hecht, "Breakeven Crude Oil Production Costs Around the World," *Yahoo*

Finance, April 27, 2020, https://finance.yahoo.com/news/breakeven-crude-oil-production-costs-085329648.html.

13 Ibid.

14 Mitchel McGeorge, "Do US Shale Drillers Deserve to Exist in Free Markets?" *Yahoo Finance*, April 18, 2020, https://finance.yahoo.com/news/u-shale-drillers-deserve-exist-230000144.html.

15 Ian Bremmer, "Why Russia and Saudi Arabia Are In a Battle Royal Over Oil Prices," Time, March 19, 2020, https://time.com/5806218/russia-saudi-arabia-oil/.

16 Solange Reyner, "Oil Prices Collapse as Russia Targets Frackers, $20 Barrel Possible," *Newsmax,* March 8, 2020, https://www.newsmax.com/newsfront/russia-oilproduction-economy-oil/2020/03/08/id/957414/.

17 "Russia's Gold Reserves Will Cushion Oil Price Fall, Says Finance Minister," *Moscow Times*, October 21, 2019, https://www.themoscowtimes.com/2019/10/21/russias-gold-reserves-will-cushion-oil-price-fall-says-finance-minister-a67823.

18 Yale Global, "Oil Crisis Challenges Putin's Power," Oilprice.com, April 18, 2020, https://oilprice.com/Geopolitics/International/Oil-Crisis-Challenges-Putins-Power.html

19 William Watts, "Why oil prices just crashed into negative territory-things investors need to know," Market Watch, 21 April, 2020, https://www.marketwatch.com/story/why-the-oil-market-just-crashed-below-0-a-barrel-4-things-investors-need-to-know-2020-04-20.

20 Pippa Stevens, "Shale industry will be rocked by $300 billion in losses and a wave of bankruptcies, Deloitte says," CNBC, June 22, 2020, https://www.cnbc.com/2020/06/22/shale-industry-will-be-rocked-by-300-billion-in-losses-and-a-wave-of-bankruptcies-deloitte-says.html.

21 Wolf Richter, "The Great American Shale Oil & Gas Massacre: Bankruptcies, Defaulted Debts, Worthless Shares, Collapsed Prices of Oil & Gas," *Wolf Street,* July 10, 2020, https://wolfstreet.com/2020/07/10/the-great-american-shale-oil-gas-massacre-bankruptcies-defaulted-debts-worthless-shares-collapsed-prices-of-oil-and-natural-gas/.

22 George Friedman, "Opinion: Russia is the world's biggest loser from oil's crash, and that's reason to worry," *Market Watch*, April 26, 2020, https://www.marketwatch.com/story/russia-is-the-worlds-biggest-loser-from-oils-crash-and-thats-reason-to-be-worried-2020-04-24.

23 Grant Smith, "OPEC Sees Weaker Outlook as Demand Falters, Shale Recovers," World Oil, September 14, 2020, https://www.worldoil.com/news/2020/9/14/opec-sees-

weaker-outlook-as-demand-falters-shale-recovers.

24 Simon Watkins, "Saudi Aramco Is Now Suffering the Consequences of a Failed Oil Price War," *Oilprice.Com*, September 10, 2020, https://oilprice.com/Energy/Energy-General/Saudi-Aramco-Is-Now-Suffering-The-Consequences-Of-A-Failed-Oil-Price-War.html.

25 "$600 billion: Despite Covid-19 crisis & falling oil prices, Russia's gold & foreign exchange reserves reach all-time high," *RT.com*, 13 August, 2020, https://www.rt.com/russia/497956-russia-gold-exchange-high/.

26 Alam Saleh, Zakiyeh Yazdanshenas, "Iran's Pact with China Is Bad News for the West," *Foreign Policy*, August 9, 2020, https://foreignpolicy.com/2020/08/09/irans-pact-with-china-is-bad-news-for-the-west/.

27 "В российском бюджете снизилась доля нефтегазовых доходов" (The Share of oil-gas revenues in Russia's Budget has declined), Ria.Ru, 20 August 20, 2020, https://ria.ru/amp/20200820/1576013144.html.

28 Daniel Larison, "Why the US Fails to Understand Its Adversaries," *The American Conservative*, April 5, 2018.

29 US Energy Information Administration, "Fossil fuels account for the largest share of US energy production and consumption," September 14, 2020, https://www.eia.gov/todayinenergy/detail.php?id=45096.

30 US Energy Information Administration, Table 1.2 Primary Energy Production by Source, 2019, https://www.eia.gov/totalenergy/data/browser/index.php?tbl=T01.02#/?f=A&start=1949&end=2019&charted=1-2-3-4-6-13.

31 러시아 경제의 29퍼센트는 화석 연료에 의존하고 있지만 푸틴이 '기후변화 부정론'을 조장해 얻을 수 있는 것은 없다. 왜냐하면 러시아는 고속중성자원자로에서 선두에 있고 혼합산화물핵연료(MOX fuel)를 비롯해 원자력 분야에서 급속히 발전하고 있기 때문이다. 더구나 러시아의 산업은 공해를 덜 발생시키는 천연가스와 수력에서 동력을 얻고 있다. 러시아의 지구물리학은 기후 현상을 평가할 수 있는 능력이 상대적으로 우수하다. 왜냐하면 최고의 수학적 모델링과 경험적 데이터를 수집할 수 있는 가장 우수한 기관에 의존하고 있기 때문이다. 강조하건대 북극에서는 자료 수집에 관한 한 누구도 러시아에 필적할 수 없다. 그것은 하나의 이론도 아니고 자명한 이치다. 서구의 기후 '과학'은 칠판에 적어 놓은 수학적 '모델'에 불과하다. 쓰레기를 집어넣으면 쓰레기가 나온다. 그런 걸 가지고 그때그때의 '이념'에 따라 떠들어 댄다. 다음을 참고하기 바란다. "Russian President Vladimir Putin says humans not responsible for climate change," *France 24*, March 31, 2017, https://www.france24.com/en/20170331-russian-president-vladimir-putin-says-humans-not-responsible-climate-change.

32 Yusuf Khan, "Germany's economy is flopping and the manufacturing sector just keeps

declining–here's why recession could be around the corner," Business Insider, August 29, 2019, https://markets.businessinsider.com/news/stocks/german-economy-3-reasons-economy-is-flopping-headed-for-recession-2019-8-1028484056#.

33 "German economy contracts at record pace, recovery hinges on consumers," CGTN, August 25, 2020, https://news.cgtn.com/news/2020-08-25/German-economy-contracts-at-record-pace-recovery-hinges-on-consumers-Tfe0O3gQ00/index.html.

34 Michael Schellenberg, "Renewables Threaten German Economy & Energy Supply, McKinsey Warns in New Report," *Forbes*, September 5, 2019, https://www.forbes.com/sites/michaelshellenberger/2019/09/05/renewables-threaten-german-economy-energy-supply-mckinsey-warns-in-new-report/#4f4073be8e48.

35 *Electricity prices for households, December 2019*, Global Petrol Prices, https://www.globalpetrolprices.com/Germany/electricity_prices/.

36 Ibid.

37 Michael Schellenberg, "If Saving the Climate Requires Making Energy So Expensive, Why Is French Electricity So Cheap?" *Forbes*, February 5, 2019, https://www.forbes.com/sites/michaelshellenberger/2019/02/05/if-saving-the-climate-requires-making-energy-so-expensive-why-is-french-electricity-so-cheap/#274ff43d1bd9.

38 "Which countries have a net zero carbon goal?" *Climate Home News*, June 14, 2019, https://www.climatechangenews.com/2019/06/14/countries-net-zeroclimate-goal/.

39 "Nicolas Hulot," Personnalite, *Le Point*, https://www.lepoint.fr/tags/nicolas-hulot#.

40 "ROUNDUP Von der Leyen: 'Machen wir Europa stark,'" *Cash*, September 16, 2020, https://www.cash.ch/news/politik/roundup-von-der-leyen-machen-wir-europa-stark-1619984.

41 Matthew Karnitschnig, "The inconvenient truth about Ursula von der Leyen," *Politico*, July 2, 2019, https://www.politico.eu/article/ursula-von-der-leyen-biography-career-inconvenient-truth/.

42 Poland works hard on US behalf to sabotage Nord Stream 2 as shown in one of many articles, such as this one from RT: "'Crazy' for Polish PM to suggest Nord Stream 2 pipeline is a 'threat' to European energy security," September 17, 2019, RT, https://www.rt.com/news/469024-nord-stream-threat-energy-security/]

43 "Лавров: Мы убедились в ненадежности наших западных партнеров" (Lavrov: We are now convinced of the unreliability of our western partners), *EDaily*.Com, September 13, 2020, https://eadaily.com/ru/news/2020/09/13/lavrov-my-ubedilis-v-nenadezhnosti-nashih-zapadnyh-partnerov.

44 Rostislav Ishenko, "Ростислав Ищенко: Лавров предложил Меркельвыбор между

Россией и Навальным" (Rostislav Ishenko: Lavrov offered Merkel a choice between Russia and Navalny), *Discred.ru*, September 11, 2020, https://www.discred.ru/2020/09/11/rostislav-ishhenko-lavrov-predlozhil- merkel-vybor-mezhdu-rossiej-i-navalnym/.

5장 제조업

1 "Common Good Capitalism: An Interview with Marco Rubio," *American Affairs*, Vol. IV, No. 1, Spring 2020, 3.
2 Ibid., 10-11.
3 *H.R, 4444 (106th): China Trade bill, In the House*, Govtrack, https://www.govtrack.us/congress/votes/106-2000/h228.
4 *H.R, 4444 (106th): China Trade bill, In the Senate*, Govtrack, https://www.govtrack.us/congress/votes/106-2000/s251.
5 The Associated Press, "President Clinton's Remarks on the Passage of the China Trade Bill," *NYT Archives*, May 25, 2020, https://archive.nytimes.com/www.nytimes.com/library/world/asia/052500clinton-trade-text.html.
6 Jane White, "Bill Clinton's True Legacy: Outsourcer-in-Chief," *Huffington Post*, September 4, 2012, https://www.huffpost.com/entry/bill-clintons-true-legacy_b_1852887.
7 "What Happened When China Joined the WTO?" *World101, CFR*, https://world101.cfr.org/global-era-issues/trade/what-happened-when-china-joined-wto.
8 "Common Good Capitalism," op cit.,11.
9 George Orwell, *1984* (Planet eBook.Com), 103, https://www.planetebook.com/free-ebooks/1984.pdf.
10 "The Company Men," *Rotten Tomatoes*,https://www.rottentomatoes.com/m/the-company-men.
11 George Lopez, "George Gets Caught in a Powers Play," *George Lopez*, Season 5, Episode 16, ABC, originally aired February 22, 2006.
12 Interagency Task Force, *Assessing and Strengthening the Manufacturing and Defense Industrial Base and Supply Chain Resiliency of the United States*, Report to President Donald J, Trump in Fulfillment of Executive Order 13806 (September, 2018), 44.

13 Niall McCarthy, "The Countries with The Most STEM Graduates" [infographic], Forbes, February 2, 2017, https://www.forbes.com/sites/niallmccarthy/2017/02/02/the-countries-with-the-most-stem-graduates-infographic/#25a12c13268a.

14 *"Miss Pettigrew Lives for A Day (2008),"* Quotes, IMDB, https://www.imdb.com/title/tt0970468/quotes/?tab=qt&ref_=tt_trv_qu.

15 Jenna Curren, "Women on murder of conservative man: 'Tough luck, don't be a Trump supporter in Portland,'" *Law Enforcement Today*, September 19, 2020, https://www.lawenforcementtoday.com/women-on-murder-tough-luck-dont-be-a-trump-supporter-in-portland/.

16 Anatol Lieven, "How the West Lost," *Prospect*, August 31, 2020, https://www.prospectmagazine.co.uk/magazine/how-the-west-lost-victory communism-moral-defeat.

17 Ibid.

18 Ibid.

19 Tyler Durden, "A Staggering 84% Of All S&P500 Assets Are Now Intangible," *ZeroHedge*, September 15, 2020, https://www.zerohedge.com/markets/staggering-84-all-sp500-assets-are-now-intangible.

20 Andrei Martyanov, *The (Real) Revolution in Military Affairs* (Atlanta: Clarity Press, Inc., 2019), 42.

21 US Census Bureau, "Foreign Trade," *Press Highlights*, July 2020, https://www.census.gov/foreign-trade/statistics/highlights/PressHighlights.pdf.

22 Patti Waldmeir, "A new era of hunger has hit the US," *Financial Times*, September 21, 2020, https://www.ft.com/content/14324641-7be1-4efa-b544-09395429c0e7.

23 OICA, 2019 Production Statistics, http://www.oica.net/category/production-statistics/2019-statistics/.

24 Caroline Freund, "How Dependent Are US Consumers on Imports from China?" *Peterson Institute for International Economics*, June 7, 2016, https://www.piie.com/blogs/trade-investment-policy-watch/how-dependent-are-us-consumers-imports-china.

25 Ken Roberts, "After Trump's' 'Order to Look' Tweet, A Look at Top 10 U.S. Chinese Imports, Percent Market Share," *Forbes*, August 23, 2019, https://www.forbes.com/sites/kenroberts/2019/08/23/after-trumps-order-to-look-tweet-a-look-at-top-10-u-s-chinese-imports-percent-market-share/#5b411f16a928.

26 Daniel Workman, "United States Top 10 Exports," *World Top Exports*, August 22, 2020, http://www.worldstopexports.com/united-states-top-10-exports/.

27 "United States GDP From Manufacturing, 2005-2020 Data," *Trading Economics*,

https://tradingeconomics.com/united-states/gdp-from-manufacturing.

28 "United States GDP From Private Services Producing Industries," *Trading Economics*, https://tradingeconomics.com/united-states/gdp-from-services.

29 "GDP-composition, by sector of origin," The World Factbook, CIA, https://www.cia.gov/the-world-factbook/field/gdp-composition-by-sector-of-origin.

30 Bloomberg, "Manufacturing Is Now Smallest Share of US Economy in 72 Years," *Industry Week*, October 29, 2019, https://www.industryweek.com/the-economy/article/22028495/manufacturing-is-now-smallest-share-of-us-economy-in-72-years.

31 Dominic Gates, "Tanker shocker: Boeing 'clear winner,'" *The Seattle Times*, February 25, 2011, https://www.seattletimes.com/business/boeing-aerospace/tanker-shocker-boeing-clear-winner/.

32 Valerie Insinna, "The Air Force's KC-46 tanker has another serious technical deficiency, and Boeing is stuck paying for it," *Defense News*, March 30, 2020, https://www.defensenews.com/air/2020/03/31/the-air-forces-kc-46-tanker-has-another-serious-technical-deficiency-and-boeing-is-stuck-paying-for-it/.

33 David Schaper, "Boeing Pilots Detected 737 Max Flight Control Glitch 2 Years Before Deadly Crash," *NPR*, October 18, 2019, https://www.npr.org/2019/10/18/771451904/boeing-pilots-detected-737-max-flight-control-glitch-two-years-before-deadly-cra.

34 Peter Robison, "Boeing engineers blame cheap Indian software for 737 Max problems," *The Print*, July 2, 2019, https://theprint.in/world/boeing-engineers-blame-cheap-indian-software-for-737-max-problems/256999/.

35 David Shepardson, "'Designed by clowns': Boeing employees ridicule 737 MAX, regulators in internal messages," *Reuters*, January 9, 2020, https://www.reuters.com/article/us-boeing-737max-idUSKBN1Z902N.

36 Shivdeep Dhaliwal, "Boeing Faces Wider Federal Probe Over Dreamliner Jets Failing to Meet Company's Own Benchmarks," *Yahoo Finance*, September 7, 2020, https://finance.yahoo.com/news/boeing-faces-wider-federal-probe-015820812.html.

37 Daniel McCoy, "Airbus cruising to order and delivery wins over Boeing," *Wichita Business Journal*, December 9, 2019, https://www.bizjournals.com/wichita/news/2019/12/09/airbus-cruising-to-order-and-delivery-wins-over.html.

38 "Obama Says Western Sanctions Have Left Russia's Economy 'In Tatters'," *Moscow Times*, January 21, 2015, https://www.themoscowtimes.com/2015/01/21/obama-says-western-sanctions-have-left-russias-economy-in-tatters-a43069.

39 Anatoly Medetsky and Megan Durisin, "Russia's Dominance of the Wheat World

Keeps Growing," *Bloomberg*, September 23, 2020, https://www.yahoo.com/finance/news/russia-dominance-wheat-world-keeps-230100145.html.

40 Henry Foy, "Russia: adapting to sanctions leaves economy in robust health," *Financial Times*, January 29, 2020, https://www.ft.com/content/a9b982e6-169a-11ea-b869-0971bffac109.

41 Andrea Palasciano, "Russia aims high with new passenger plane," AFP, *Yahoo! News*, August 27, 2019, https://news.yahoo.com/russia-aims-high-passenger-plane-030903330.html.

42 Stephen Trimble, "Boeing revises 'obsolete' performance assumptions," *Flight Global*, August 2, 2015, https://www.flightglobal.com/boeing-revises-obsolete-performance-assumptions/117817.article.

43 Eric M. Johnson and Tim Hepher, "Boeing's 787 under pressure as Russia's Aeroflot cancels order," *Reuters*, October 9, 2019, https://www.reuters.com/article/us-boeing-787-orders-idUSKBN1WO2N8.

44 Перечень эксплуатантов, имеющих сертификат эксплуатанта для осуществления коммерческих воздушных перевозок (выборка из ФГИС "Реестр эксплуатантов и воздушных судов" для сайта Росавиации на 02.09.2020), [상업용 항공운송 영업 허가를 받는 항공사들의 명단(2020년 9월 2일 RosAviation 웹사이이트에 게재된 연방정부정보국 발행 〈여객기 운항 항공사 명단〉에서 발췌)] https://favt.ru/dejatelnost-aviakompanii-reestr-komercheskie-perevozki/.

45 "Путин назвал хамством прекращение поставок деталей для МС-21" (푸틴 MC-21에 대한 부품공급 금지조치를 야비한 짓이라고 말해) *Ria.Ru*, September 24, 2020.

46 Ksenia Zubacheva, "How Boeing and Airbus use Russia's expertise to develop their airplanes," *Russia Beyond*, August 24, 2017, https://www.rbth.com/business/2017/08/24/how-boeing-and-airbus-use-russias-expertise-todevelop-their-airplanes_827604.

47 Herbert Spencer, "The Military and the Industrial Society," *War: Studies From Psychology, Sociology, and Anthropology* (Basic Books, Inc, Publishers, 1964), 306.

48 Corelli Barnett, *The Collapse of British Power* (New York: William Morrow & Company, Inc., 1972), 91.

6장 서구 엘리트

1 "Cathy Burke, "Louisiana Sen. Kennedy: America Is 'Being Run by Idiots,'" *Newsmax*, January 19, 2018, https://www.newsmax.com/politics/john-kennedy-america-nation-politics/2018/01/19/id/838311/.

2 Stephen M. Walt, "The Death of American Competence," *Foreign Policy*, March 23, 2020, https://foreignpolicy.com/2020/03/23/death-american-competence-reputation-coronavirus/.

3 Chris Cillizza, "Bill Clinton is incredibly popular, How much will that help Hillary's 2016 campaign?" Washington Post, March 13, 2020, https://www.washingtonpost.com/news/the-fix/wp/2015/03/13/bill-clinton-is-incredibly-popular-how-much-will-that-help-hillarys-2016-campaign/.

4 Jerrold M, Post, ed., *The Psychological Assessment of Political Leaders: With Profiles of Saddam Hussein and Bill Clinton* (The University of Michigan Press, 2003), Electronic version, 313.

5 Alexis de Tocqueville, translated by Henry Reeve, *Democracy in America*(The University of Adelaide), Chapter 16.

"모든 게 자유로운 국가는 헛된 영광이다. 그러나 국민적 자부심이 항상 같은 방식으로 나타나는 게 아니다. 미국인들은 이방인들과의 교류에서 가장 사소한 질책에도 못 견디고 칭찬에 목말라하는 것처럼 보인다. 그들은 조금만 칭찬을 해 줘도 좋아한다. 신분이 가장 높은 계층 사람들은 그런 칭찬에 만족하는 경우가 드물다. 그들은 서구 엘리트들은 끊임없이 칭찬을 해 달라고 졸라 댄다. 그리고 그들의 간청을 거부하면 그들은 자화자찬하기 시작한다. 그것은 마치 그들이 자신들의 장점들을 못 믿겠다는 듯이 그런 장점들이 끊임없이 그들 눈앞에 보이기를 원하는 것 같다. 그들의 허영심은 탐욕스러울 뿐만 아니라 불안하고 집요하다. 그것은 모든 것을 요구하면서 아무것도 허용하지 않겠지만 동시에 애원하고 다투려고 한다. 내가 어떤 미국인에게 그가 사는 나라가 좋은 나라라고 말하면 그는 '예 세상에는 따라올 나라가 없지요'라고 대답한다. 내가 미국에 살고 있는 사람들의 자유를 칭찬하면 그는 '자유는 좋은 것이지만 그것을 누릴 만한 나라는 몇 안 됩니다'라고 대답한다. 내가 미국을 돋보이게 하는 도덕적 청렴결백을 언급하면 그는 '다른 모든 나라들의 부패에 충격을 받은 이방인은 그 차이에 놀라리라 상상할 수 있습니다'라고 말한다. 이윽고 내가 그가 스스로 곰곰 생각해 보도록 놔두지만 그는 다시 토론을 시작하고 내가 방금 전에 말한 모든 것들을 다시 반복하도록 만들 때까지 멈추지 않는다. 이보다 더 성가시고 말이 많은 애국심은 생각할 수 없다. 그것은 미국의 애국심에 존경심을 보이는 사람들조차도 피곤하게 만든다."

6 Leo Tolstoy, *War and Peace*, Chapter X, Book IX, Online Literature, http://www.online-literature.com/tolstoy/war_and_peace/177/.

7 Scott Ritter, "Trump-Biden debate put US democracy on display-we're now little more than the world's laughing stock armed with nukes," RT, https://www.rt.com/op-ed/502155-trump-biden-debate-democracy/.

8 Andrei Martyanov, *Losing Military Supremacy: The Myopia of American Strategic Planning* (Atlanta: Clarity Press, Inc., 2018), 13.

9 Anatol Lieven, "How the west lost," *Prospect*, August 31, 2020, https://www.prospectmagazine.co.uk/magazine/how-the-west-lost-victory-communism-moral-defeat.

10 The Brzezinski Interview with Le Nouvel Observateur (1998), University of Arizona Archives, https://dgibbs.faculty.arizona.edu/brzezinski_interview.

11 "Many leaders now share Munich speech ideas, despite being angered at the time-Putin," *TASS Russian News Agency*, March 10, 2020, https://tass.com/politics/1128657.

12 Samuel Huntington, *The Clash of Civilizations and the Remaking of World Order* (New York: Simon & Schuster Paperbacks, 2003 edition; originally published 1996), 29.

13 Thomas Meany, "The Myth of Henry Kissinger," *The New Yorker*, May 11, 2020, https://www.newyorker.com/magazine/2020/05/18/the-myth-of-henry-kissinger.

14 ibid.

15 Daniel Larison, "No One Should Be Missing Kissinger," *The American Conservative*, May 11, 2020, https://www.theamericanconservative.com/larison/no-one-should-be-missing-kissinger/.

16 "Otto von Bismarck Quotes," All Author, https://allauthor.com/quotes/160685/.

17 Transcript: "President of Russia, Speech and the Following Discussion at the Munich Conference on Security Policy," *Kremlin.ru*, February 10, 2007, http://en.kremlin.ru/events/president/transcripts/24034.

18 Louis Charbonneau, "Putin says U.S. wants to dominate world," *Reuters*, February 10, 2007.

19 Transcript: "President Obama Iraq speech," *BBC News*, December 15, 2011, http://www.bbc.com/news/world-us-canada-16191394.

20 Alex Barker, Lionel Barber, Henry Foy, "Vladimir Putin says liberalism has 'become obsolete,'" *The Financial Times*, June 27, 2019, https://www.ft.com/content/670039ec-98f3-11e9-9573-ee5cbb98ed36.

21 Richard Haas, "Present at the Disruption: How Trump Unmade U.S. Foreign Policy," *Foreign Affairs*, September/October 2020, 24.

22 Philip Giraldi, "CIA Gets Back to Spying," *Unz Review*, April 26, 2016, https://www.unz.com/pgiraldi/cia-gets-back-to-spying/?highlight=CIA+gerts+back+to+spying.

23 Philip Giraldi, "Counter Intelligence," *Unz Review*, February 23, 2009, https://www.unz.com/pgiraldi/counter-intelligence/?highlight=do+not+know+how+to+spy.

24 Bill Gertz, "CIA Fooled by Massive Cold War Double-Agent Failure," *The Washington Free Beacon*, December 28, 2015, https://freebeacon.com/national-security/cia-fooled-by-massive-cold-war-double-agent-failure/.

25 Richard Haas, "Present at the Disruption: How Trump Unmade U.S. Foreign Policy," *Foreign Affairs*, September/October 2020), 26.

26 Ibid

27 Chris Ernesto, "Brzezinski Mapped Out the Battle for Ukraine in 1997," AntiWar.com, March 15, 2014, https://original.antiwar.com/chris_ernesto/2014/03/14/brzezinski-mapped-out-the-battle-for-ukraine-in-1997/.

28 Bernard Gwertzman, "Endgame," *New York Times*, October 26, 1997, https://archive.nytimes.com/www.nytimes.com/books/97/10/26/reviews/971026.26gwertzt.html.

29 Masha Gessen, "The Coronavirus and the Kursk Submarine Disaster," *New Yorker*, March 18, 2020, https://www.newyorker.com/news/our-columnists/the-coronavirus-and-the-kursk-submarine-disaster.

30 Benjamin Wittes, "I'll Fight Putin Any Time, Any Place He Can't Have Me Arrested," *Lawfare*, October 21, 2015, https://www.lawfareblog.com/ill-fight-putin-any-time-any-place-he-cant-have-me-arrested.

31 V.I. Lenin, Партийная организация и партийная литература (Party Organization and Party Literature), *Novaya Zhizn* #12, November 13, 1905.

32 Ibn Warraq, *Why the West Is Best: A Muslim Apostate's Defense of Liberal Democracy* (New York, London: Encounter Books, 2011), 87.

33 Henry A. Kissinger, "The Coronavirus Pandemic Will Forever Alter the World Order," *The Wall Street Journal*, April 3, 2020, https://www.henryakissinger.com/articles/the-coronavirus-pandemic-will-forever-alter-the-world-order/.

34 David Bowie speaks on musical influences, 'Ziggy Stardust' era and getting older in final in-depth interview with the Daily News. Jim Farber. New York Daily News. 9 June, 2002, https://www.nydailynews.com/entertainment/music/david-bowie-final-in-depth-interview-daily-news-article-1.2492396.

35 Christopher Hitchens, *Why Orwell Matters* (New York: Basic Books, 2002), 193.

36 Richard Seymor, "Christopher Hitchens: From socialist to neocon," *The Guardian*, 18 January 18, 2013, https://www.theguardian.com/books/2013/jan/18/christopher-hitchens-socialist-neocon.

37 Ilana Mercer, *Into the Cannibal's Pot: Lessons for America from Post-Apartheid South Africa* (Stairway Press, 2011), 213.

38 Lewis Carroll (Charles L. Dodgson), *Through the Looking Glass* (New York: Macmillan, 1934; first published in 1872), Chapter 6, 205.

39 Dana Frank, *The Long Honduran Night* (Haymarket Books, 2018 eBook), 163.

40 Michael T, Nietzel, "U.S. News Ranks The World's Best Universities For 2021, U.S. Institutions Again Top The List," *Forbes*, October 20, 2020, https://www.forbes.com/sites/michaeltnietzel/2020/10/20/us-news-ranks-the-worlds-best-universities-for-2021-us-institutions-again-top-the-list/?sh=4aad0a706eb8.

41 Drew Silver, "U.S. students' academic achievement still lags that of their peers in many other countries," *Pew Research*, February 15, 2017, https://www.pewresearch.org/fact-tank/2017/02/15/u-s-students-internationally-math-science/.

42 Philip Giraldi, "The Pentagon Fights Back," *Unz Review*, February 9, 2016, https://www.unz.com/pgiraldi/the-pentagon-fights-back/?highlight=Giraldi+Vietnam.

43 Krishnadev Kalamour, "The Letter Urging a U.S. Rethink on Syria," *The Atlantic*, June 17, 2016.

44 "Humanitarian bombing," Military, wikia.org, https://military.wikia.org/wiki/Humanitarian_bombing.

45 Dana Frank, op cit., 163.

46 Krishnadev Calamar, "The Letter Urging a U.S. Rethink on Syria: Fifty-one State Department officials are urging the Obama administration to conduct airstrikes against the Assad regime," *The Atlantic*, June 17, 2016, https://www.theatlantic.com/news/archive/2016/06/state-department-syria-letter/487511/.

47 Jeremy Suri, "The Long Rise and Sudden Fall of American Diplomacy," *Foreign Policy*, April 17, 2019, https://foreignpolicy.com/2019/04/17/the-long-rise-and-sudden-fall-of-american-diplomacy/.

48 Seymour M. Hersh. "Military to Military: Seymour M. Hersh on US intelligence sharing in the Syrian war," *London Review of Books*, Vol. 38, No. 1, January 2016, https://www.lrb.co.uk/the-paper/v38/n01/seymour-m.-hersh/military-to-military.

49 Al Jazeera English, "US actor Morgan Freeman's cameo against Russia draws criticism," *Youtube*, September 21, 2017, https://youtu.be/zB9FDl1siS4.

50 Andrei Martyanov, *Losing Military Supremacy, The Myopia of American Strategic Planning* (Atlanta: Clarity Press, Inc, 2018), 202.

51 Robert H. Latiff, Future War, *Preparing for the New Global Battlefield* (New York: Alfred A. Knopf, 2017), 124, 131.

52 Charlie Stone, "Let's face it, US politics is just a showy soap opera laced with enough

nepotism and corruption to make a banana republic blush," *RT*, October 11, 2020, https://www.rt.com/op-ed/502812-us-politics-banana-republic/.

53 Jon Henley, "Calls for legal child sex rebound on luminaries of May 68," *The Guardian*, 23 February, 2001, https://www.theguardian.com/world/2001/feb/24/jonhenley.

54 Paul Brian, "The Talented Mr. Epstein," *The American Conservative*, January 29, 2020, https://www.theamericanconservative.com/articles/the-talented-mr-epstein/.

55 James Pinkerton, "After Epstein, Our Elites Must Reform or Face the Fire," *The American Conservative*, August 14, 2019, https://www.theamericanconservative.com/articles/after-epstein-our-elites-must-reform-or-face-the-fire/.

56 Olivier Rolin, "Yuri Dmitriev: Historian of Stalin's Gulag, Victim of Putin's Repression," *NYR Daily*, October 7, 2020, https://www.nybooks.com/daily/2020/10/07/yuri-dmitriev-historian-of-stalins-gulag-victim-of-putins-repression/.

7장 군비경쟁의 패배자

1 Michael Hudson, "The Economics of American Super Imperialism: How the US Makes Countries Pay for Its Wars," *Unz Review*, April 24, 2020, https://www.unz.com/mhudson/the-economics-of-american-super-imperialism/.

2 Robert H. Latiff, Future War. *Preparing for the New Global Battlefield* (New York: Alfred A. Knopf, 2017), 131.

3 Roger Thompson, *Lessons Not Learned: The U.S. Navy Status Quo Culture* (Naval Institute Press, 2007), 167.

4 Michael Lind, "The Return of Geoeconomics," *The National Interest*, Oct. 13, 2019, https://nationalinterest.org/feature/return-geoeconomics-87826.

5 Ronald O'Rourke, "The Tanker War," *Proceedings*, May 1988, https://www.usni.org/magazines/proceedings/1988/may/tanker-war.

6 Peter Huchthausen, *America's Splendid Little Wars. A Short History of U.S. Military Engagements: 1975-2000* (New York: Viking, Penguin Group, 2003), 103.

7 Ibid.

8 U.S. Policy in the Persian Gulf and Kuwaiti Reflagging. A reprint of a statement presented by Under Secretary Armacost before the Senate Foreign Relations Committee, Washington, D.C., June 16, 1987, 14, https://apps.dtic.mil/dtic/tr/

fulltext/u2/a496911.pdf.

9 Richard Pyle, "Navy Learns Many Lessons in Gulf Battle," The Associated Press, *Lakeland Ledger*, October 26, 1988, accessed February 1, 2021 on Google News archive, https://news.google.com/newspapers?nid=1346&dat=19881026&id=0PAvAAAAIBAJ&sjid=A_wDAAAAIBAJ&pg=1191,6109330&hl=en.

10 (Alexey Leonkov-military expert and the editor of a publication "Arsenal of Fatherland"), "Алексей Леонков-военный эксперт и редактор издания 'Арсенал Отечества'," *Men's Magazine*, August 20, 2020, https://natroix.ru/karera/aleksej-leonkov-voennyj-ekspert-i-redaktor-izdaniya-arsenal-otechestva.html.

11 World Bank, *IRAN, ISLAMIC REPUBLIC: Recent Developments*, MPO, October, 2019, http://pubdocs.worldbank.org/en/355601570664054605/EN-MPO-OCT19-Iran.pdf

12 Carl Von Clausewitz, *On War* (Princeton, NJ, Princeton University Press, 1976), 75.

13 Daniel Larison, "The Inhumanity of 'Maximum Pressure,'" *The American Conservative*, October 16, 2020, https://www.theamericanconservative.com/state-of-the-union/the-inhumanity-of-maximum-pressure/.

14 Iliya Tsukanov, "71 Out of 103 Destroyed: Here's How Syria's Air Defense Repelled West's Missiles," *Sputnik*, April 14, 2018, https://sputniknews.com/military/201804141063558487-syria-air-defense-forces-analysis/.

15 "Trump's Big Flop In Syria by Publius Tacitus," *Sic Semper Tyrannis*, April 15, 2018, https://turcopolier.typepad.com/sic_semper_tyrannis/2018/04/trumps-big-flop-in-syria-by-publius-tacitus.html#more.

16 Rose Lopez Keravuori, "Lost in Translation: The American Way of War," *Small Wars Journal*, November 17, 2011, https://smallwarsjournal.com/jrnl/art/lost-in-translation-the-american-way-of-war.

17 Richard Pipes, "Why the Soviet Union thinks it Could Fight and Win a Nuclear War," *The Defense Policies of Nations: Comparative Study* (The John Hopkins University Press, 1982), 135.

18 Patrick Armstrong, "Americans, War-Slow Learners," *Strategic Culture Foundation*, August 5, 2020, https://www.strategic-culture.org/news/2020/08/05/americans-war-slow-learners/.

19 Ibid.

20 Jim Griffin, "A More Flexible Fleet," *Proceedings*, January 2015, 34.

21 Robert C. Rubel, *The Future of Aircraft Carriers: Consider the Air Wing, Not the Platform*, Center for International Maritime Security, December 3, 2019, http://cimsec.org/the-future-of-aircraft-carriers-consider-the-air-wing-not-the-platform/42469.

22 Ibid.

23 Andrei Martyanov, *The (Real) Revolution in Military Affairs*, (Atlanta: Clarity Press, Inc., 2019), 66-67.

24 "'We don't need aircraft carriers, we need weapons to sink them with' -Russian defense minister," *RT*, September 22, 2019, https://www.rt.com/russia/469353-russia-weapons-aircraft-carriers/.

25 MTCR, Missile Technology Control Regime, FAQ, https://mtcr.info/frequently-asked-questions-faqs/.

26 Missile Defense Project, "SS-N-26 'Strobile' (P-800 Oniks)/Yakhont/Yakhont-M/Bastion (launch systems)," *Missile Threat*, Center for Strategic and International Studies, December 2, 2016, last modified June 15, 2018, https://missilethreat.csis.org/missile/ss-n-26/.

27 "World reacts after Iran fires missiles at US targets in Iraq," *Aljazeera*, January 8, 2020, https://www.aljazeera.com/news/2020/1/8/world-reacts-afteriran-fires-missiles-at-us-targets-in-iraq.

28 Adam Taylor, "Billions spent on U.S. weapons didn't protect Saudi Arabia's most critical oil sites from a crippling attack," *Washington Post*, September 17, 2019.

29 Ibid.

30 "'Панцири'для Абу-Даб⊠" ("Pantsirs" for Abu-Dhabi), *Military-Industrial Courier*, November 22, 2011, https://vpk-news.ru/articles/8384.

31 Ben Wolfgang, "U.N. arms embargo on Iran expires," *The Washington Times*, October 18, 2020, https://www.washingtontimes.com/news/2020/oct/18/un-arms-embargo-on-iran-expires/.

32 "Iran rules out weapons 'buying spree' as UN embargo is set to expire," *France 24*, October 18, 2020, https://www.france24.com/en/middle-east/20201018-iran-rules-out-any-arms-buying-spree-as-it-expects-un-embargo-expected-to-end.

33 David Wainer, Anthony Capaccio, "Iran to Seek Advanced Arms as UN Embargo Expires, Pentagon Says," *Bloomberg*, November 19, 2020, https://www.bloomberg.com/news/articles/2019-11-19/iran-to-seek-advanced-arms-as-un-embargo-expires-pentagon-says.

34 "Министр обороны Ирана заявил о соглашении с Россией по развитию иранской авиации" (Iran's Defense Minister announced an agreement with Russia on a development of Iranian aviation), *TASS*, October 19, 2020, https://tass.ru/mezhdunarodnaya-panorama/9754919.

35 Igor Yanvarev, Rinat Abdullin, "Российские истребители стали для Ирана важнее С-400" (Russian fighters became more important to Iran than S-400), *News.RU*,

August 24, 2020, https://news.ru/near-east/rossijskieistrebiteli-stali-dlya-irana-vazhnee-s-400/.

36 Carl Von Clausewitz, *On War* (Princeton, NJ: Princeton University Press, 1976), 627.

37 Jonah Goldberg, "Baghdad Delenda Est, Part Two," *National Review*, April 23, 2002.

38 Dmitri Simes, Со скоростью гиперзвука ракета "Циркон" перевернула представления об идеальном оружии сдерживания (With a hypersonic speed "Zircon" missile overturned understanding of an ideal deterrent), News at First Channel, October 11, 2020, https://youtu.be/NTtmGDd-1Dc.

39 Chris Sullentrop, "Douglas Feith: What has the Pentagon's third man done wrong? Everything," *Slate*, May 20, 2004, https://slate.com/news-and-politics/2004/05/douglas-feith-undersecretary-of-defense-for-fiascos.html.

40 Captain Robert H. Gile (U.S. Navy, Ret.), *Global War Game*, Second Series 1984~1988, Naval War College Newport Papers, August 20, 2004, Foreword, https://digital-commons.usnwc.edu/newport-papers/34

41 Ibid., 134.

42 Norman Polmar, The Naval Institute Guide to Ships and Aircraft of the U.S. Fleet, 18th Edition (Annapolis, Maryland: Naval Institute Press, 2005), 138~42.

43 Roger Thompson, *Lessons Not Learned: The U.S. Navy Status Quo Culture* (Naval Institute Press, 2007), 176-77.

44 Ibid., 45, 81.

45 "Генштаб РФ: система разведки 'Легенда' давала СССР полную картину Фолклендского конфликта" (Russia's General Staff: reconnaissance system "Legenda" provided USSR with a full picture of Falkland Conflict), TASS, January 20, 2020, https://tass.ru/armiya-i-opk/7564843.

46 Stephen F. Cohen, "Distorting Russia," *War with Russia? From Putin & Ukraine to Trump & Russiagate*, (New York: Hot Books Kindle Ed., 2019).

47 Ibid.

48 Richard Connolly, "Russian Military Expenditure in Comparative Perspective: A Purchasing Power Parity Estimate," University of Birmingham & Chatham House, CNA, October 2019, https://www.cna.org/CNA_files/PDF/IOP-2019-U-021955-Final.pdf.

49 Michael Kofman and Richard Connolly, "Why Russian Military Expenditure Is Much Higher Than Commonly Understood (As Is China's)," *War on the Rocks*, December 16, 2019, https://warontherocks.com/2019/12/why-russian-military-expenditure-is-much-higher-than-commonly-understood-as-is-chinas/.

50 Ibid.

51 Jen Judson, "Pentagon's major hypersonic glide body flight test deemed success," *Defense News*, March 20, 2020, https://www.defensenews.com/smr/army-modernization/2020/03/20/pentagons-major-hypersonic-glide-body-flight-test-deemed-success/.

52 David Larter, "All US Navy destroyers will get hypersonic missiles, says Trump's national security adviser," *Defense News*, Yahoo, Oct. 22, 2020, https://www.yahoo.com/news/us-navy-destroyers-hypersonic-missiles-141639181.html.

53 Ed Adamczyk, "DARPA's air-breathing hypersonic missiles ready for free-flight tests," UPI, September 2, 2020, https://www.upi.com/Defense-News/2020/09/02/DARPAs-air-breathing-hypersonic-missiles-ready-for-free-flight-tests/5321599071903/.

54 "America's National Security Challenges, Today and Tomorrow: A Conversation with Robert O'Brien," *Hudson Institute*, October 28, 2020, https://youtu.be/xWJReyfHSGU.

55 "Пуск новой противоракеты системы ПРО" (The launch of a new anti-missile of the anti-missile system), *TV Zvezda*, October 28, 2020, https://youtu.be/vIMDNSsZt1E.

56 "Новый ≪Калибр-М≫ меняет глобальные правила игры" (New "Kalibr-M" changes the rules of the game), *Sonar2050*, October 25, 2020, https://youtu.be/6ogiXBkJLUY.

57 Sean Gallaher, "DOD tester's report: F-35 is still a lemon," *Ars Technica*, January 30, 2020, https://arstechnica.com/information-technology/2020/01/not-a-straight-shooter-dod-review-cites-fleet-of-faults-in-f-35-program/.

58 David Larter, "The US Navy selects Fincantieri design for next-generation frigate," *Defense News*, April 30, 2020, https://www.defensenews.com/breaking-news/2020/04/30/the-us-navy-selects-fincantieri-design-for-next-generation-frigate/.

59 Melissa Leon and Editorial Staff, "Exclusive: Former West Point professor's letter exposes corruption, cheating and failing standards" [Full letter], *American Military* News, October 11, 2017, https://americanmilitarynews.com/2017/10/exclusive-former-west-point-professors-letter-exposes-corruption-cheating-and-failing-standards-full-letter/.

60 Tim Bakken, *The Cost of Loyalty: Dishonesty, Hubris, and Failure in the U.S. Military, Kindle edition* (Bloomsbury Publishing, 2020), 282.

61 Ibid., 278.

8장 자국민도 지배하는 만인지상의 제국

1 Andrei Martyanov, *Losing Military Supremacy: The Myopia of American Strategic Planning* (Atlanta: Clarity Press, Inc., 2018), 179.

2 Benjamin H. Friedman and Justin Logan, "Why Washington Doesn't Debate Grand Strategy," *Strategic Studies Quarterly*, Winter 2016, https://www.cato.org/sites/cato.org/files/articles/ssq_1216_friedman.pdf.

3 Ibid.

4 Bonnie Kristian, "The Biggest Insult to the American Military Is Our Foreign Policy," *Military.com*, September 16, 2020, https://www.military.com/daily-news/opinions/2020/09/16/biggest-insult-american-military-our-foreign-policy.html.

5 Daniel Larison, *Even a Pandemic Can't Kill Threat Inflation*, The American Conservative, April 20, 2020, https://www.theamericanconservative.com/larison/even-a-pandemic-cant-kill-threat-inflation/.

6 Lawrence Wilkerson, "'America Exists Today to Make War'": Lawrence Wilkerson on Endless War & American Empire, *Democracy Now*, January 13, 2020, https://youtu.be/JYHRlK3VYbI.

7 Freedom of Information Act, ref. 21-06-2005-094719-001, Directorate of Chemical, Biological, Radiological and Nuclear Policy-Assistant Director (Deterrence Policy), July 19, 2005, https://webarchive.nationalarchives.gov.uk/20121109140513/http://www.mod.uk/NR/rdonlyres/E2054A40-7833-48EF-991C-7F48E05B2C9D/0/nuclear190705.pdf.

8 Dwight D. Eisenhower, "Eisenhower's Farewell Address to the Nation, January 17, 1961," *Dwight D. Eisenhower Presidential Library, National Archives*, https://www.eisenhowerlibrary.gov/sites/default/files/research/online-documents/farewell-address/reading-copy.pdf

9 Dan Ponterfact, "What's Good for Our Country Was Good for General Motors," *Forbes*, November 26, 2018, https://www.forbes.com/sites/danpontefract/2018/11/26/whats-good-for-our-country-was-good-for-general-motors/#6cc140d52075.

10 Paul R. La Monica, "Tomahawk maker's stock up after U.S. launch on Syria," *CNN Business*, April 7, 2017, https://money.cnn.com/2017/04/07/investing/syria-raytheon-tomahawk-missiles/index.html.

11 Richard Pipes, "Why the Soviet Union Thinks It Could Fight and Win a Nuclear War," *Commentary Magazine*, July 1, 1977, https://www.commentarymagazine.com/articles/richard-pipes-2/why-the-soviet-union-thinks-it-could-fight-win-a-nuclear-

war/.

12 "French city of Dijon rocked by unrest blamed on Chechens seeking revenge," *France 24*, June 16, 2020. https://www.france24.com/en/20200616-french-city-of-dijon-rocked-by-unrest-blamed-on-chechens-seeking-revenge.

13 Steve Sailer, "Invade-the-World-Invite-the-World Personified," *ISteve*, February 24, 2005, https://isteve.blogspot.com/2005/02/invade-world-invite-world-personified.html.

14 Corelli Barnett, *The Collapse of British Power* (New York: William Morrow & Company, Inc., 1972), 91.

15 John Derbyshire, "U.S. Senate (INCLUDING Republican Senators) to U.S. Citizen Tech Workers-Drop Dead!" *Unz Review*, December 5, 2020, https://www.unz.com/jderbyshire/u-s-senate-including-republican-senators-to-u-s-citizen-tech-workers-drop-dead/.

16 Christopher Caldwell, Reflections on the Revolution in Europe (New York: Anchor Books, 2009), 276-277.

17 John Mearsheimer and Steven Walt, "The Israel Lobby and U.S. Foreign Policy," HKS Working Paper No. RWP06-011, Harvard Kennedy School Faculty Research Working Paper Series, March 2006, https://research.hks.harvard.edu/publications/getFile.aspx?Id=209.

18 Bronislaw Malinowski, *An Anthropological Analysis of War: War Studies from psychology, sociology, anthropology* (New York: Basic Books, Inc. 1964), 251.

9장 죽느냐 사느냐

1 Bruce Thornton, "Melting Pots and Salad Bowls," *Hoover Digest*, October 26, 2012, https://www.hoover.org/research/melting-pots-and-salad-bowls.

2 "Новый текст Конституции РФ с поправками 2020" (New text of the Constitution of Russian Federation with 2020 amendments), State Duma of Federal Assembly of Russian Federation, http://duma.gov.ru/news/48953/.

3 Aruuke Uran Kyzy, "Why did Russia's new language bill draw flak from the Caucasus?" *TRTWorld*, December 31, 2018, https://www.trtworld.com/magazine/why-did-russia-s-new-language-bill-draw-flak-from-the-caucasus-22975.

4 "Russian Demographics, 2020," *World Population Review*, https://worldpopulationreview.com/countries/russia-population.

5 David North, "Introduction to The New York Times' 1619 Project and the Racialist Falsification of History," *World Socialist Web Site*, December 4, 2020, https://www.wsws.org/en/articles/2020/12/04/intr-d04.html.

6 Ben McDonald, "Seattle Public Schools Say Math Is Racist," *Daily Caller*, October 21, 2019, https://dailycaller.com/2019/10/21/seattle-schools-math-is-racist/.

7 Brandon Hasbrouk, "The Votes of Black Americans Should Count Twice," *The Nation*, December 17, 2020, https://www.thenation.com/article/society/black-votes-reparations-gerrymandering/.

8 Corelli Barnett, *The Collapse of British Power* (New York: William Morrow & Company, Inc., 1972), 91.

9 "Organist's classical influence defined Deep Purple," *Irish Times*, July 21, 2012, https://www.irishtimes.com/news/organist-s-classical-influence-defined-deep-purple-1.541563.

10 Sean Michaels, "Pop music these days: it all sounds the same, survey reveals," *The Guardian*, July 27, 2012, https://www.theguardian.com/music/2012/jul/27/pop-music-sounds-same-survey-reveals.

11 Bronson Stolking, "A Vengeful Jennifer Rubin Wants Republican Party to 'Burn Down' and 'No Survivors,'" *Townhall*, November 7, 2020, https://townhall.com/tipsheet/bronsonstocking/2020/11/07/jennifer-rubin-calls-for-republican-party-to-be-burned-down-and-no-survivors-n2579673.

12 Sam Dorman, "AOC, others pushing for apparent blacklist of people who worked with Trump," *Fox News*, November 9, 2020, https://www.foxnews.com/politics/aoc-blacklist-trump-supporters.

13 Seth Kaplan, "America Needs Nationalism," *The American Conservative*, November 10, 2020, https://www.theamericanconservative.com/articles/america-needs-nationalism/.

14 Robert H. Bork, *Slouching Towards Gomorrah: Modern Liberalism and American Decline* (New York: Regan Books, 1996), 311-313.

15 "Чем гордятся "полезные идиоты" Европы?" (What Europe's useful idiots are proud of?), *Iton TV*, September 8, 2020, https://youtu.be/YlCMuoveDFE.

16 Ibid.

17 "Ricky Gervais' Monologue - 2020 Golden Globes," *NBC*, January 5, 2020, https://youtu.be/LCNdTLHZAeo.

18 Dmitry Orlov, *The Meat Generation* (Club Orlov Press, 2019), 3

19 Katie Bo Williams, "Outgoing Syria Envoy Admits Hiding US Troop Numbers; Praises Trump's Mideast Record," *Defense One*, November 12, 2020, https://www.defenseone.com/threats/2020/11/outgoing-syria-envoy-admits-hiding-us-troop-numbers-praises-trumps-mideast-record/170012/.

20 Samantha Chang, "Benghazi hero and Navy SEAL in bin Laden-kill torch 'traitor' Vindman: 'A disgrace to all who have served,'" *BPR*, November 20, 2019, https://www.bizpacreview.com/2019/11/20/benghazi-hero-and-navy-seal-in-bin-laden-kill-torch-traitor-vindman-a-disgrace-to-all-who-have-served-854909.

21 "Multiple War Heroes Slam 'Prissy' and 'Disgraceful' Lt. Col. Vindman Following Testimony," *Ohio Star*, November 21, 2019, https://theohiostar.com/2019/11/21/multiple-war-heroes-slam-prissy-and-disgraceful-lt-col-vindman-following-testimony/.

22 "Bush administration vs. the U.S. Constitution," *Sourcewatch*, https://www.sourcewatch.org/index.php/Bush_administration_vs._the_U.S._Constitution.

23 Leo Brine, "Olympia mayor's home, downtown vandalized during Friday night protest," *The Olympian*, June 14, 2020, https://www.theolympian.com/news/local/article243516852.html.

24 Cole Waterman, "What we know about the militia members charged in kidnapping plot against Michigan governor," *Michigan Live*, October 17, 2020, https://www.mlive.com/crime/2020/10/what-we-know-about-the-militia-members-charged-in-kidnapping-plot-against-michigan-governor.html.

25 "Monthly unit sales of firearms in the United States from 2019 to 2020, by type (in thousands)," *Statista*, https://www.statista.com/statistics/1107651/monthly-unit-sales-of-firearms-by-type-us/.

26 "'We Lied, Cheated, and Stole': Pompeo Comes Clean About the CIA," *Telesur*, April 24, 2019, https://www.telesurenglish.net/news/We-Lied-Cheated-and-Stole-Pompeo-Comes-Clean-About-CIA-20190424-0033.html.

맺는말

1 Frances Mulraney, "메건 켈리는 백인 아이들이 흑인의 사망에 대한 주입식 교육을 받아 '살인 경찰'로 교육을 받고 있다는 편지가 나돈 후 일 년에 5만 6,000달러를 내야

하는 '갠' 학교에서 자녀들을 퇴학시켜 뉴욕을 떠나기로 했다고 말하고 있다." *Daily Mail*, November 18, 2020, https://www.dailymail.co.uk/news/article-8963261/Megyn-Kelly-says-shes-leaving-New-York-far-left-schools-gone-deep-end.html.

2 Ibid.

3 Celine Castronuovo, "Megyn Kelly says she's leaving New York City, cites 'far-left' schools," *The Hill*, November 18, 2020, https://thehill.com/homenews/media/526537-megyn-kelly-says-shes-leaving-new-york-city-cites-far-left-schools.

4 "UK students feel censored on campus, poll finds," *ADF International*, November 18, 2020, https://adfinternational.org/news/uk-students-feel-censored-on-campus-poll-finds/.

5 Carl Von Clausewitz, *On War* (Princeton, NJ: Princeton University Press, 1976), 627.

6 Patrick Buchanan, "Nobody's Quaking in Their Boots, Anymore," *The American Conservative*, November 7, 2017, https://www.theamericanconservative.com/buchanan/nobodys-quaking-in-their-boots-anymore/.

7 Irina Alksnis, "Америка превращается в бессмысленного говоруна" (America is turning into a senseless windbag), *Vz.ru*, April 4, 2019, https://vz.ru/opinions/2019/4/4/971492.html.

8 Michael Hudson, "Financialization and Deindustrialization," Unz Review, November 2, 2020, https://www.unz.com/mhudson/financialization-and-eindustrialization/.

9 Benjamin Fernow, "Millennials Control Just 4.2 Percent of US Wealth, 4 Times Poorer Than Baby Boomers Were at Age 34," *Newsweek*, October 8, 2020, https://www.newsweek.com/millennials-control-just-42-percent-us-wealth-4-times-poorer-baby-boomers-were-age-34-1537638.

10 Sam Levin and Agencies, "Oregon becomes first US state to decriminalize possession of hard drugs," *Yahoo News*, November 3, 2020, https://news.yahoo.com/oregon-becomes-first-us-state-065648932.html.

11 David Hackett Fischer, *The Great Wave: Price Revolutions and the Rhythm of History* (Oxford, England: Oxford University Press, 1996), 12-13.

12 Rod Dreher, "America's Monumental Existential Problem," *The American Conservative*, June 30, 2020, https://www.theamericanconservative.com/dreher/america-monumental-existential-problem-symbolism-architecture/.

찾아보기

ㄷ

ㄹ

ㅇ

ㅊ

ㅋ

모든 제국은 몰락한다

미국의 붕괴

2024년 5월 15일 1판 1쇄

지은이 안드레이 마르티아노프
옮긴이 서경주
편집 정진라 **디자인** 조민희
인쇄 · 제책 혜윰나래

발행인 김영종 **펴낸곳** (주)도서출판 진지
등록 제2023-000075호 **주소** (우) 03176 서울특별시 종로구 경희궁 1가길 7
전화 070-5157-5994 **전자우편** z@zinji.co.kr
블로그 blog.naver.com/zinjibook **페이스북** facebook.com/zinji.co.kr

ISBN 979-11-984766-1-6 03340